中国合同库 法天使
fatianshi.cn

合同起草审查指南

房地产开发卷
建设工程卷

第二版

鞠美园　何　力 等／著

法律出版社 ｜ LAW PRESS
——— 北京 ———

图书在版编目(CIP)数据

合同起草审查指南. 房地产开发卷、建设工程卷 / 鞠美园等著. -- 2版. -- 北京：法律出版社，2024
ISBN 978 - 7 - 5197 - 8024 - 1

Ⅰ. ①合… Ⅱ. ①鞠… Ⅲ. ①房地产－经济合同－研究－中国 Ⅳ. ①D923.64

中国国家版本馆 CIP 数据核字(2023)第 219672 号

| 合同起草审查指南：房地产开发卷、建设工程卷(第二版)
HETONG QICAO SHENCHA ZHINAN：FANGDICHAN KAIFA JUAN、
JIANSHE GONGCHENG JUAN（DI-ER BAN） | 鞠美园　何　力　等/著 | 策划编辑　朱海波
责任编辑　朱海波
装帧设计　鲍龙卉 |

出版发行	法律出版社	开本	710毫米×1000毫米 1/16
编辑统筹	法律应用出版分社	印张	23.25　　字数 450千
责任校对	蒋　橙	版本	2024年1月第1版
责任印制	刘晓伟	印次	2024年1月第1次印刷
经　　销	新华书店	印刷	三河市兴达印务有限公司

地址：北京市丰台区莲花池西里7号(100073)
网址：www.lawpress.com.cn　　　　　　　　　销售电话：010 - 83938349
投稿邮箱：info@ lawpress.com.cn　　　　　　　客服电话：010 - 83938350
举报盗版邮箱：jbwq@ lawpress.com.cn　　　　　咨询电话：010 - 63939796
版权所有·侵权必究

书号：ISBN 978 - 7 - 5197 - 8024 - 1　　　　　　定价：88.00元

凡购买本社图书，如有印装错误，我社负责退换。电话：010 - 83938349

中国合同标准支持机构

发起单位　法天使-中国合同库　法律出版社　中国标准化研究院

特别支持机构　北京仲裁委员会/北京国际仲裁中心

联合起草单位　（排名不分先后）

　　　　　　　　e签宝　幂律智能　海蜂法务　威科先行　杭州互联网公证处

　　　　　　　　北京律师法学研究会　360集团　李宁集团　好未来教育集团　海尔智家

　　　　　　　　富士康工业互联　小米　OPPO公司　君合律师事务所　海问律师事务所

　　　　　　　　汉坤律师事务所　德恒律师事务所　金诚同达律师事务所

　　　　　　　　万商天勤律师事务所　盈科律师事务所　清律律师事务所

　　　　　　　　福建联合信实律师事务所　广东华商律师事务所

　　　　　　　　江苏法德东恒律师事务所

技术支持人员

潘　捷　张婷婷　苗亚杰　张　欣　张　强　王　鹤　刘双双　马　乐　赵　爽
张　洪　齐珊珊　于学龙　祝雪雯　王梦莹

学术顾问

李建伟（中国政法大学教授）

联合出品

瀛和律师机构　新则　法蝉　法律先生　海蜂法务　智善　江苏品川律师事务所
东华合同软件　路漫法税通　中务集团　良翰律师事务所　甄零科技

（按姓氏拼音排序）

蔡益根　陈昱　陈元　陈鑫范　陈云胜　党海峰　邓巍巍　董冬冬　董欢欢
杜兵　范冰峰　高山　耿甜甜　胡淇凭　冀蓓红　金鑫　景娟娟　雷玲
李超　李慧　李彦龙　李振昊　林燕　刘丽　刘兴勇　罗思翔　吕培涛
梅娜　孟军　彭长明　申杰　宋冰心　孙国宁　孙兴洋　孙在辰　唐盼
田建永　涂勇妙　王琦　王鑫　王晶慧　王以菲　吴侃　夏冉　邢越
杨乐升　杨丽儒　杨伟良　姚晶鑫　尹英杰　于婷婷　余波　翟孝娅　张昆
张雯　张桢　张江多　赵欣媛　郑盛平　周立国　朱应

联合出品人（按姓氏拼音排序）

蔡悦　岑建中　陈丽斯　陈营辉　黄丽华　赖禹立　李伟　梁伟宁　林键
罗镜标　沈维广　王世旸　张洋

本书特聘专家顾问（排名不分先后）

北京市盈科（深圳）律师事务所
盈城律师团队

北京市盈科（深圳）律师事务所盈城建工房地产律师团队深耕房地产与建筑工程领域近20年，由多次上榜"建筑时报最值得推荐的60位中国工程专业律师"的王志强律师、胡玉芳律师及王秀娟律师领衔，汇聚十余名专业的建工房地产专业领域律师，贯通地产收并购、投融资、城市更新、工程建设、建筑设计、房地产销售、租赁运营等行业全流程法律服务，代理数百起工程、房地产相关重大诉讼案件，成功主导几十宗房地产收并购、合作开发项目等，为多家建筑工程企业、房地产开发企业、建筑设计公司等提供诉讼与非诉法律服务。

辽宁坤略律师事务所
主任李超律师、合伙人邹田律师、合伙人朴正焕律师

坤略律师事务所是一家以基建地产、金融资产、争议解决为专业领域的一体化律师事务所，坤略先后为华润置地、中建五局、华强地产、中南置地、同方地产、辽宁省建筑设计研究院、辽宁省人防设计研究院等企业提供法律服务。坤略注重产学研积累与辽宁大学法学院设立"坤略法律实务发展基金"，出版律所专著《图解工程总承包示范文本指南与实务案例解析》。

陈传演　先生

2001年毕业于南京工业大学，在大型施工企业（中国建筑第八工程局）、造价咨询公司和大型房地产公司（碧桂园、华润、绿地）均有工作经历，在20多年建筑及地产成本招采专业工作中，积累丰富的建设工程合同管理经验，协助各公司在项目建设过程中规避合同履行风险；同时在多家地产公司组织建设工程合同范本编制并全集团推行；国家一级注册造价师。

作 者 简 介

鞠美园

"法天使-中国合同库"特聘专家
执业律师
中国政法大学法律硕士
多年房地产行业大型企业法务工作经验、
资深法务

何 力

"法天使-中国合同库"创始人
原钱伯斯、ALB、Legal500上榜律师
中国政法大学法律硕士、优秀校友
《合同起草审查指南》
团体标准主要起草人

王 蕾
"法天使-中国合同库"合同研究员
民商法硕士
多年房地产、建设工程行业法务经验

总序·让"中国合同库"成为标准

法治社会离不开合同。

英国历史学家梅因的《古代法》中有一句法律人耳熟能详的名言:"我们可以说,所有进步社会的运动,到此处为止,是一个'从身份到契约'的运动。"确实,在现代社会,方方面面都离不开契约与契约精神。除市场交易外,大到国家治理、国际条约,小到婚姻家庭、交通出行各个领域,无所不在契约或契约精神的笼罩之下。可以说,一个现代人,随时都身在合同之中。

在具体生活层面,我们也不难发现合同与社会经济之间的密切关系。从普通人很少见到正式合同,到越来越多地签订书面合同,到合同越来越厚、条款越来越多,与之相应的,是经济交易越来越活跃、交易金额越来越大,经济越来越发达。如果作这么一个判断:"合同的质量与数量,与一个社会的经济水平成正比",这应该是基本成立的。

希望"中国合同库"成为标准。

合同需要标准。国际贸易术语(Trade Terms of International Trade),可以理解为是一套合同条款的标准术语。有了这套术语,交易各方在谈判以及拟定条款时,就可以大大节省时间,减少争议。

经济生活中的大量交易,完全可以使用比较标准的、完备的合同范本。这些合同范本符合一般交易惯例,条款相对完善、规范,能减少不必要的合同纠纷。

当然,交易往往都有自己的特殊性。即便如此,以标准合同为基础,合同各方在彼此关心的重点条款上谈判、修订,而对一般性问题采纳标准合同的条款,也能大大节省合同各方的精力。

在运输领域，集装箱标准的推出，大大提升了运输效率，降低了物流成本，整个社会都从中受益。而如果在社会各行各业的交易、合作中，都能大力推行标准合同，无疑也将大大降低交易成本，促进交易的进行，减少争议。这其中的社会意义是巨大的。这也是市场监管等政府部门不断推出政府示范文本的目的。而现在，"中国合同库"这一项目，更是利用互联网技术，将合同示范文本这一工作往前推进了一大步。

标准之所以能成为标准，既需要社会各界的推动与接受，也需要标准本身能不断完善、符合需求。我在此希望"中国合同库"的主办方能持之以恒地推动合同库的建设、完善与推广，使之成为名副其实的"中国合同库"。

此为序。

中国社会科学院学部委员、教授、博士生导师

"中国合同标准"体系介绍

"中国合同标准"是合同起草审查的规范

"中国合同标准"是由"法天使—中国合同库"联合各专业机构、法律专家推出的，针对适用中国法律下的合同起草审查提供一系列标准和规范，由团体标准、教材/书籍、课程、考试、工具构成。

"中国合同标准"构成

团体标准：即《合同起草审查指南》（T/CAB 0121—2021）团体标准。该标准由中国产学研合作促进会发布，由法天使（北京）科技有限公司、法律出版社有限公司、中国标准化研究院、北京市君合律师事务所、北京市海问律师事务所等多家机构起草，由何力、常金光、李建伟、张雪纯、雷霆、张海燕、付希业、云闯等多名专家起草。

教材 / 书籍：即包含本书在内的《合同起草审查指南》系列书籍，合计数百万字。

课程：《合同起草审查指南》线上、线下课程，又称"标准合同课"。详情可查询 www.fatianshi.cn。

考试：合同标准考试，以《合同起草审查指南》教材内容为考试内容。详情可查询 ccs.fatianshi.cn 及后文说明。

工具："法天使—中国合同库"运营的，以"合同库＋合同生成器"为核心的合同起草审查工具，能极大地提高律师、法律工作者起草审查合同的效率，促进合同标准的运用。详情可查询 www.fatianshi.cn 及本书附录。

"法天使—中国合同库"自2015年公司成立之日起，即以"推广中国合同标准，提升中国合同社会合同水平"为使命，集全公司之力，联合各专业机构、专家顾问，历经多年苦心研究、优化。"中国合同标准"就是这一项目的成果展现。

我们希望，通过"中国合同标准"的长期推广、应用和优化，能够为合同起草审查提供有效指引，提升律师起草审查合同的效率与质量，进而实现提升中国社会合同水平的目标。[1]

我们也希望法学院校、律师事务所、企业法务团队参与到"中国合同标准"的运用、推广、优化工作中来；恳请各位法律专业人士对"中国合同标准"提出任何批评意见、建议（可发送至 he@fatianshi.cn）。

---

[1]"中国合同标准"同时适用于律师、法务及其他法律工作者的合同起草审查工作，但为了表述方便，均以"律师"指代所有法律工作者，请谅解。

《合同起草审查指南》教材与课程

《合同起草审查指南》教材与课程是对应的，结构如下：

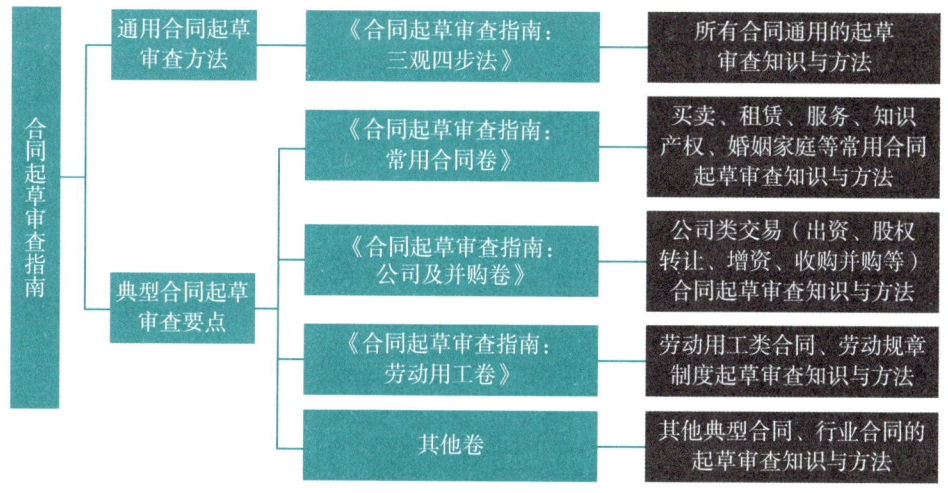

《合同起草审查指南》整体结构

上述教材/课程组成一个"通用合同指南+典型合同指南"的结构（类似于《民法典》合同编中的"通则"与"典型合同"），也可称为"1+X"。《合同起草审查指南：三观四步法》《合同起草审查指南：公司及并购卷》等分别简称为《三观四步法》《公司及并购卷》。

律师、法务可以购买系列书籍自学，也可以通过网站（www.fatianshi.cn）、"法天使"App等报名参加线下或线上课程（线上课程提供陪跑、答疑等多种服务以提高学习效果），还可以律师事务所或团体整体组织培训。

"合同标准考试"

"合同标准考试"以"中国合同标准"即《合同起草审查指南》为考试教材，面向律师、法务及法律工作者，旨在考核与提升律师、法务、法律工作者的合同起草审查水平，进而提升中国社会合同水平。

律师、法务及法律工作者均可报名参加"合同标准考试"，主办方不审核考试资格，但必须凭身份证实名参加考试。

就专业程度而言，"合同标准考试"至少要求具有法律本科以上的专业知识，才有希望通过考试。

"合同标准考试"每年在全国多个城市开考，采取线下纸质考试方式，现场专人监考。

参加"合同标准考试"并取得合格成绩的，将由主考方颁发"合同标准考试——优秀"证书。证书可通过二维码在官网验证。未取得合格成绩的，不能取得证书。律师、法务、法律工作者可通过考试官网（ccs.fatianshi.cn）进一步了解考试具体信息及报名。

《合同起草审查指南》
知识体系说明

欢迎来到《合同起草审查指南》的知识体系。

《合同起草审查指南》的最终目的，是为法律人提供一整套标准化的合同起草审查知识体系，而不是零散的、缺乏结构的或者仅针对具体合同的审查经验汇编。

参加本课程的学员，需要先熟悉这套知识体系框架，在学习每一章节的具体知识时，清楚该知识在这个知识体系中所处的位置，随时回来温习一下这套体系。这样不仅能提高学习效果，而且只有这样才能达到本课程的目的——掌握一套合同起草审查的知识体系。

掌握一套知识体系，而不仅仅是一些知识点——是成为专家的必经之路。

因此在课程的开始，我们先讲解一下这个知识体系框架。

《合同起草审查指南》的系列书籍、上百万字内容，绝非零散的、孤立的关系，而是一个逻辑清晰、紧密结合的整体。这体现在：

《三观四步法》与《典型合同指南》的关系

《三观四步法》是基础，《典型合同指南》是《三观四步法》在具体合同类型中的进一步运用。如果将《合同起草审查指南》比作一栋建筑，则《三观四步法》是地基，《典型合同指南》修建在《三观四步法》之上。如下图所示。

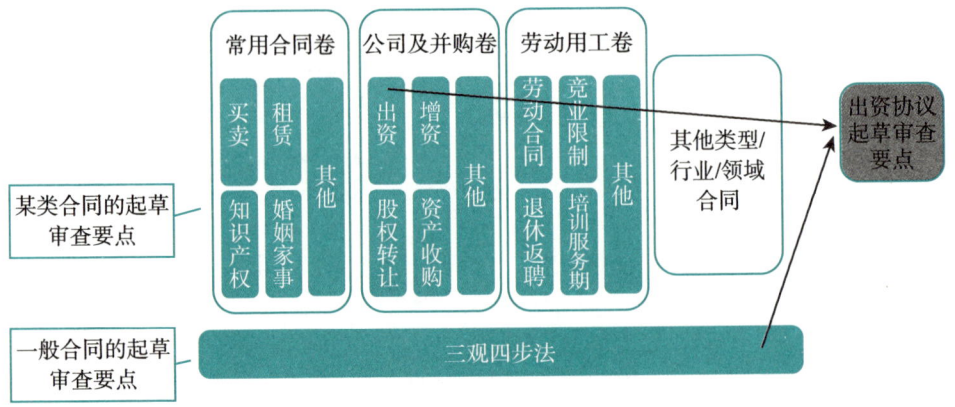

《三观四步法》与《典型合同指南》的关系

具体来说:

1.《三观四步法》讲述所有合同通用的、标准的起草审查知识与方法。

所有的合意类文件,包括行政协议、婚姻家事类合同、劳动合同,在法律上都可以适用《合同编》,只是需要优先适用行政法规、《民法典》婚姻家庭编、劳动法规等特别法规。《合同编》是所有合意类文件要适用的一般法,甚至公司章程这样的"准合意类文件"都可能适用《合同编》。

更重要的是,上面这些合同,从合同起草审查的角度都是相通的,都可以适用《三观四步法》来起草审查。

掌握《三观四步法》能够大大提升律师起草审查合同的水平。

2.《典型合同指南》是《三观四步法》中的"三观分析法"在具体合同类型中的运用。

《三观四步法》提出,所有合同都可以进行宏观、中观、微观三个层面的分析,这样就能对合同进行有条不紊的、全面的审查,这就是"三观分析法"。不仅如此,《三观四步法》还对宏观、中观、微观的通用知识进行了归纳、总结。

在此基础上,《典型合同指南》借助《三观四步法》已经归纳出的逻辑框架、专门术语,运用"三观分析法"对具体合同类型进行分析。对于《三观四步法》中已经说明的通用性知识(如宏观方面的共通性问题、实务中的各类合同形式、合同的典型条款及通用配套条款等),《典型合同指南》就可以适当省略。

这样,律师结合《三观四步法》的通用知识以及《典型合同指南》中某类具体合同的特殊起草审查要点,就能够对某类具体合同进行全面的、高效的起草审查。

这也意味着,从学习的角度,律师应该先学习《三观四步法》,再学习《典型合同指南》。

《三观四步法》的知识体系结构

所谓"三观四步法",就是:

在理念的指导下,对合同的宏观、中观、微观三个层面进行全面分析的、标准的合同起草审查流程方法。

"三观四步法"的知识体系结构如下图所示。

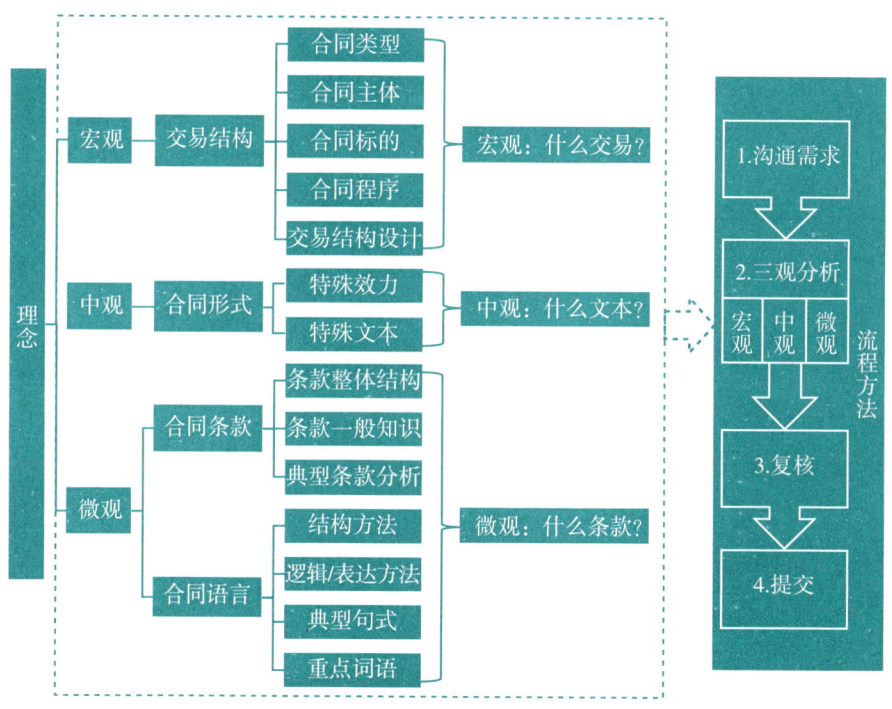

"三观四步法"知识体系

下面简要介绍一下这个知识体系:

1."三观四步法"="三观"知识体系+"四步"操作流程。

(1)"三观"是实体,是课程的主要知识体系;"四步"是程序,相对次要,内容较少。

(2)"三观"的含义。

• 宏观—交易结构——什么交易?

宏观处理交易结构的问题，重点回应：这个交易能不能做、风险大不大？采取什么交易结构做？

- 中观—合同形式——什么文本？

中观处理合同形式的问题，重点回应：采取什么合同形式？

- 微观—合同条款＋合同语言——什么条款？

微观处理合同条款和合同语言的问题，重点回应：合同条款要怎么修订？

上图中，"三观"的三个层面知识系统整理为中间虚线框内的这一大块内容。

（3）我们认为：合同起草审查的知识，除了理念以外，都可以关联到"三观"的某一个层面，或者是交易结构层面的问题，或者是合同形式层面的问题，或者是具体条款层面的问题。

（4）"三观"是一个具有开放性的知识框架，我们可以利用这个知识体系不断吸纳、更新知识；事实上，本课程会一直在"三观"的框架内，不断更新具体的知识点。

2."四步工作流程"是"三观"知识体系的具体运用。

如上图所示，我们将"三观"的知识体系运用在合同起草审查流程的工作之中，就是"四步工作流程"。

（1）"四步工作流程"就是实际起草审查任何一份合同的工作流程，其中又以"第二步：三观分析"为最关键、最主要步骤。

而"三观分析"是以前面所说的"三观"知识体系为基础，是"三观"知识体系在具体合同工作中的运用。

（2）合同起草审查流程中需要用到一些具体的方法、工具，如合同关系图、合同要点表、Word技能、沟通方法等，我们将这些方法工具的介绍作为"四步工作流程"的补充，放在"流程方法"中。

3."理念"贯穿"三观四步法"。

"理念"是对整个合同起草审查工作的指引，贯穿"宏观、中观、微观"三个层次，也贯穿在合同起草审查的流程方法中。而且，"理念"也贯穿在所有类型合同的起草审查工作之中。

4.《合同起草审查指南：三观四步法》的单元结构。

先讲理念（第一单元），然后是宏观—交易结构（第二单元）、中观—合同形式（第三单元）、微观—合同条款（第四单元）以及微观—合同语言（第五单元）。

在掌握上述知识的前提下，讲述合同起草审查的流程方法（第六单元），即"四步工作流程"的具体运用。

《典型合同指南》的知识体系结构

如前所述,《典型合同指南》就是运用"三观分析法"对具体合同类型进行分析。因此,《典型合同指南》的知识体系结构就是"三观分析法"的逻辑结构。如下图所示。

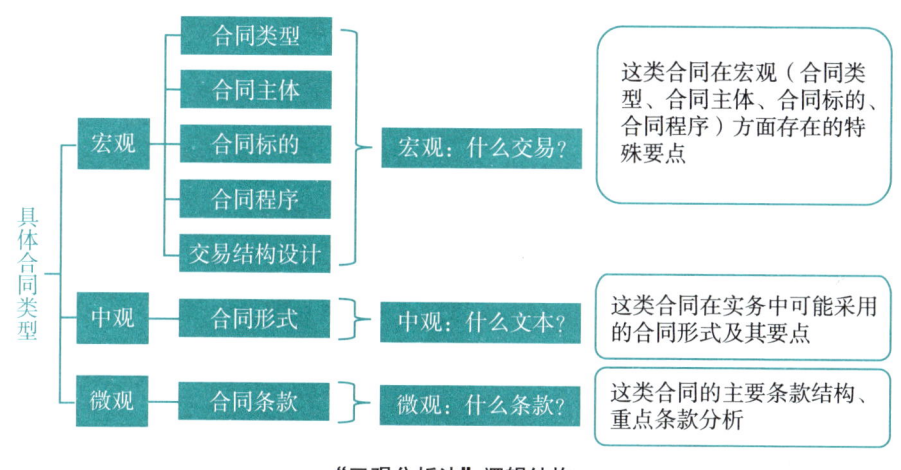

"三观分析法"逻辑结构

不难看出,上述逻辑结构与前面《三观四步法》中的"三观"知识体系是相通的。

如果涉及很多相关的合同类型,会在上述框架之上,适当地归纳、综述。例如,对劳动用工类合同的综述、有限责任公司股权交易类合同的综述。

对于《典型合同指南》没有分析的某类合同,律师也可以运用"三观分析法"进行分析,撰写分析文章;关于"三观分析法"的具体运用说明,请参考《三观四步法》"运用'三观分析法'分析某类合同起草审查要点"。

学好知识体系,用好知识体系

从前面的介绍中不难看出,《合同起草审查指南》有着逻辑清晰的体系结构,掌握这个体系结构大大有利于课程的学习和知识的运用。我们建议:

1. 掌握知识体系结构,随时了解自己所学课程、知识点处于上面这个体系中的什么位置。

希望你牢牢记住前面的知识体系结构示意图,你也可以随时回到本节内容,回顾这个知识体系。

当我们学习《三观四步法》时,要随时知道当前知识点在体系中所处的位置。例如,当前学习的"集团合同"这个特点,是属于"中观—合同形式"层面的一个问题。

当我们学习《典型合同指南》时,也要知道当前所讲的知识点,是属于这类合同"三观"的哪一个层面。例如,增资协议需要考虑"股东会决议"问题,这是属于"宏观—合同程序"中"主体内部程序"的问题。

只有这样,才能学好《合同起草审查指南》。

2. 当我们运用《合同起草审查指南》的知识时,要随时把当前所遇到的问题,拆解、定位到《合同起草审查指南》知识体系的适当位置,进而利用相应知识采取措施。

例如,当前审查的这个合同可能构成格式条款,则可以定位到《三观四步法》中"中观—合同形式"中"格式条款、格式合同"一节,相应分析,相应采取措施。——只要我们经常这样做,《合同起草审查指南》的知识体系就会成为我们脑海里的"解题套路",真正提高我们起草审查合同的效率。

《论语·卫灵公》中有这么一段:

孔子对子贡说:"子贡啊,你以为我是学习得多了才——记住的吗?"子贡答道:"是啊,难道不是这样吗?"孔子说:"不是的。我是用一个根本的东西把它们贯彻始终的。"

(子曰:"赐也,女以予为多学而识之者与?"对曰:"然,非与?"曰:"非也,予一以贯之。")

从学习的角度,我们可以这样理解孔子的话:要用一个整体逻辑结构把所有知识点串起来,否则是难以掌握、难以运用的。

因此,在知识体系中学习,只有运用好这个知识体系,才能真正实现《合同起草审查指南》的目的,提升合同起草审查的质量和效率。

目·录

合同起草审查指南：房地产开发卷

房地产开发卷前言 / 003

第一单元
土地一级开发类合同　01

1.1　背景知识：行政协议的起草审查　/ 007

1.2　土地一级开发委托合同　/ 010

　　1.2.1　宏观—合同类型　/ 010

　　1.2.2　宏观—合同主体　/ 012

　　1.2.3　宏观—合同标的：一级开发项目，必须纳入土地储备开发计划　/ 013

　　1.2.4　宏观—合同程序：招投标　/ 013

　　1.2.5　微观—合同条款　/ 014

1.3　拆迁委托协议　/ 020

　　1.3.1　宏观—合同类型：拆迁委托协议不同于拆迁安置补偿协议，
　　　　　 也不同于拆除工程承包合同　/ 020

　　1.3.2　中观—合同形式：几种体现形式，对应几种场景　/ 020

I

1.4　拆迁安置补偿协议　/ 022

　　1.4.1　宏观—合同主体：征收人、实施单位、被征收人　/ 022

　　1.4.2　宏观—合同程序：以房屋征收决定为前提　/ 023

　　1.4.3　微观—合同条款：明确约定拆迁安置补偿方案　/ 024

第二单元　土地一级市场类合同　02

2.1　土地一级市场主要交易模式与相应合同类型梳理　/ 027

2.2　国有土地使用权出让合同　/ 029

　　2.2.1　宏观—合同主体　/ 029

　　2.2.2　宏观—合同程序：招拍挂程序　/ 030

　　2.2.3　宏观—合同标的："毛地出让"不合法　/ 032

　　2.2.4　微观—合同条款　/ 033

2.3　勾地协议　/ 034

　　2.3.1　勾地及政府招商引资类协议背景知识　/ 034

　　2.3.2　勾地及政府招商引资类协议的起草审查　/ 035

2.4　土地置换协议　/ 041

第三单元　土地二级市场及一级市场联合拿地类合同　03

3.1　土地二级市场类合同的整体认识框架　/ 045

目 录

3.2 **"土地二级市场类合同"相关说明** / 050

3.3 **房地产项目公司股权取得类合同** / 057
    3.3.1 进一步认识房地产项目公司股权取得类合同的交易结构 / 057
    3.3.2 "房地产项目公司股权取得"最大的特殊性：围绕着特定的房地产项目 / 059
    3.3.3 项目转让型股权取得类合同"三观分析" / 060
    3.3.4 合作开发型股权取得类合同说明 / 077
    3.3.5 "分地块开发"下的股权取得类合同 / 079
    3.3.6 不同阶段的股权取得类合同简要说明 / 080

3.4 **国有土地使用权及在建工程转让合同** / 082
    3.4.1 国有土地使用权及在建工程转让合同概述 / 082
    3.4.2 土地使用权转让合同的起草审查 / 083
    3.4.3 不同阶段的土地使用权转让合同简要说明 / 094

3.5 **联建（房地产合作开发）合同** / 097
    3.5.1 项目合作型联建合同的起草审查 / 097
    3.5.2 项目转让型联建合同简介 / 101
    3.5.3 分地块开发模式下的联建合同简介 / 102
    3.5.4 不同阶段的联建合同简要介绍 / 103

3.6 **委托代建合同** / 104

3.7 **定制开发类合同和资金回报类合同简要说明** / 114

3.8 **"一级市场联合拿地类合同"** / 117
    3.8.1 "一级市场联合拿地类合同"的背景知识 / 118
    3.8.2 项目公司竞买模式下的"一级市场联合拿地类合同" / 121
    3.8.3 联合体竞买模式下的"一级市场联合拿地类合同" / 124
    3.8.4 "报名后竞得前"签订的"一级市场联合拿地类合同" / 127
    3.8.5 "一级市场联合拿地类合同"的违法性分析 / 127

第四单元 房地产销售、物业服务类合同 04

4.1 一般商品房买卖合同 / 131

  4.1.1 宏观—合同主体 / 131

  4.1.2 延伸讨论：借名买房协议 / 132

  4.1.3 宏观—合同程序 / 133

  4.1.4 延伸讨论：预售商品房抵押贷款中的阶段性担保与抵押登记 / 135

  4.1.5 中观—合同形式 / 137

  4.1.6 微观—合同条款 / 144

4.2 特殊房屋销售类合同 / 152

  4.2.1 经济适用房买卖合同 / 152

  4.2.2 共有产权住房买卖合同 / 153

  4.2.3 产权式酒店销售下的合同 / 154

  4.2.4 车位销售类合同 / 155

4.3 特殊销售方式类合同 / 156

  4.3.1 房屋整售下的合同 / 156

  4.3.2 房产定制销售 / 租赁下的合同 / 157

  4.3.3 房屋团购下的合同 / 158

  4.3.4 售后返租、售后包租下的合同 / 160

  4.3.5 以房抵债（"工抵房"）下的合同 / 161

  4.3.6 使用权转让、以租代售下的合同 / 165

  4.3.7 让与担保式房产买卖下的合同 / 166

  4.3.8 附选择权、转售权的房产销售下的合同 / 167

  4.3.9 "卖方信贷支持"房产销售下的合同 / 168

  4.3.10 归纳：专门协议 + 正常商品房买卖合同 / 168

4.4 房地产销售委托代理类合同 / 170

  4.4.1 房地产全案销售委托代理合同 / 170

4.4.2　渠道销售代理合同的"微观—合同条款"　/ 173

　　4.4.3　房地产包销合同的特殊起草审查要点　/ 174

4.5　**物业服务合同（含前期物业服务合同）**　/ 176

　　4.5.1　物业服务类合同的几种典型场景　/ 176

　　4.5.2　住宅类物业服务合同的起草审查　/ 177

第五单元　专题讨论：集体土地 + 城市更新　

5.1　**专题一：集体建设用地类合同**　/ 183

　　5.1.1　农村集体土地主要类型　/ 183

　　5.1.2　宅基地的交易模式与相应合同介绍　/ 184

　　5.1.3　集体经营性建设用地的交易模式与相应合同介绍　/ 186

5.2　**专题二：城市更新项目类合同**　/ 192

　　5.2.1　城市更新概述　/ 192

　　5.2.2　城市更新及其合同的类型　/ 194

　　5.2.3　以广州旧村改造（合作改造）模式为例的合同文本介绍　/ 196

合同起草审查指南：建设工程卷

第一单元 建设工程合同概述 01

1.1 建设工程合同概览 / 203

1.2 本课程讲建设工程合同的什么，没有讲什么 / 206

1.3 本课程的讲授方法 / 208

1.4 建设工程合同示范文本概述 / 209

1.5 建设工程合同卷有关术语 / 220

第二单元 建设工程合同"宏观—交易结构"通用起草审查要点 02

2.1 宏观—合同标的 + 合同类型：建设工程合同与非建设工程合同 / 227

2.2 宏观—合同类型：建设工程合同与 PPP 相关合同 / 231

2.3 宏观—合同类型 + 合同主体：挂靠承包（借用资质） / 234

2.4 宏观—合同类型：非法转包 / 235

2.5 宏观—合同类型：违法分包 / 237

2.6　宏观—合同类型：支解发包　/ 239

2.7　宏观—合同主体：合作开发下的发包　/ 240

2.8　宏观—合同主体：非工程所有人发包　/ 242

2.9　宏观—合同主体：建设工程相关资质　/ 243

2.10　宏观—合同主体：联合体（及相关协议）　/ 244

2.11　宏观—合同主体：项目部　/ 250

2.12　宏观—合同程序：招投标与"阴阳合同"　/ 253
　　2.12.1　必须进行招投标程序的工程项目　/ 253
　　2.12.2　招投标中有关文件的法律性质　/ 257
　　2.12.3　工程合同违反《招标投标法》的分析　/ 258

2.13　宏观—合同程序：合同备案　/ 262

2.14　宏观—合同程序：建设工程项目的许可　/ 263

2.15　宏观—交易结构：工程合同的违法无效与应对　/ 265

第三单元
建设工程施工合同的"中观 + 微观"

03

3.1　中观—合同形式：基于施工合同（2017版）的复杂合同结构　/ 273

3.2　微观—合同条款：基于施工合同（2017版）　/ 280
　　3.2.1　本课程对施工合同"微观—合同条款"的讲解方法　/ 280
　　3.2.2　"工程量 + 工程价款"条款　/ 281
　　3.2.3　延伸讨论：垫资承包与利息的约定　/ 290

3.2.4 违约责任 / 292

3.2.5 施工合同中的默示条款 / 293

3.2.6 建设工程合同中的"霸王条款" / 296

3.2.7 法律适用条款 / 297

3.2.8 争议解决条款 / 298

3.2.9 延伸讨论：优先受偿权及相关起草审查问题 / 301

第四单元 其他建设工程合同 04

4.1 建设工程总承包合同简析 / 309

4.1.1 工程总承包背景知识 / 309

4.1.2 建设工程总承包合同的起草审查 / 310

4.2 分包合同 / 314

4.2.1 分包合同类型简介 / 314

4.2.2 专业分包合同的"中观—合同形式" / 316

4.2.3 专业分包合同的"微观—合同条款" / 317

4.2.4 延伸讨论：指定分包下的合同 / 319

4.2.5 延伸讨论：独立发包下的合同 / 321

4.2.6 劳务分包合同 / 322

4.2.7 延伸讨论：包工头劳务承包的风险 / 324

4.3 内部承包合同 / 325

4.3.1 宏观—合同类型：内部承包模式的法律效果 / 326

4.3.2 宏观—合同类型：内部承包模式的整体风险与防控 / 327

4.3.3 宏观—合同类型：内部承包与挂靠承包、非法转包、违法分包 / 328

4.3.4 微观—合同条款：内部承包合同的几种场景 / 329

4.3.5 微观—合同条款：争议解决条款 / 330

4.3.6 延伸讨论：挂靠承包合同与内部承包合同的相似之处 / 330

4.4 **建设工程勘察、设计合同** / 332

4.5 **延伸讨论：建设工程监理合同** / 336

附 录 / 339

  配套资料、工具使用说明 / 339

  《合同起草审查指南》规范术语表 / 340

  法律法规缩略语表 / 342

  声明 / 347

合同起草审查指南
房地产开发卷

房地产开发卷前言

一、房地产开发类合同的含义

本课程中的房地产开发类合同，大致包括图1所示几个阶段涉及的合同：

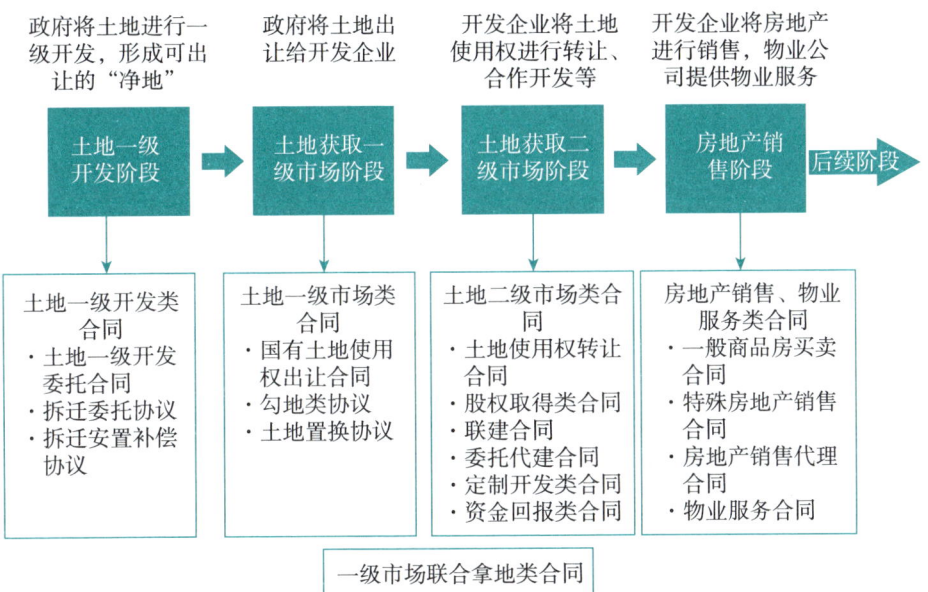

图1 房地产开发类合同

图1中各个阶段及相对应合同的含义，会在后面各单元中进一步详细说明。

房地产行业有"一级、二级、三级开发"的说法，相当于房地产开发的三个大的阶段：

（1）一级开发是指拆迁、土地收储、设施配套等一系列土地整理的工作。

（2）二级开发是指获取土地使用权后，建设开发及销售的过程。

（3）三级开发一般是指运营，如产业运营、商业运营等。

而本课程中的房地产开发类合同，大致是上述一级、二级开发阶段的合同。三级开发阶段使用的招商（中介）、租赁、资产委托管理等合同，基本上属于《合同起草审查指南：常用合同卷》中的内容，不属于本课程讨论范围。

二、"专题"类合同作为补充

上文说的"房地产开发类合同"就是"将国有建设用地进行一级开发，出让给房地产开发商进行房地产开发、销售"这一过程中的合同，注意这里限定在"国有建设用地"，因为这是房地产开发传统的、主要的业务。

通过国有建设用地使用权出让取得土地使用权，在该国有建设用地上进行房地产开发、转让、合作开发乃至最终销售商品房——这是实务中最典型、最常规的操作，这一操作模式下的合同作为房地产开发类的基础类合同，予以重点讲解。

"专题"类的房地产开发类合同包括"集体建设用地类合同""城市更新项目类合同"等，这些场景下由于目标地块[1]、法规政策、交易场景的不同，所用合同与基础类合同也不同。本课程将在基础类合同的基础上予以扩展、简要说明。

---

[1] 顾名思义，目标地块也就是各类交易所针对的那一块或多块土地。实务中广泛使用这一概念，本课程中也使用这一概念。

01

第一单元

土地一级开发类合同

土地一级开发类合同包括土地一级开发委托合同、拆迁委托协议、拆迁安置补偿协议。这三类合同都是政府部门与企业、被征收人签订的，都属于行政协议，因此本课程先介绍一个"行政协议的起草审查"作为背景知识，再讲述这几类合同。

1.1 背景知识：行政协议的起草审查

《合同起草审查指南：房地产开发卷》中涉及好几类行政协议，因此这里归纳一下行政协议在起草审查方面的一些要点。

1.宏观—交易结构：行政协议同样适用《民法典》合同相关规定，只是优先适用行政法律法规。

这一点是我们起草审查行政协议时的一个宏观把握。在没有违法情形时，行政协议的约定（包括解除条件，赔偿、违约金、补偿责任等条款）应属有效，当事人应予执行。

2.宏观—合同类型：实务中常见的行政协议类型。

根据《行政协议案件规定》第2条，行政协议包括如下类型：

（1）政府特许经营协议。

（2）土地、房屋等征收征用补偿协议。

（3）矿业权等国有自然资源使用权出让协议。

（4）政府投资的保障性住房的租赁、买卖等协议。

（5）符合《行政协议案件规定》第1条规定的政府与社会资本合作协议。

（6）其他行政协议。

"其他行政协议"为兜底条款，实务中包括计划生育合同、招商引资协议、国有资产承包经营出售或者租赁合同、行政强制执行和解协议等。

📑 相关模板：13794 城镇供热特许经营协议（住房城乡建设部2006版）

📑 相关模板：17909 行政事业单位国有资产租赁合同（黑龙江联合产权交易所2020版）

📑 相关模板：17275 河北省国有土地上房屋征收与补偿安置协议（河北省2021版）

在本课程中的行政协议包括：

（1）土地一级开发委托合同。

（2）拆迁补偿协议。

（3）国有土地使用权出让合同。

（4）与政府部门签订的勾地及招商引资类协议。

（5）土地置换协议：这里是指主管部门与土地使用权人签订的协议。

法理上，国有土地使用权出让合同、政府与社会资本合作协议（PPP合同）、政府招商引资协议等不少协议究竟是不是行政协议，存在一些争议[1]。但是不是行政协议其实对合同起草审查并没有太多影响，这里也不再分析。

3. 宏观—合同主体：行政协议缔约一方必须是行使行政职权的行政主体。

行政主体包括行政机关或者法律、法规、规章授权的组织以及其他依法接受行政机关委托行使公共管理职能的组织。

但需注意，并非所有行政机关作为合同主体缔结的合同都是行政协议，也可能是普通民事合同。唯有当行政机关行使行政职权时，缔结的合同才可能被认定为是行政协议。

4. 宏观—合同程序：很多行政协议须经上级批准才可生效。

行政协议具有行政管理目的，大多需要办理批准手续。且一般会在行政协议中约定由行政主体一方负责办理相关的批准手续，行政相对人配合提交所需的申请、证明文件即可。

根据《行政协议案件规定》第13条规定："法律、行政法规规定应当经过其他机关批准等程序后生效的行政协议，在一审法庭辩论终结前未获得批准的，人民法院应当确认该协议未生效"。因此，须经批准才生效的行政协议应完成相应的批准程序。

5. 宏观—合同程序：很多行政协议要依法履行招标、拍卖、挂牌交易程序。

6. 微观—合同条款：抓住重点审查。

虽然原则上行政协议具体条款的起草审查与一般民商事合同没什么不同，无非也是把双方的权利义务表达清楚。但实际上，行政机关不太可能对合同灵活调整，更多的是按照标准模板处理，因此起草审查空间较小。对于相对方来说，只能是抓住对己方权利义务有重大影响的条款，看能否争取修订、补充，这包括：

---

[1] 可参见李明：《国有土地使用权合同纠纷案件裁判规则（一）》，人民法院出版社2022年版，第239页；最高人民法院（2019）最高法民终2011号案中将政府招商引资协议认定为民事合同。

（1）对己方有重大影响的行政主体的承诺，应设法写入合同。

（2）解除条件，包括行政主体一方的解除条件与己方的解除条件。

（3）因为政策法规变化等原因导致不能正常履行、解除时的赔偿或补偿责任。

行政机关不太能接受违约金之类条款，因此需要更多表述为赔偿或补偿的范围、计算方式。

总之，虽然相对方主观意愿是想把行政协议写得更细致、更对己方有利，但行政机关未必能接受。最终相对方只能在综合评估风险与收益的基础上考虑能否接受。

7. 微观——合同条款：行政协议不能约定仲裁，但可以约定管辖法院。

根据《行政协议案件规定》第 26 条规定："行政协议约定仲裁条款的，人民法院应当确认该条款无效"；第 7 条规定："当事人书面协议约定选择被告所在地、原告所在地、协议履行地、协议订立地、标的物所在地等与争议有实际联系地点的人民法院管辖的，人民法院从其约定，但违反级别管辖和专属管辖的除外"。该规定与《民事诉讼法》第 35 条对合同纠纷当事人协议选择管辖法院的范围是一致的。

1.2 土地一级开发委托合同

(合同类型简称：一级开发合同；合同主体简称：委托人/政府、开发企业)[1]

土地一级开发委托合同，是政府与选定的土地一级开发企业签署合同，由一级开发企业投入土地开发整理工作，包括负责筹措资金、办理规划、项目核准、征地拆迁和大市政建设等手续并组织实施等，并按照约定收回一级土地开发成本、利润和收益。这些协议在实务还可能叫作"土地整理合作协议""土地一级开发承包协议""土地投资开发协议"等。

1.2.1 宏观—合同类型

下面对一级开发合同的"宏观—合同类型"相关的知识进行说明。

一、名为土地一级开发，实为"投资、借贷"

实务中存在这种情形：政府与企业签订的名义上是一级开发的合同，实际上由企业向政府提供资金，企业并不承担土地一级开发整理工作。政府给予的回报，可能是约定的利率（这可以称为"借贷"模式），也可能是从政府土地出让收益中给予部分分成（这可以称为"投资"模式，也可以叫合作、合伙模式）。

显然这种合同实际上并非一级开发合同，实际上是一种投资合同或借款合同。而且这种"投资、借贷"是违法的，原因是：

1. 政府以购买服务、土地开发等名义向企业融资、借贷是违规的。

相关法规包括：

《政府投资条例》第5条第2款

国家加强对政府投资资金的预算约束。政府及其有关部门不得违法违规举借债务筹措政府投资资金。

---

[1] 本节中，将使用这些简称；本书中其他合同从章节前简称说明。

《关于坚决制止地方以政府购买服务名义违法违规融资的通知》(财预〔2017〕87号)第2条

严禁将金融机构、融资租赁公司等非金融机构提供的融资行为纳入政府购买服务范围。

《关于印发〈地方政府土地储备专项债券管理办法(试行)〉的通知》(财预〔2017〕62号)第32条

地方各级政府不得以土地储备名义为非土地储备机构举借政府债务,不得通过地方政府债券以外的任何方式举借土地储备债务,不得以储备土地为任何单位和个人的债务以任何方式提供担保。

2.企业参与土地出让金分成是违规的。

即使企业真的承担一级开发整理工作,政府与企业约定对土地出让金收益进行分成,也是违法的;更不用说,在企业仅提供资金的情况下,政府与企业约定对土地出让金收益进行分成了。具体分析可见后文"微观—合同条款"中"土地出让收益分享条款"的相应知识。

相关课程:《房地产开发卷》土地一级开发委托合同

一方面,企业与政府之间成立的"名为土地一级开发,实为投资、借贷"的合同违法,法院难以支持企业取得违法收益的主张,只能支持企业要求政府返还资金;另一方面,由于土地一级开发周期长,受政策更迭及政府换届因素的不确定性很大,政府承诺的收益回报无法实现的风险本身就较大。因此,企业与政府采取这类投资、借贷模式的风险还是较大的。

如果企业实际上投资并承担土地一级开发的工作,但与政府约定土地出让金分成,那就是"仍属于一级开发合同,只是土地出让收益分享条款本身是否违规"的问题了,请见后文"微观—合同条款"中"土地出让收益分享条款"的相应知识。

二、名为土地一级开发,实为建设工程施工类合同

如双方约定企业仅对土地进行拆迁、整理、大市政建设,完成后由政府验收并移交,由政府支付建设资金,那么这实际上是建设工程施工类合同,不是土地一级开发委托合同。

三、"一二级联动"的合同

"一二级联动"是说开发企业在一开始投资土地一级开发时,就已经与政府约

定有权进行后续二级开发（有权利拿地进行房地产建设）。但现在，经营性用地都必须采取招拍挂形式出让，政府也没有权利直接锁定谁拿地，因此，直接的"一二级联动"的做法一般是行不通的，相关的合同通常也是违法、无效的。只是在下面一些场景下，可以说还存在一些类似于"一二级联动"的变通做法：

1. 勾地类协议：这里是指土地一级开发企业参与"勾地"。"勾地类协议"的含义与使用场景请见第二单元"土地一级市场类合同"相关介绍。

2. 城市更新项目类合同：城市更新项目既有针对国有土地的，也有针对集体土地的，都涉及"一二级联动"的操作。但这是特殊地块的特殊政策做法。请见第五单元"城市更新项目类合同"的介绍。

3. 一级开发企业约定有权参与土地出让金的分配从而有可能控制土地出让结果，也可以认为是一种变相的"一二级联动"，这也是违规的，具体见本节"土地出让收益分享条款"的介绍。

总之，必须在特殊的场景下，才能采用"一二级联动"的做法。

四、土地一级开发委托合同是行政协议

根据《行政协议案件规定》第1条、第2条第5项等规定，并参考相关司法判例，土地一级开发委托协议应属于行政协议。[1]

1.2.2 宏观—合同主体

一、委托人应为纳入土地储备名录管理的土地储备机构

《财政部、国土资源部、中国人民银行、中国银行业监督管理委员会关于规范土地储备和资金管理等相关问题的通知》（财综〔2016〕4号）明确："每个县级以上（含县级）法定行政区划原则上只能设置一个土地储备机构，统一隶属于所在行政区划国土资源主管部门管理"。"土地储备工作只能由纳入名录管理的土地储备机构承担，各类城投公司等其他机构一律不得再从事新增土地储备工作"。从合规性的角度，土地一级开发委托合同的甲方主体必须是纳入土地储备名录管理的土地储备机构，一般称为"土地储备中心"，是国土资源主管部门下属的事业单位，

---

[1] 参见相关案例：湖北大都地产集团有限公司与武汉市江夏区人民政府、武汉市江夏区人民政府五里界街道办事处行政协议纠纷案，湖北省高级人民法院（2020）鄂行终525号；抚顺市东洲区人民政府、李月英与抚顺盛东房地产开发有限公司解除行政协议案，辽宁省高级人民法院（2016）辽行终1179号。

而不能是土地储备机构下属的子公司，也不能是"城投公司或社会资本"，更不能是"房地产开发企业"等承接主体。

二、土地一级开发无专门资质要求

房地产开发企业是有资质等级许可的，不能无资质或超越资质等级进行开发。但土地一级开发不同于"房地产开发"，法律上并没有相应资质要求，自然也不会因为无房地产开发资质而影响一级开发合同的效力。[1]

1.2.3　宏观—合同标的：一级开发项目，必须纳入土地储备开发计划

土地一级开发项目必须纳入土地储备开发计划之中，纳入年度土地储备资金收支预算。开发企业必须核实这一点，否则这个项目就是违规的，政府一方面临财政资金违规使用被审计的风险，开发企业一方可能面临项目停滞、违规或无法收回投资的风险。

1.2.4　宏观—合同程序：招投标

土地开发合同一般需要通过招投标流程。

一般认为，土地开发整理工作中包括与储备宗地相关的道路、供水、供电、供气、排水、通讯、照明、绿化、土地平整等基础设施建设，这属于建设工程项目，同时又是使用国有资金，也关系到社会公共利益，因此根据《招标投标法》第3条，"必须进行招标"。[2] 但是在个案中也有特例，如在最高人民法院（2013）民一终字第72号案例中，法院认为，"案涉合同为土地整理合同，不属于《中华人民共和国招标投标法》第三条规定的必须招投标的合同范围"。当然，如果只是委托提供土地开发整理工作中一些不属于工程建设项目的服务，那么可以不进行招标，应按《政府采购法》走政府采购程序。

---

[1] 呼和浩特春华水务开发集团有限责任公司、北京金策国泰投资管理有限公司合同纠纷案，最高人民法院（2018）最高法民终183号。
[2] 另外在《国务院关于促进节约集约用地的通知》（十一）中也规定："土地前期开发要引入市场机制，按照有关规定，通过公开招标方式选择实施单位"。

1.2.5 微观—合同条款

一、土地开发费用

（一）常见的"成本＋利润"模式

这个土地开发费用相当于政府委托企业提供服务应支付的服务费用。实务中土地开发费用的典型结算付款模式是：开发企业投资进行一级开发，政府分期结算支付开发费用。开发费用包括成本（其中包括管理费用）与利润，成本按实际支出核算，而利润一般按成本的一定比例计算。这有点类似于建设工程合同中的"成本＋酬金（按成本的一定比例计算）"的模式。

在一些地方性法规中有管理费用、利润率的上限规定。如《北京市土地储备和一级开发暂行办法》（京国土市〔2005〕540号）中规定，开发企业的管理费用不高于土地储备开发成本的2%，利润率不高于预计成本的8%。

因为上述规定只是地方性法规，从法律上说，如果合同中约定更高的费用、利润标准也应该是有效的。

（二）成本的归集与计算

在"成本＋按成本一定比例计算利润"的模式下，合同中约定哪些计入成本、如何计算，就成了决定土地开发费用的关键条款。

下面是比较全面的土地一级开发成本归纳：

1.土地报批等各项税费，包括上缴国家、省、市有关部门的新增建设用地土地有偿使用费、耕地开垦费、耕地占用税、征地管理费、被征地农民社会保障基金、土地报批等相关税费。

2.征地补偿费，包括土地补偿费、安置补助费、地上附着物及青苗补偿费，以及按征地面积一定比率计算的生产生活预留安置用地的货币补偿费等费用。

3.拆迁安置补偿费，包括房屋拆迁补偿费、地上地下管线迁改费、被拆迁居民的回迁安置或货币补偿费、搬迁费、过渡费、搬迁奖励费等费用。

4.土地一级开发整理项目前期费用，包括规划编制、工程招标、工程监理、土地房屋测绘评估、图件资料的测绘等费用。

5.土地前期开发整理费用，包括实施收储范围内片区道路、供水、供电、供气、排水、通讯、照明、绿化、土地平整等为完善土地使用功能的配套设施建设和城市基础设施建设的费用。

6. 财务支出，包括土地储备机构或国有投资公司向金融机构融资所支付的利息、社会投资人参与土地一级开发整理投入的资金利息、融资顾问费、金融机构组团费、资产管理费等费用。

7. 储备土地临时看护管理及临时利用费，包括打围墙、树栅栏、树标识等费用，开展专人看守和日常巡查费用；对地上建筑物进行必要的维修改造费用，通过出租、临时使用等方式加以利用而建设临时性建筑和设施等费用。

8. 其他费用，包括土地储备管理费、征地工作经费、拆迁工作经费、受委托实施土地储备单位的管理费、土地储备支出核算费用，审计费、国有投资公司组织社会资金参与土地一级开发整理的投资回报，以及经市政府审批认定列入直接支出的其他费用。[1]

上面这些成本项目应该在《财政部、国土资源部、中国人民银行、中国银行业监督管理委员会关于规范土地储备和资金管理等相关问题的通知》（财综〔2016〕4号）第6条规定的"土地储备资金的使用范围"内。另外，地方法规可能对开发成本有一些具体规定，如2019年发布的《包头市土地一级开发办法》，需要遵守。

开发企业可以在上述范围内，尽可能全面地列明开发成本项目及计算标准，尤其是前期费用、资金占用成本以及涉及地块遗留问题可能引发特殊成本支出的约定，这样才能根据合同主张土地开发成本及相应的利润。但如果超出法定的"土地储备资金的使用范围"，则涉嫌违规，有可能通不过审计，土地开发费用的支付会存在障碍。

二、土地出让收益分享条款

土地出让收益分享条款，是指政府与开发企业约定，就一级开发完成后的土地进行出让所取得的土地出让金，以直接返还、溢价分成等方式部分分配给开发企业，作为开发企业投资进行土地开发的回报。实务中也可能叫作土地出让金返还约定、溢价分配条款等类似叫法，这里统一称为"土地出让收益分享条款"。这相当于土地开发费用条款的一种特殊模式，就像律师费用采取风险代理从执行回款中分成的特殊模式一样。

1. 土地出让收益分享条款严重违规，多数情况下认定为无效。

违规性体现在：

---

[1] 刘芳：《土地一级开发相关政策解读和规范实施路径》，载微信公众号"新基建投融圈"，2017年8月26日发布。

（1）变相减免土地出让金，侵占土出让收益，损害国家、公共利益。

（2）违反"土地出让金收支两条线"的强制性规定，扰乱土地市场秩序。

（3）土地出让前约定土地出让金返还，本质上是排除了其他竞买者，违反招拍挂程序要求。

相关法规包括：《城市房地产管理法》第19条、《预算法》第56条、《国务院办公厅关于规范国有土地使用权出让收支管理的通知》（国办发〔2006〕100号）、《财政部、国土资源部、中国人民银行、中国银行业监督管理委员会关于规范土地储备和资金管理等相关问题的通知》（财综〔2016〕4号）等。

在若干年前，各地有不少鼓励社会资金参与一级开发、允许约定土地收益分成的文件[1]，这些文件一般都已经失效；即便不失效，也与上位法相冲突。

但确实也有认定"土地开发企业参与土地出让金分成"模式有效的少数判例，包括：沈阳市于洪区于洪新城管理委员会与沈阳顺丰房地产开发有限公司、沈阳市于洪区人民政府、沈阳市人民政府土地整理合同纠纷案[2]，宁国市人民政府等合同纠纷案[3]。在后一判例中，法院认为：

> 《合作协议》的主要内容是双方合作进行案涉土地的一级开发。……土地出让收益在扣除法定税费、开发成本及宁国市人民政府基础收益后，剩余部分由双方按照约定比例分享。该协议若能顺利履行，不仅不会损害国家和社会公共利益，还能达到盘活土地资源、增加政府收入、拉动地方经济、实现企业盈利等多赢局面。从该协议的签订经过看，双方当事人无论在主观上还是客观上均基本遵循了法定程序，鉴于双方采用的是一种新型的、非典型的交易模式，其谈判、签约流程与常规虽有所出入，尚不足以影响该协议的效力。从该协议的内容看，成套工程公司系与宁国市人民政府合作，而非单独从事案涉土地开发出让；该公司参与分配的是土地出让溢价收益，而非挤占挪用通常意义上的土地出让金；所以，该协议的内容并不违反"法律和行政法规"层级效力性、强制性规定。综上所述，宁国市人民政府关于双方《合作协议》为无效的主张，不能成立。

另外，合同约定土地出让金的溢价部分用于返还开发企业垫付的建设成本的，

---

[1] 如《海南省人民政府关于规范企业参与土地成片开发的通知》（琼府〔2006〕34号）、《湘潭市人民政府办公室关于印发〈市城区国有建设用地使用权出让管理办法〉的通知》（潭政办发〔2010〕34号）等。
[2] 最高人民法院（2013）民一终字第72号。
[3] 北京市高级人民法院（2019）京民终554号。

应认定有效。[1]但这本质上并非"土地出让收益分享条款",而是约定了开发企业垫付开发成本的返还方式,开发企业垫付的建设成本,政府本来就应该支付。

2. 土地出让收益分享条款的起草审查建议。

总体来说,虽然这类条款与做法有一定风险,但实务中仍有采取,因为此时政府与开发企业是一种合作关系,也都是有意愿完成土地开发、皆大欢喜的。从开发企业的角度,如果要采取这种做法,合同条款上可以:

(1)不宜直接约定从土地出让收益中分配,可改为将开发企业的收益计算方式与土地出让金溢价部分挂钩。

其实这两种方式下开发企业应得收益金额是一样的,只是说后者没有明显违背"收支两条线",只是约定了开发企业的收益计算方式,在前面所引的宁国市人民政府等合同纠纷案[2],中南控股集团有限公司、东营市人民政府合同纠纷案[3]也支持了这一做法。

(2)合同中明确"溢价分成无法实现时,约定其他土地开发成本返还方案"。

这相当于两手准备,给开发企业留一条收益分配模式不被支持的退路,例如约定财政补贴、返还等方式,相当于在实操中增加可以走通的路径,司法中也有被支持的例子[4]。此时需要明确约定土地开发成本的范围、计算方式、合理利润等,为投资返还提供充分的合同依据。

三、土地开发费用支付路径的约定

实务中有两种支付路径模式:

第1种模式:土地储备资金支付方式。依据土地储备资金计划,在一级开发项目验收合格并成本审计之后,向一级开发实施单位拨付成本及利润。

这种模式下,土地一级开发实施单位的土地开发成本返还与土地出让金不挂钩,真正是"收支两条线",是最合规也最能确保土地开发成本返还的方式,也是目前大部分地区实行的方式。

第2种模式:可称为"出让后受让人补偿模式"。《北京市土地储备和一级开发暂行办法》第22条规定:"土地储备开发完成后依法以出让方式供应的,由政

---

[1] 可参见商丘蓝英置业有限公司、商丘市梁园产业集聚区管理委员会合同纠纷案,河南省高级人民法院(2019)豫民终1047号。
[2] 北京市高级人民法院(2019)京民终554号。
[3] 最高人民法院(2019)最高法民终2011号。
[4] 参考中南控股集团有限公司、东营市人民政府合同纠纷案,最高人民法院(2019)最高法民终2011号。

府与受让人签订土地出让合同，同时由土地储备开发实施单位与受让人签订土地储备开发补偿合同，收回土地储备开发成本"。

这种模式之下，如果土地未能出让成功，或者土地储备开发实施单位未能与受让人签订合法有效的"土地储备开发补偿合同"可能会让土地一级开发实施单位的投资返还落空。

对开发企业来说，应尽量使用第1种模式，第2种模式存在一定风险。

四、土地一级开发委托内容

土地一级开发委托工作内容的条款，是土地一级开发企业负责履行的合同主要义务，也是对应开发企业投资回报条款约定比例是否合理的依据。例如，《北京市土地储备和一级开发暂行办法》对于不同的一级开发委托工作内容，有不同的管理费或利润率的标准，实践中可作为参照适用依据。

实务中，政府可能仅将土地一级开发中的小部分工作或辅助部分工作交由开发企业实施，也可能将一些土地一级开发以外的工作一并交由开发企业实施，则律师应评估该工作内容是否能够由一级开发企业来顺利完成，以避免后期如存在履行障碍，无法通过验收，导致争议。

从开发企业的角度，还需要将政府需要承担合同的配合义务约定清楚。

相关模板：19064 土地一级开发整理委托合同

土地一级开发整理单位主要完成以下工作：

1. 按批准的土地一级开发整理范围，负责土地一级开发整理项目的资金筹措。

2. 依据市规划局提供的片区控制性详细规划，负责配合土地所属县（市）区人民政府、市规划部门组织编制土地储备项目控制性详细规划，并按程序组织报批。

3. 负责完成土地勘测定界、土地权属调查等前期工作，配合土地所属县（市）区人民政府组织土地报批，并承担土地报批税费。

4. 负责协助土地所属县（市）区人民政府开展地面建（构）筑物调查统计工作，拟定土地征收和拆迁安置补偿方案，并按程序报有权批准的人民政府批准执行。

5. 根据委托合同，负责拟定土地一级开发整理实施方案，报委托机构审核。实施方案主要包括：开发范围、面积、地上建（构）筑物附着物状况、开发计划、开发成本测算、工作完成时限、实施方式等；土地一级开发整理项目涉及的规划、建设、环保、水利、林业等所需的各项行政审批手续，由土地一级开发整理单位依法向有关职能部门申报办理。

6.负责配合土地所属县（市）区人民政府完成集体土地征收，国有土地收购，地面建（构）筑物、附着物的拆迁补偿安置，地上地下管线的迁改工作。

7.负责按工程项目建设管理的相关规定，实施土地一级开发整理项目涉及的配套设施建设和城市基础设施建设；土地一级开发整理单位在组织实施拆迁和市政基础设施建设时，应当按照有关规定依法确定评估、拆迁、工程施工、监理等单位。

8.承担土地一级开发整理项目移交前的土地管护工作。

9.承担规定或约定的其他涉及土地一级开发整理的工作。

五、合同解除及政府违约责任条款

实务中可能因为政府方面种种原因导致一级开发合同不能正常履行，需要解除合同，例如，政府没有积极推动土地一级开发、拆迁迟迟不能完成、政策变动、政府决定终止土地一级开发、政府换届等原因。

这种情况下开发企业的投入与预期利润都将落空，审计和工程造价鉴定也常常迟迟不启动。对此，开发企业应尽量在合同中列明开发企业行使合同解除权的情形和条件，约定政府对此应承担的违约责任，并可约定开发企业的资金占用成本的计算方式，与违约责任同时适用。

为了避免进入司法程序后浪费大量的司法鉴定时间，开发企业可以考虑事先与政府约定合同解除或终止后，双方启动审计结算和工程造价鉴定的程序、共同选定工程造价鉴定机构的机制和相应时限。

1.3 拆迁委托协议

在土地一级开发阶段，与拆迁有关的另一类经常使用的合同是拆迁委托协议。《国有土地上房屋征收与补偿条例》第 5 条规定："房屋征收部门可以委托房屋征收实施单位，承担房屋征收与补偿的具体工作"。拆迁委托协议就是由房屋征收部门委托房屋征收实施单位，承担房屋征收与补偿的具体工作时签署的协议。

拆迁委托协议是委托合同关系，按照《合同起草审查指南》的观点，也是一种服务类合同。这类合同关系和文本并不复杂，这里仅说明几点特殊之处，其他方面可参考《合同起草审查指南：常用合同卷》"服务类合同"的知识。

1.3.1 宏观—合同类型：拆迁委托协议不同于拆迁安置补偿协议，也不同于拆除工程承包合同

拆迁委托协议与拆迁安置补偿协议不同。拆迁委托协议是政府委托房屋征收实施单位具体实施拆迁行为，拆迁安置补偿协议是政府对被拆迁方进行安置补偿。

房屋征收实施单位在房屋征收补偿谈妥，产权人将待拆除的房屋交给房屋征收实施单位后，房屋征收实施单位也会委托拆除、爆破施工单位签订拆除工程承包合同（或类似名称），这是一种建设工程施工类合同，可参考《合同起草审查指南：建设工程合同卷》内容，与这里的拆迁委托协议不同。

相关模板：4646 拆迁工程承包合同

1.3.2 中观—合同形式：几种体现形式，对应几种场景

实务中的"拆迁委托"可能有这几种场景：

第 1 种场景：政府部门单独委托实施单位，单独签订拆迁委托协议，政府部门支付服务费用。

相关模板：19072 项目拆迁委托合同

第2种场景：政府部门委托土地一级开发企业一并承担房屋征收与补偿具体工作。此时的"拆迁委托"相当于"土地一级开发委托合同"中的部分内容，也可能体现为"土地一级开发委托合同"的专门配套协议，主要约定委托服务内容，不再单独约定费用（服务费用就包含在一级开发合同的费用之中）。

第3种场景：政府部门以"毛地"形式向开发商出让国有土地使用权，同时委托开发商承担房屋征收与补偿具体工作。此时的"拆迁委托"为"国有土地使用权出让合同"的专门配套安排，也可能体现为一个专门配套协议，政府也不会支付服务费用。——但请注意，"毛地"出让现在已经不合规，因此这种拆迁委托的做法也较少见了。可参见第二单元中"国有土地使用权出让合同"中"合同标的"有关说明。

上述场景中，只有第1种场景是一个单独的合同类型，而第2种、第3种场景下，其实"拆迁委托"只是主交易合同下的一个配套安排。

1.4 拆迁安置补偿协议

拆迁安置补偿协议是房屋征收部门与被征收人，就土地、房屋被征收及补偿签订的协议。这也是土地一级开发过程中常见的一类协议。

1.4.1 宏观—合同主体：征收人、实施单位、被征收人

1. 含义。

（1）征收人：就是房屋征收部门，是政府部门。

（2）房屋征收实施单位（或简称"实施单位"）：根据《国有土地上房屋征收与补偿条例》第5条规定，实施单位即政府委托实施房屋征收工作与补偿工作的单位。

《国有土地上房屋征收与补偿条例》第5条规定："房屋征收实施单位不得以营利为目的"。某些地方有进一步限制，如《深圳市房屋征收与补偿实施办法（试行）》（2022修正）第5条规定："建设单位和以营利为目的的房地产开发公司、物业管理公司等法人和其他组织，均不得接受委托成为房屋征收实施单位，也不得与房屋征收实施单位存在投（出）资、被投（出）资的关系"。

实务中房屋征收实施单位通常为街道办，符合当地法规的情况下也有可能是"土地一级开发委托合同"中的开发企业。

（3）被征收人：被征收房屋、土地的权利人。

2. 合同主体安排：

拆迁安置补偿协议肯定应将征收人、被征收人作为合同主体。

实务中，有可能同时将实施单位也列为合同主体。

3. 被征收人应该是"经确权的"不动产产权人。

确权的过程在实践中比较复杂，征收人需要委托具体实施征收的主体，做大量的地籍调查、入户调查工作，以确定被征收人与被安置人。这里不作详述，仅提示几点：

（1）不同权利人补偿不同。

所有权人是不动产征收补偿的对象，用益物权人是不动产安置补偿的对象，担保物权人的合法权益在征收活动中应受到保护。

（2）确权需要综合各种手段。

对于不动产的所有权、用益物权、担保物权，一般以不动产登记簿、产权证的登记为准。但在现实中，产权类型多样（绿本产证、军产权房、个人/单位自建房等），很多不动产存在转让、继承、受遗赠、出资入股、公司破产、公司合并、财产分割等情况又没有办理过户登记或者甚至没有办理产权初始登记，都导致需要通过多种方式、结合多方面材料来认定产权归属。存在争议的，还可能通过当事人协商确定或者通过司法、仲裁途径认定。

（3）产权共有的情况下，需要区分按份共有还是共同共有来相应处理。

除非共有人之间另有约定，拆迁安置补偿协议需要经过共有人的决策程序，对于共同共有须经全体产权人共同作出，而按份共有经2/3份额的产权人作出。相应地，如果是共同共有，拆迁安置补偿协议需要共有人全部签署，而按份共有时，拆迁安置补偿协议经2/3以上份额的按份共有人签署即具备法律效力。

（4）公房租赁的处理。

公房租赁是我国一种特殊的产权情况。在计划经济时代，我国存在分配房屋的制度，公房租赁虽名为租赁，实际上则具备一定的物权属性。在不动产征收的实践中，一般先由公房承租人按照房改政策进行购买，然后再以产权人身份，签订征收补偿协议。但有的地方政府则是按比例把征收补偿款分配给房屋的所有权人和承租人。[1]

1.4.2　宏观—合同程序：以房屋征收决定为前提

房屋征收决定系房屋征收部门所做出的具体行政行为，拆迁安置补偿协议是依据房屋征收决定为前提而签订的"行政协议"，房屋征收决定是拆迁安置补偿协议的一个前置的合同程序。这是正常的操作。

在邓林华、宁乡市征地拆迁事务所资源行政管理：其他（资源）再审审查与

---

[1] 参见纪召兵：《征地拆迁焦点问题——实务指引及案例解析》，中国法制出版社2019年版，第74~75页。

审判监督行政裁定书中[1]，法院认可了"先签补偿协议，开庭前才取得房屋征收决定"，协议仍为有效。

无论如何，如果缺乏房屋征收决定，不仅对拆迁安置补偿协议的效力有影响，更会影响整个土地一级开发的正常推进。

1.4.3　微观—合同条款：明确约定拆迁安置补偿方案

对被拆迁人的补偿方式大致分为货币补偿、产权调换，也可以两种方式同时采取；对被拆迁人的补偿内容，包括对被征收房屋价值的补偿、对因征收房屋造成的搬迁、临时安置的补偿、对因征收房屋造成的停业停产损失的补偿。

此类协议条款并没有太多改动空间，主要是被拆迁人尽可能多地争取补偿内容和补偿金额并在合同中落实的问题。

📄 相关模板：21592 国有土地上房屋征收与拆迁安置补偿协议（综合版）

本节所论述的"拆迁安置补偿协议"以"住宅类房屋拆迁安置"为主。不过营业用房、工业用房的拆迁安置补偿也基本适用，只不过工业用房和营业用房拆迁安置补偿协议会增加针对安置后对恢复生产、经营的补偿标准的约定。

📄 相关模板：21582 工业用房产权调换协议书

📄 相关模板：21578 工业用房货币补偿协议书

📄 相关模板：21577 营业用房货币补偿协议书

📄 相关模板：21581 营业用房产权调换协议书

---

[1]　湖南省高级人民法院（2020）湘行申 1017 号。

02 第二单元

土地一级市场类合同

2.1 土地一级市场主要交易模式与相应合同类型梳理

注意本节仅讨论国有土地使用权的获取，集体土地使用权的获取相关知识见第五单元的专题介绍。

1. 土地获取的一级市场、二级市场的含义。

土地来源于"土地市场"，土地市场又包括土地一级市场和土地二级市场。实务中还有所谓"土地零级市场、土地三级市场"的说法[1]，本课程中暂不涉及。

"土地获取一级市场"和"土地获取二级市场"的划分标准是土地来源于"土地所有者"还是"土地使用者"，具体含义有各种说法。

从本课程的目的来说，这样理解就可以了：土地一级市场是开发商从政府手中取得土地使用权；土地二级市场是已经取得目标地块土地使用权的开发商与其他开发商、市场主体交易，交易标的（或者最终标的）是目标地块。

2. 土地一级市场、土地二级市场都是为了"拿地"。

"拿地"又叫"土地获取"，也就是开发商取得目标地块的土地使用权或开发利用的权利，包括以联建、代建、股权合作等各种方式参与目标地块的开发。

3. 土地一级市场的交易模式与对应合同。

（1）国有土地使用权出让：对应国有土地使用权出让合同。

在当前的法律环境下，这是一级市场取得国有土地使用权的主要模式。

与该模式下相关的合同类型还包括勾地类协议、土地置换协议，本课程中将简单介绍。

（2）国有土地租赁：对应国有土地租赁合同。

这是从土地所有者（国家）手中租赁土地来开发、利用，因此属于"一级

---

[1] 土地零级市场，是指划拨土地使用权在未办理土地出让手续也未经土地主管部门审批的情况下，私下进行转让，在转让之后，补交土地出让金申请划拨地转出让地手续；土地三级市场，是指已经进入流通领域的存量商品房在买受人与其他人之间的交易，包括出售、出租、抵押等。

市场"。可以理解为是一种特殊的国有土地使用权出让,也能取得土地使用权证书(使用权类型为"租赁"),期限可以超过20年,但最长不超过同类土地出让的最高年限。相关规定可参考《规范国有土地租赁若干意见》(国土资发〔1999〕222号)。

该规定第一点要求,"对于经营性房地产开发用地,无论是利用原有建设用地,还是利用新增建设用地,都必须实行出让,不实行租赁"。因此房地产开发项目中不太能使用这种模式。

这种模式的合同文本是比较简单的,本课程中不再专门介绍。

相关模板:20372 国有土地使用权租赁合同

相关模板:20375 国有建设用地(工业用地)使用权租赁合同(广西2019试行版)

(3)国有土地使用权用于出资。

这一般用于特定土地、特定项目。例如,《关于全面放开养老服务市场提升养老服务质量的若干意见》(国办发〔2016〕91号)中提到:"对在养老服务领域采取政府和社会资本合作(PPP)方式的项目,可以国有建设用地使用权作价出资或者入股建设"。

这种模式对应的合同需要根据具体的交易场景、目标公司性质来判定。如果是出资设立有限责任公司,仅就"国有土地使用权出资"这一部分,可以认为是《合同起草审查指南:公司及并购卷》中的"出资协议"。本课程中不再专门介绍。

4. 土地二级市场的交易模式及合同,会在第三单元中介绍。

5. "一级市场联合拿地类合同",会在第三单元中介绍。

实务中常见这种交易:各方在参与土地竞拍之前("一级市场"阶段),就签订合同,约定共同参与竞买、取得目标地块后合作开发,或者转让给另一方(事先考虑"二级市场"的安排)。这类合同我们称为"一级市场联合拿地类合同",我们放在第三单元后面进行讲解。

2.2 国有土地使用权出让合同

（合同类型简称：出让合同；合同主体简称：出让人/政府、受让人）

出让合同是否属于行政协议有争议，可参考第一单元中"行政协议的起草审查"相关知识，这里不再说明。

2.2.1 宏观—合同主体

一、出让人一方应为市、县一级人民政府自然资源主管部门

市、县一级人民政府自然资源主管部门是出让人的适格主体，土地收购储备中心或者开发区管委会不是合同适格主体。

实践中会有土地收购储备中心或者开发区管委会，未经市、县一级人民政府自然资源主管部门授权，便与竞买成功的受让人签署"国有土地使用权出让合同"，该等"国有土地使用权出让合同"应属无效，但起诉前经过市、县人民政府自然资源主管部门追认的，也可以认定合同有效。

二、受让人一方的主体安排：最好由土地开发的项目公司作为受让人

在法律上，受让人一方可能是单独的自然人、法人或者其他组织，也可能是它们的联合体，这是比较灵活的。但在实务中，从后续项目开发的角度，一般都由最终进行土地开发的项目公司作为受让人，避免后面更换合同主体所带来的种种法律上、手续上的障碍和额外税费成本。

实务中，出让人是允许"由 A 申请、参加招拍挂，由 A 签署成交确认书，由新成立的 B 公司作为受让人签订出让合同，或者由 A 签订出让合同，再将受让人变更为 B 公司"的，但这需要事先与出让人进行沟通，符合出让公告的要求，并在竞买申请报名阶段或者在签署成交确认书阶段以书面形式予以明确。《招标拍卖挂牌出让国有土地使用权规范（试行）》（国土资发〔2006〕114号）第10.2条中

规定："……（6）申请人竞得土地后，拟成立新公司进行开发建设的，应在申请书中明确新公司的出资构成、成立时间等内容。出让人可以根据招标拍卖挂牌出让结果，先与竞得人签订《国有土地使用权出让合同》，在竞得人按约定办理完新公司注册登记手续后，再与新公司签订《国有土地使用权出让合同变更协议》；也可按约定直接与新公司签订《国有土地使用权出让合同》。"其附录《国有土地使用权拍卖出让须知》中也有类似说明。

在惠州市富名实业发展有限公司、惠东县自然资源局资源行政管理：其他（资源）争议二审行政判决书中[1]，法院即认可这种做法的效力，驳回了原告主张出让人与受让人签订的出让合同无效的主张。

上述做法是土地招拍挂程序中的常规操作。通常在竞买报名时，基于竞买主体资质、资金实力等种种考虑，通常以母公司作为主体参与报名，尚未设立新的项目公司作为项目操盘主体，待竞买成功后，才设立新的项目公司签订国有土地使用权出让合同。在联合竞买、联合体竞买的情况下，也会有这样的操作。

如果没有与出让人提前沟通好，以 A 公司作为主体签署了出让合同，很难变更原出让合同主体或者签署补充协议变更主体为 B 或者 A 的子公司。而国有土地使用权证书是依据出让合同来办理，如转移到新设项目公司名下，相当于土地使用权再次转让，受到了《城市房地产管理法》第 39 条达到开发强度 25% 等诸多限制，还会产生额外的税费成本，因此必须在前期签订出让合同时就将受让人落实为实施土地开发的项目公司。对此可参考第三单元"国有土地使用权及在建工程转让合同"有关知识。

2.2.2 宏观—合同程序：招拍挂程序

土地使用权出让的招拍挂程序会影响出让合同效力，但主要不是对合同条款的影响，很多是具体操作问题。因此这里仅简单介绍影响出让合同效力的招拍挂相关知识。

1. 招拍挂程序。

《招拍挂规定》第 2 条规定：

在中华人民共和国境内以招标、拍卖或者挂牌出让方式在土地的地表、地上

---

[1] 广州省惠州市中级人民法院（2019）粤 13 行终 174 号。

或者地下设立国有建设用地使用权的，适用本规定。

本规定所称招标出让国有建设用地使用权，是指市、县人民政府国土资源行政主管部门（以下简称出让人）发布招标公告，邀请特定或者不特定的自然人、法人和其他组织参加国有建设用地使用权投标，根据投标结果确定国有建设用地使用权人的行为。

本规定所称拍卖出让国有建设用地使用权，是指出让人发布拍卖公告，由竞买人在指定时间、地点进行公开竞价，根据出价结果确定国有建设用地使用权人的行为。

本规定所称挂牌出让国有建设用地使用权，是指出让人发布挂牌公告，按公告规定的期限将拟出让宗地的交易条件在指定的土地交易场所挂牌公布，接受竞买人的报价申请并更新挂牌价格，根据挂牌期限截止时的出价结果或者现场竞价结果确定国有建设用地使用权人的行为。

该规定中说的招标、拍卖或者挂牌出让方式，就是俗称的"招拍挂"。

2. 房地产开发所需用地都需要通过招拍挂程序。

《招拍挂规定》第4条规定：

工业、商业、旅游、娱乐和商品住宅等经营性用地以及同一宗地有两个以上意向用地者的，应当以招标、拍卖或者挂牌方式出让。

前款规定的工业用地包括仓储用地，但不包括采矿用地。

对于房地产开发来说，协议出让而不通过招拍挂来拿地的场景在现有法律环境下极其有限[1]。在"城市更新"项目中存在"协议出让"的做法，请参见第五单元的"城市更新项目类合同"的介绍。

3. 招拍挂程序违法对合同的影响。

依法应该招拍挂，而未经招拍挂就签订出让合同的，因为违反《民法典》第347条、《城市房地产管理法》等法律强制性规定，出让合同是无效的。

但现实中，不经招拍挂就拿地的明显违法操作已经很少见，更多的是招拍挂程序中设定了影响公平、公正竞争条件的违规情形。《招拍挂规定》第11条第2款规定："出让人在招标拍卖挂牌出让公告中不得设定影响公平、公正竞争的限制条件"。

实务中出让人对竞买人设置的这类条件包括：

（1）对竞买人资质、业绩（如要在top50的房企之内）、纳税额、注册资本、

---

[1] 可参见《协议出让国有土地使用权规范（试行）》(国土资发〔2006〕114号）。

开发面积等要求,甚至要求为上市公司、要求为当地企业或须搬至当地等;

(2)对竞买人引进特定企业、提交规划设计的要求。

这种情况下存在一定风险,但又有很大操作空间且很常见。这个问题与"勾地"关系密切,请见后文"勾地协议"相关知识。

2.2.3 宏观—合同标的:"毛地出让"不合法

从地块的开发现状来分,分为"毛地出让"和"净地出让"。"毛地"是指城市基础设施不完善、地上有房屋建筑需要拆迁的土地。"净地"是指政府已经完成了出让前的土地使用权收回和拆迁补偿的土地。

在过去土地出让法律法规不完善、土地供应程序不规范的时候,"毛地出让"方式很盛行,政府作为出让方,只拿土地出让收益,将拆迁安置补偿的义务甩给了开发商。这往往造成拆迁环节的不规范,还常常会出现土地开发利用情况不佳、土地闲置的情况。

目前对"毛地出让"的禁止性规定包括:

《国土资源部关于加大闲置土地处置力度的通知》(国土资电发〔2007〕36号)第2条规定:实行建设用地使用权"净地"出让,出让前,应处理好土地的产权、补偿安置等经济法律关系,完成必要的通水、通电、通路、土地平整等前期开发,防止土地闲置浪费。

《关于严格落实房地产用地调控政策促进土地市场健康发展有关问题的通知》(国土资发〔2010〕204号)第3条规定:省(区、市)国土资源主管部门要加强对市、县招拍挂出让公告的审查,对发现存在超面积出让、捆绑出让、"毛地"出让、住宅用地容积率小于1、出让主体不合法等违反政策规定的出让公告,及时责令市、县国土资源主管部门撤销公告,重新拟定出让方案。违反规定出让的,应责令立即终止出让行为,并依法追究责任。

——注意该规定强调了要"立即终止出让行为"。

2012年原国土资源部修订的《闲置土地处置办法》第21条规定:市、县国土资源主管部门供应土地应当符合下列要求,防止因政府、政府有关部门的行为造成土地闲置:(一)土地权利清晰;(二)安置补偿落实到位;(三)没有法律经济纠纷;(四)地块位置、使用性质、容积率等规划条件明确;(五)具备动工开发所必需的其他基本条件。

上述法律规定均明确了建设用地使用权必须"净地出让",否定了"毛地出让"的合法性。

不过在"城市更新"项目中存在"毛地出让"的做法,请参见第五单元关于"城市更新项目类合同"的介绍。

2.2.4 微观—合同条款

原国土资源部、国家工商行政管理局以及地方政府部门出台了一些"国有土地使用权出让合同"示范文本供使用。在实际土地出让中,绝大部分条款(如土地用途、土地规划指标和开竣工时间、投资强度、转让限制等)是没有协商空间的,受让人只能就交地时间、土地出让金支付期限及其逾期缴纳违约责任、关于该地块的特殊处理事项与出让人进行协商。

受让人应该事先就详细查阅招拍挂文件,包括出让合同。对于受让人来说,需要特别注意其中的违约责任条款,包括没有按时支付土地出让价款、延期开工延期竣工、开发投资总额未达到约定标准、超出规划指标等违约责任,以及土地闲置的认定与后果。出现了这些违约情形的一项,对于整个项目开发以及受让人投资的收回,都是致命性的;即便是受让人不再自己开发了,把受让后的国有土地使用权再次转让时,也面临着巨大的障碍与风险。因此受让人必须在签订出让合同后,避免出现这些违约情形。

《国务院办公厅关于规范国有土地使用权出让收支管理的通知》(国办发〔2006〕100号)第7条第2款规定:"土地出让合同、征地协议等应约定对土地使用者不按时足额缴纳土地出让收入的,按日加收违约金额1‰的违约金"。但出让合同中未必要按该规定。如果出让合同约定了这个显然很高的违约金标准,当事人能否主张"违约金过高"而要求法院调整?现有判例中有的支持调整[1],有的则以国有建设用地使用出让合同的特殊性而不支持调整[2]。

---

[1] 贵阳市国土资源局与贵州太升房地产开发有限公司建设用地使用权出让合同二审纠纷案,最高人民法院(2016)最高法民终633号,来自《民事审判指导与参考》(总第68辑),人民法院出版社2017年版,第195~196页。
[2] 西安市国土资源局与西安晟森房地产开发有限公司建设用地使用权出让合同纠纷再审案,最高人民法院(2018)最高法民再422号。该判例中强调:……其目的不仅在于弥补损失,更在于通过惩罚性加强土地市场调控,提高土地利用效率,保证国家及时取得土地收益并投入国家建设。作为一项宏观政策,全国各地国有土地管理部门都据此执行。根据一、二审查明的事实,案涉《国有建设用地使用权出让合同》的违约金条款作为土地拍卖文件的一部分,晟森公司在参加竞拍前既已知晓,其自愿竞拍取得案涉土地并签订案涉《国有建设用地使用权出让合同》,不存在超出当事人预期或显失公平之情形。因此,对该违约金条款的约定,除非有充足理由和其他因素,不应予以调整。

2.3 勾地协议

2.3.1 勾地及政府招商引资类协议背景知识

一、勾地与用地预申请

"勾地"的说法来源于香港，早在1999年亚洲金融危机后，香港特区政府就推出了"勾地制度"，与传统的常规拍卖共同构成了出让土地的途径，2004年后更成为香港特区政府土地拍卖或招标的唯一方式。

在国内法律法规层面，目前仅有2006年原国土资源部《招标拍卖挂牌出让国有土地使用权规范（征求意见稿）》中使用"勾地"这一表述。但是随后正式出台的《招标拍卖挂牌出让国有土地使用权规范（试行）》（国土资发〔2006〕114号）并没有再次采取"勾地"一词，而是改为了"用地预申请"，其中规定：

5.4 用地预申请

为充分了解市场需求情况，科学合理安排供地规模和进度，有条件的地方，可以建立用地预申请制度。单位和个人对列入招标拍卖挂牌出让计划内的具体地块有使用意向的，可以提出用地预申请，并承诺愿意支付的土地价格。市、县国土资源管理部门认为其承诺的土地价格和条件可以接受的，应当根据土地出让计划和土地市场情况，适时组织实施招标拍卖挂牌出让活动，并通知提出该宗地用地预申请的单位或个人参加。提出用地预申请的单位、个人，应当参加该宗地竞投或竞买，且报价不得低于其承诺的土地价格。

房地产开发实务中说的"勾地"，含义常常比"用地预申请"更广：只要是在签订正式土地使用权出让合同、取得土地使用权之前，以某种方式事先"锁定"目标地块，都可以称为"勾地"。

二、勾地及政府招商引资类协议的大致类型

实务中大致有以下类型：

（1）与出让人（政府土地部门）签订的勾地类协议，即用地预申请协议。

这可以称为是狭义的"勾地类协议"，对应上面法规中的"用地预申请"。

（2）政府招商引资类协议：用地需求方与开发区管委会、土地储备中心等政府部门或政府指定国有企业签订。

在实务中，政府与用地需求方（企业方）一般会将用地、产业投资、税收优惠等一并谈判，从而签订所谓的政府招商引资协议。其中，产业"勾地"往往是用地需求方所关注的最重要的内容。

📎 包含勾地安排的政府招商引资协议模板：

14648 政府招商引资协议书（广州市 2014 版）

15275 招商引资扶贫合同（贵州省 2018 版）

实务中还存在一种企业与企业签订的"变相勾地类协议"：用地需求方与一级开发实施主体、中介方等当地有土地资源的企业签订，通过联合竞买、后期退出等方式，最终由用地需求方取得土地使用权。这种实际上是"一级市场联合拿地类合同"中的一种，请参见"第三单元"的相关分析，不是这一节分析的勾地类协议。

2.3.2　勾地及政府招商引资类协议的起草审查

总体来讲，对于用地需求方（企业方）来说，这类协议的审查要点就是：能在多大程度上约束政府？而对于政府部门（政府部门的合规性要求也越来越严，很多政府部门也聘请了律师）来说，这类协议的重点就是：是否合规？

一、宏观—交易结构：协议约束力

与政府签订的协议常常要综合考虑法律约束力与现实情况两方面因素。

如果是意向书、会议纪要这类文件，一般是没有法律约束力的（除非明确说明了具有约束力）。不过事实上也能作为政府与企业合作的基础。从企业方的角度，当然最好是明确签订具有法律约束力的协议。

还有一类政府与企业方签订的框架性、原则性协议，里面缺少细节的权利义务，实际上也谈不上什么约束力。

勾地及政府招商引资类协议中的部分条款有合规性风险（见后面介绍），而这些条款又是企业方关注的重点，直接影响整个项目是否可行。

即使签订了具有法律约束力的协议，也要考虑政府换届、领导变动等原因对项目的影响，毕竟想像告一家企业一样去向政府索赔，还是不太现实的。

二、微观—合同条款："排除潜在竞买人"条款与招拍挂程序的冲突

1. 勾地类协议必然会有"排除潜在竞买人"的需求。

从前面所引的《招标拍卖挂牌出让国有土地使用权规范（试行）》规定可以看出，用地预申请是合规的，只是说，用地预申请人最终仍需通过合法的招拍挂程序才能签订国有土地使用权出让合同、取得土地使用权。因为其他主体也可以参与竞拍，最终的价格肯定无法保证是用地预申请人预想的价格，也可能因为其他主体的出价、条件更好而"花落别家"。

从用地预申请人的角度，会希望在勾地类协议中设置"排除潜在竞买人"的条款，以保证己方能顺利取得土地。除了前述对竞买人资格设置一定的条件外，还可能通过如下手段对其他潜在竞买人设置一定的竞争壁垒：

● 对出让地块设置一定的规划条件，例如附带无偿移交的配建及要求竞买人自持的物业比例较大。

● 在出让文件中要求竞买人在较短时间内带方案投标或者设定前置的竞买资格审查条件，预先经出让人审批通过。

● 宗地上遗留难以解决的问题，如大市政管网的接驳、市政道路未通等。

以上为不完全列举。

2. "排除潜在竞买人"做法的合规性分析。

"排除潜在竞买人"肯定是与《招拍挂规定》第11条第2款"不得设定影响公平、公正竞争的限制条件"存在冲突，但又不好一概而论。[1]

（1）究竟怎样算是"影响公平、公正竞争"？难以认定，有一些限制条件其实是合理的、有利于特定项目发展规划的。

（2）如果存在"排除潜在竞买人"的做法，最终通过招拍挂签订了出让合同，第三方是否有权以此提起行政诉讼主张撤销该行政行为？实际判例很少，第三方是否对此具有原告主体资格也存在争议。[2]

---

[1] 可参见许强、李佳新、穆耸：《路径与风险——土地招拍挂出让竞买人限制条件的设置》，载微信公众号"中伦视界"，2019年11月1日发布。

[2] 认为第三方不具有行政诉讼的原告主体资格的判例可参见深圳市北科联药业科技有限公司与深圳市规划和国土资源委员会行政撤销纠纷案，广东省深圳市宝安区人民法院（2013）深宝行初字第222号、广东省深圳市中级人民法院（2016）粤03行终423号。

（3）实务中类似问题，有些是当事人投诉、媒体曝光，最后上级单位责令改正。

3. 实务中的做法。

在勾地类协议及招拍挂中"排除潜在竞买人"或类似做法，在实务中是广泛存在的，如前所述也是有很大的操作空间的。只是说政府与用地预申请人要适当的权衡风险，适当把握尺度。

在勾地类协议中，政府与用地预申请人可能将"排除潜在竞买人"的做法写在协议中，也可能不写在协议中，只是事先沟通好，双方"心照不宣"照此操作。如果写在协议中，虽然有合规风险，对政府多少会有约束作用。

三、微观—合同条款：税费优惠、土地出让金返还、财政补贴、政府回购义务等约定

这些约定无非就是：政府以各种方式给企业方现金支持，以换取企业投资。由于政府行为受到严格约束，这类做法通常面临合规性问题。

1. 税费优惠。

总体来说，国务院 2015 年发布《关于税收等优惠政策相关事项的通知》（国发〔2015〕25 号）。以该文件出台为界限，基于其继续有效、不溯及既往的原则性规定，在 2015 年之前签署的招商引资合同涉税收减免优惠条款的效力尚存在一定争议，但在此之后签署的则被认定违法无效的风险较大。[1]

2. 土地出让金返还或类似约定。

勾地协议中常常会约定土地溢价返还，即用地预申请人最终的实际竞拍成交价格高于勾地协议中约定的土地竞买价格时，出让人同意直接返还或部分返还溢价部分，或以抵扣土地出让款等方式减免。同时还可以约定，如果出让人未按约定返还，则应承担违约责任。

这类约定与土地一级开发委托合同中的"土地出让收益分成条款"类似，同样涉嫌违法（可参见第一单元"土地一级开发委托合同"的"微观—合同条款"分析），而且后果更为严重：

（1）勾地类协议中的"土地出让收益返还条款"对公共利益损害更大。

土地一级开发的情况下，开发企业一般需要垫资进行开发；如果不进行一级开发，土地也无法出让。因此"土地出让收益分成条款"可以认为是一个政府、

---

[1] 刘小进、杨威：《政府招商引资合同涉税费等优惠政策条款的效力如何？》，载微信公众号"国浩律师事务所"，2023 年 6 月 20 日发布。

开发企业双赢的约定。

但在勾地协议中，用地预申请人并没有付出什么，如果就能够从土地出让收益中获得分成，更有瓜分政府收入、损害公共利益之嫌。

（2）勾地类协议中的"土地出让收益返还条款"同时涉嫌违反《招标投标法》《拍卖法》等土地招拍挂程序的要求，相当于政府与用地预申请人事先对土地出让条件作出了不公平的约定。

因此此类约定一般认定为无效，而且"因土地出让收益返还约定无效，用地预申请人请求出让人承担违约责任"的，法院一般也不予支持。[1]

3. 涉行政事业性收费优惠条款。

《国务院关于清理规范税收等优惠政策的通知》（国发〔2014〕62号）明确规定，严格执行现有行政事业性收费管理制度，严禁对企业违规减免或缓征行政事业性收费。此外，《国务院关于在市场体系建设中建立公平竞争审查制度的意见》也规定，安排财政支出一般不得与企业缴纳的非税收入挂钩。除政策文件外，部分行政事业性收费系依据法律法规的规定收取，故其减免应遵守相关的条件与权限规定。

实务中的判例有支持按协议减免的，也有不支持的。

虽然国家政策也要求不得违规对企业减免行政性事业收费，但相对于减免由法定的税收，规范行政事业性收费的法律文件层级与决策权限相对多样化，故即使违规减免，也不一定就会被认定为无效。[2]

4. 其他的补贴、奖励以及非现金方面的政策支持。

许多地方政府通过对企业固定资产投入、租金、研发、物流、新增核心知识产权、高端人才引入等方面提供补贴、奖励，以及在人才就医、购房、子女就学等方面提供绿色通道支持政策的方式招商引资。

这些方面约定能否落实到位，需要企业根据当地情况把握，不好一概而论。

四、微观—合同条款：其他与土地竞买相关条款

1. 地块规划条件、挂地时间、分期交地等。

由于用地预申请人可能在地块出让公告作出之前的较早时间了解土地信息，

---

[1] 最高人民法院民一庭：《土地出让金返还协议无效》，载微信公众号"最高人民法院民一庭"，2022年9月13日发布。
[2] 刘小进、杨威：《政府招商引资合同涉税费等优惠政策条款的效力如何？》，载微信公众号"国浩律师事务所"，2023年6月20日发布。

用地预申请人可以在关于地块的规划条件、挂牌时间、整体规划、统一挂牌、分期交地、分期缴纳土地出让金、分期办证等方面，与出让人做较早的沟通与规划，在签署的勾地协议中尽可能约定多供地、分期供地、分期缴纳土地出让金，分开办证，既可以利于滚动开发避免土地闲置，又可以节省每一期要支付的土地出让金金额。在分期挂牌出让时，开发商应控制风险，协调出让人合理设置每一期挂地分割，并确保竞得每一期地块。

可以在勾地协议中约定挂牌公示的规划条件，最晚不晚于某一节点的挂牌时间，供地面积、供地节奏。若出让人在土地出让时，相关信息与本协议约定的条件不一致时，如迟迟不能土地挂牌或者土地规划条件不满足双方约定，用地预申请人就可以单方解除本协议，不再参与竞买，要求出让人退还保证金，并承担利息或违约责任。

2. 土地竞买价格。

勾地协议的一个关键条款是约定土地竞买价格，通常在勾地协议中约定土地成交价格的上限。例如：

乙方同意并承诺以单价不高于____万元/亩、总价不高于人民币____万元（大写_____万元整）的竞买总价竞买。如项目地块单价高于____万元/亩的，乙方可以放弃项目地块竞买，且不承担违约责任，甲方应退还乙方履约保证金。

3. 竞买诚意金。

勾地协议中，为约束用地预申请人在符合约定的土地出让条件时，包括规划条件、挂牌时间、成交价格等方面，必须按照约定竞买并最终成交，不可放弃参与竞买，一般会约定一笔保证金性质的款项，通常叫"竞买诚意金"。

"竞买诚意金"不是招拍挂程序中的竞买保证金，而是勾地协议承担违约责任的方式。对于出让人来说，收到了竞买诚意金后如果与其他第三方再次签署类似的勾地协议，可能要承担违约责任；对于用地预申请人来说，支付了竞买诚意金，如果未参与招拍挂或未按约定成交，出让人就可以没收竞买诚意金。

相关模板：19088 勾地协议

（1）乙方承诺以不高于____万元/亩，总价不高于人民币____万元（大写_____万元整）的项目地块竞买总价竞买。

如项目地块单价高于____万元/亩的，乙方可以放弃项目地块竞买，且不存在违约责任，甲方应退还乙方竞买诚意金。

（2）甲方承诺协调确保上述地块在____年____月前（挂牌/拍卖）出让。出让公告（或出让须知、规划设计条件）中设置如下竞买条件：＿＿＿＿＿＿＿＿。

土地价款分为两次支付：国有土地使用权出让合同签订后支付土地成交总价款的＿＿％，土地成交总价款剩余＿＿％在＿＿天内付清，如分期交地，则分期支付土地价款。

宗地划分细则、主要经济技术指标及挂牌价格，甲、乙双方于土地挂牌出让公示前＿＿日内沟通协商，根据甲方的现实条件和乙方的要求及相关规定进行挂牌出让。以上地块面积最终以勘测部门实际测量数据为准。如宗地挂牌公示的宗地划分、主要经济技术指标和挂牌价格与各方协商的方案有较大差异的，乙方有权视情况不参加摘牌或不摘牌，此种情况下，乙方不承担任何责任，甲方应退还乙方竞买诚意金。

五、微观—合同条款：终止条款

招商条款与政策息息相关，某些政策性的调整及产业方向的调整都可能导致招商引资优惠等的变化、取消。

因此，从政府的角度，要考虑在合同中明确约定此种情形下，政府方享有变更、解除、不予赔偿的权利。例如："本协议中有关内容如与法律、法规、规章、政策相抵触，以最新法律、法规、规章、政策为准。若各方就协议内容与最新法律、法规、规章、政策规定冲突之处无法达成一致的，任何一方均可单方解除本协议，并不承担违约责任。"但从企业方角度，这无疑会增加风险。

2.4　土地置换协议

土地置换，是指土地所有权人因公共利益或规划实施的需要收回国有土地使用权，同时给予土地使用权人其他用地用于置换。收回国有土地使用权的是国家土地主管部门，被置换人是土地原使用权人，在本课程里就是开发商。这里的土地置换不是土地使用权人与土地使用权人之间的土地置换。

相关模板：19135 土地使用权置换协议

一、宏观—合同程序：不要求必须再走招拍挂程序

从表面上看，土地置换可以理解为是"收回一块土地，重新出让一块土地"，似乎应该也通过招拍挂程序，否则也违反土地出让招拍挂的规定。[1]

但是土地置换是因为出让人的原因要收回，如果重新出让，就无法保证原土地权利人竞买到新出让的土地，所以从实际操作的角度，土地置换肯定是有必要采取协议出让的方式的。而现行法律、法规对土地置换的规定不太完善，《闲置土地处置办法》第12条第5款提到了"置换土地"这种闲置土地的处理方式但没有规定具体操作，其余只有一些地方规定可供参考。[2]

总体来讲，实务中，国土部门在提前收回国有土地使用权时仍常常使用土地置换协议，而且不再走招拍挂程序。

二、微观—合同条款

土地置换协议中应明确待置换地块的各项情况，包括但不限于土地位置（如地块四至）、土地面积、调整的规划指标、土地年限、土地出让价格、土地产权限

---

[1] 在滑县博瑞置业有限公司、河南省滑县人民政府、河南省滑县产业集聚区管理委员会行政协议纠纷案［最高人民法院（2020）最高法行申3496号］中，最高人民法院以土地置换未经出让程序、签约主体非法定主体为由认定土地置换协议无效。但这一判例里有"签约主体非法定主体"这一原因。

[2] 如2020年深圳市规划和自然资源局《关于征（转）地安置补偿和土地置换的若干规定（征求意见稿）》、2015年深圳市人民政府印发《关于征地安置补偿和土地置换若干规定（试行）》。

制（如有）等。明确置换方案是货币补偿还是土地置换、差价补偿方案，方案要清晰、具体，并经过政府审批（拿到政府会议纪要、批文等比较稳妥）。总之从被置换人的角度，要把政府的承诺尽量落实在协议中。

03
第三单元

土地二级市场及一级市场联合拿地类合同

本课程第二单元已经提到：土地二级市场是已经取得目标地块土地使用权的市场主体与其他开发商、市场主体交易，交易标的（或者最终标的）是目标地块。

为便于讨论，我们把这个土地二级市场的交易简化为两方的交易：一方是已经取得目标地块土地使用权的开发商，在具体的交易模式下，可能称为"出地方、转让方、委托方"等。另一方是与开发商签约交易的"合作方"，在具体的交易模式下，还可能称为"受让方、代建方、联建方、定制方、投资方"等。

（各类企业乃至个人，无论是否为开发商，都可能参加土地招拍挂、参与土地交易。但因为本课程以房地产开发为主题，且出于讲述方便，默认是作为开发商的企业拿地）

本单元会先讨论土地二级市场类合同，再讨论一级市场联合拿地类合同。

3.1 土地二级市场类合同的整体认识框架

（再次提示，这里讨论的都是"国有建设用地"。农村用地的相关讨论见第五单元"专题讨论"。）

土地一级市场就是"从政府手中拿地"，土地二级市场就是"从企业手中拿地"。相应地，土地二级市场类合同，就是"从企业手中拿地"所要签订的合同。

不难理解，"从政府手中拿地"的方式较少（因为政府行为是"法无许可即为禁止"，政府也几乎不参与股权交易），"从企业手中拿地"的方式很多（因为企业的民商事行为是"法无禁止即为许可"）。

因此这一单元中包含的具体交易结构模式要多很多，也是本课程中最难的一个单元。

为此，本课程为土地二级市场类合同提供了一个整体认识框架，也就是"拿地阶段 + 合同类型 + 交易目的"这三个维度。

一、拿地阶段：2+3

为便于讨论，我们有必要定义"拿地"的几个阶段。如下所示：

- 报名前：报名参加土地竞买之前。
- 报名后竞得前：报名之后，取得成交确认书之前。
- 竞得后拿证前：取得成交确认书之后，拿到土地使用权证及付清土地出让金之前。
- 建设前期：取得了土地使用权证，付清了土地出让金，但施工单位还没有进场，基本上是"净地"，还没有"完成开发投资总额的25%"。
- 建设后期：项目已经建设开发到了相当进度，已经"完成开发投资总额的25%"，房屋已经有销售。

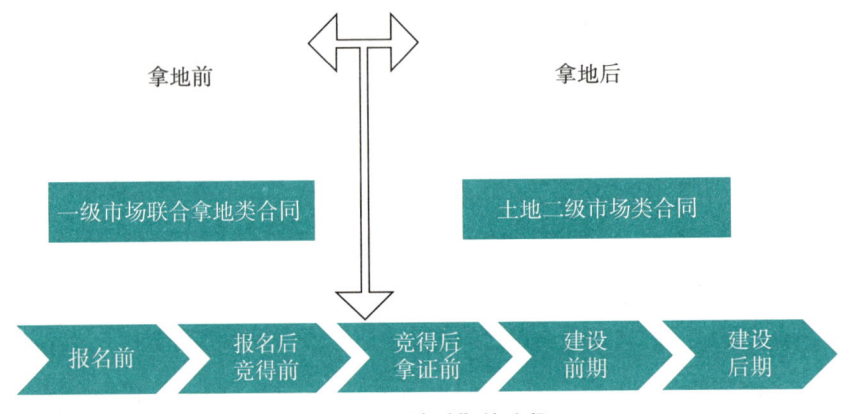

```
         拿地前                    拿地后

   ┌─一级市场联合拿地类合同─┐    ┌─土地二级市场类合同─┐

   报名前 → 报名后 → 竞得后 → 建设 → 建设
          竞得前   拿证前   前期   后期
```

图 3.1-1 "拿地"的阶段

不同阶段签订的"拿地"类合同，交易结构、合同内容等方面会有所不同。

这些阶段其实还可以进一步细分，但对合同已经影响不大（最多只是某个条款表述的不同），因此就不再进一步细化讨论了。

在本单元中，"报名前+报名后竞得前"两个阶段统称为"拿地前"阶段，这两个阶段签订的"拿地"类合同，都归类于"一级市场联合拿地类合同"，具体介绍见本单元最后一节。"竞得后拿证前+建设前期+建设后期"统称为"拿地后"，这三个阶段签订的"拿地"类合同，都归类于"土地二级市场类合同"。

（"竞得后拿证前"阶段，已经竞买成功的一方严格来讲还没有取得土地使用权的物权，但也可以勉强算是已经"拿地"了，在本单元中不会再严格区分这一点）

二、合同类型：4+2

（一）四种基本合同类型

1. 房地产项目公司股权取得类合同：包括以股权转让、增资、合并等各种方式取得房地产项目公司的股权的合同，具体类型有多种。在本单元中简称"股权取得类合同"。

2. 国有土地使用权及在建工程转让合同：即将国有土地使用权及在建工程转让给受让方，受让方支付对价。在本单元中简称"土地使用权转让合同"或"转让合同"。

3. 联建合同、房地产合作开发合同：土地使用权不发生转移，双方进行合作开发，实务中常称为房地产合作开发合同。在本单元中简称"联建合同"。

4. 委托代建合同：不发生土地使用权的转移，不发生股权层面的合作，土地使用权人委托受托方（一般是房地产开发商）建设房地产项目。在本单元中简称"代建合同"。

上面这四种合同类型是土地二级市场类合同的基本、常见类型，也是房地产行业人员都比较熟悉的合同类型。严格而言，土地二级市场类合同还可以包括土地使用权抵押、土地租赁等合同类型（后面有简单介绍），但对于房地产开发来说不能算基本类型。

（二）特殊合同类型之一：定制开发类合同

这类合同是说：在房子建好之前，开发商与定制方就签好合同，按需开发、定制开发，房子建成后再转让或长期租赁给定制方（短期租赁就不太可能定制开发了）。所以，定制开发类合同中包括定制开发销售合同、定制开发租赁合同两种。

实务中也可能叫作定建转让、房屋定制合同等。

定制开发类合同特殊在哪里呢？

1. 基本合同类型一般是开发商与开发商之间的交易，而定制开发类合同中的定制方，一般并不是房地产开发商，只是想取得自己想要的房产从事自己要做的本业。

2. 从法律的角度，定制开发销售无非就是一种房屋买卖，定制开发租赁无非就是房屋租赁。

但从合同起草审查的角度，定制开发销售、定制开发租赁是在房地产建设开发阶段就介入，合同内容上也与一般的房屋买卖、租赁大不相同，作为"土地二级市场阶段"类的合同而不是"房地产销售阶段"下的合同来讲述更为合适。

在本课程第四单元"特殊销售方式类合同"中还有别墅、普通住宅的定制销售，那只是买房人对一两套房子的小型定制，不能跟这里的定制相提并论。

3. 定制开发类合同可能会要求取得一定股权，采取"股权取得类合同"的外壳。

此时的股权，实际上相当于是"股权让与担保"，定制方拿到想要的房产之后，应该要将股权退还给开发商。

（三）特殊合同类型之二：资金回报类合同

这类合同是说：一方其实就是提供资金，目的是收回本金，赚取利息。

投资方以取得资金回报为目的，不承担项目风险，换言之是有保本约定。项目转让、合作开发下的合作方也想取得回报，但都是要承担项目风险的（可能亏本）。

资金回报类合同相对四种基本合同类型，也是特殊的：

1. 资金回报类合同的投资方一般也不是开发商，实务中可能只是投入资金的"有钱"的各类金融机构、企业、个人。

2. 从法律上说，投资方无论以房地产合作开发、增资等名义，只要不承担资金风险，就有"名为××、实为借贷"的可能。所以这类合同也可以考虑称为"名为××、实为借贷"类合同。但毕竟这类合同的内容与一般的借贷合同有很大不同，往往也会有利益分享机制，因此本课程还是单独命名为"资金回报类合同"。

3. 资金回报类合同同样也很可能采取"股权取得类合同"的外壳。

此时相当于是"股权让与担保"，投资方拿到资金回报之后，应该将股权退还给开发商。

三、交易目的：4 种

（一）四种交易目的的含义

前面的 6 种合同类型是认识土地一级市场类合同的主要维度，里面其实已经多少能看到不同的交易目的。这里再整理一下。

律师可以这样认识土地二级市场类合同：当已经取得土地使用权的一方（"出地方"）引入另一个合作方时，不管双方签订什么类型的合同，不管合同的标题叫什么，出地方与合作方的交易目的基本上是下列四种：

（1）项目转让型：合作方想拿下这块地，自己来开发。

（2）合作开发型：合作方想与出地方合作，共同开发这块地，共同投入、共享收益。

（3）定制开发型：合作方想得到这块地上符合自己需求的房子。

（4）资金回报型：合作方想投入资金，取得有保底的资金回报。

（二）实务中的股权取得类合同、联建合同，实际上可能对应多种目的

前面也已经说过，定制开发类、资金回报类合同，都可能采取股权取得类合同的外壳。更不用说，实务中的联建合同、房地产合作开发合同，其实质很可能就是定制开发、一方投资以获得保底回报。

至于土地使用权转让合同、委托代建合同，则交易目的比较单纯。土地使用权转让合同就是项目转让型（受让方想拿下地块自己来开发）。委托代建合同算是一种合作开发型，即代建方以代建报酬、奖金、利润分成等方式取得合作收益，

不过，"代建 + 融资"时，融资部分可能是资金回报型，这实际上是几类合同的组合。

四、利用"拿地阶段 + 合同类型 + 交易目的"三个维度来认识土地二级市场类合同与一级市场联合拿地类合同

"拿地阶段 + 合同类型 + 交易目的"对应着三个不同的角度。

拿地阶段：是签订合同时所处时间阶段，"拿地前"两个阶段，"拿地后"三个阶段。

合同类型：共有六个。

交易目的：是当事人实际想达到的交易目的，共有四种。

拿地阶段与合同类型的组合，共有 5×6=30 种。其中"拿地前"（对应一级市场联合拿地类合同）有 2×6（12 种），"拿地后"（对应土地二级市场类合同）有 3×6（18 种），而且这还不算其中股权取得类合同还可以分为股权转让、增资、合并等不同类型。所以会非常之多。当然，这里面肯定有相当一部分实际上无法成立，另外一部分则在实务中极少采用。但即使大打折扣，也仍然不少。

这就是实务中"拿地"类合同让人感觉交易结构多而且繁的原因。实际上，"中国合同库"也是在不断的整理过程中，才不得不采取这样的认识框架。如果没有这样的认识框架，会非常难以梳理。

本单元也将按照这个认识框架来对土地二级市场类合同的起草审查知识进行组织。

掌握了本单元的知识和这个认识框架之后，当律师面临土地二级市场类合同、一级市场联合拿地类合同的起草审查需求，就可以利用这里的"拿地阶段、合同类型、交易目的"来为当事人选择最为合适的合同类型与交易结构。

3.2 "土地二级市场类合同"相关说明

一、本单元知识应结合《公司及并购卷》

1.《公司及并购卷》主要内容。

《合同起草审查指南：公司及并购卷》（以下简称《公司及并购卷》）重点讲述有限责任公司、股份公司等各类主体的股权交易及并购类合同（包括资产收购、股权收购、协议控制等）。《公司及并购卷》利用"三观分析法"重点讲述了股权收购、资产收购的下列知识：

（1）股权收购、资产收购类合同的"宏观—交易结构"：见《公司及并购卷》第一、二、三单元。

《公司及并购卷》把公司及并购交易的交易结构分为"主交易结构+配套安排"，而主交易结构包括"基础交易结构+复杂交易结构"。

基础交易结构包括"出资设立、公司增资、股权转让、合并、分立"五种，复杂交易结构又包括"资产收购类、股权收购类、广义协议控制、复合型交易"四大类。配套安排则包括对赌、主交易相关债务处理（承债式收购）、认股权等很多操作。

（2）股权收购、资产收购类合同的"中观—合同形式"：见《公司及并购卷》第四单元。

重点说明复杂的并购类成套合同是由哪些文本构成的。

（3）股权收购、资产收购类合同的"微观—合同条款"：见《公司及并购卷》第四单元。

重点说明股权收购、资产收购类合同的条款版块。

（4）非公众股份公司、上市公司、合伙企业、国有资产交易等特定主体、特定场景下的资产收购、股权收购类合同的特殊之处。

例如国有资产交易需要进场交易，需要进行评估等。

2."土地二级市场类合同"是"公司及并购类合同"的具体运用。

"公司及并购类合同"的交易目的就是取得资产，或者取得股权（最终肯定也是为了控制某些资产）。

"土地二级市场类合同"与之相通，只不过直接针对的是某一块或几块目标地块这类特殊资产（"拿地"）。

换言之，把"公司及并购类合同"应用到"二级市场拿地"这一特殊场景下，其实就是本单元的"土地二级市场类合同"。实际上，实务中的并购业务，与房地产开发企业、与土地使用权及在建工程相关的，要占很大一个比例。"公司及并购类合同"不可能不兼容"土地二级市场类合同"。

所以完全可以说，"土地二级市场类合同"就是"公司及并购类合同"在"拿地"场景下的具体运用，应该在"公司及并购类合同"的基础上去认识、掌握"土地二级市场类合同"。这就好像我们应该在"买卖合同"的基础上去认识"房产买卖合同"一样。

因此，本课程主要是说明"公司及并购类合同"在"二级市场拿地"这一场景下的特殊起草审查知识，对于一般性的"公司及并购类合同"的知识，请参考《公司及并购卷》，这包括：

（1）对房地产开发企业的整体性的收购并购，房地产开发企业一般性的增资、股权转让、合并分立等。

这些交易不是针对特定目标地块。如果涉及特定地块的，可适当参考本单元的知识。

（2）"土地二级市场类合同"与一般资产收购、股权收购相通的宏观、中观、微观知识。

尤其是土地使用权转让合同、房地产项目公司股权取得类合同，其实就是属于资产收购类合同、股权收购类合同。

（3）国有资产交易的特殊要求。

目标地块作为资产以及房地产项目公司的股权都可能是国有资产，需要遵循国有资产交易的特殊要求。

（4）外商投资的特殊要求。

（5）上市公司（包括上市公司控制权收购、上市公司资产重组等）的特殊要求。

二、几个概念：房地产项目收购并购、联营、合作建房、房地产合作开发

实务中对房地产项目的交易模式的各种分类，还有其他一些叫法。这里简单说明一下。

1. 房地产项目收购并购（收并购）。

房地产领域的业务人员，对于二级市场上拿地的方法，常常有收并购、联营、代建几种渠道并列的说法。联营的含义如前所述，代建与本课程所说的代建模式一致，收并购则包括通过土地使用权及在建工程转让、项目公司股权转让、增资扩股等方式取得土地使用权的多种模式，含义类似于并购类合同的"并购"。从业务人员的角度，不管哪些收并购的方式，结果都是"拿到了地"，或者说"收购了一块地"。

2. 联营。

已经失效的原《民法通则》有联营的规定，包括法人型联营、合伙型联营、合同型联营三种。联营以及这三种联营的概念在中国大陆的法律实务中沿用多年，流传很广。这三种联营与现在的《民法典》不完全相符。目前在实务中，常常还有法人型联营、合同型联营的说法。

法人型联营：一方出地（提供土地使用权），另一方出钱，双方设立公司来合作开发。——不难看出，这其实属于本课程中的房地产项目股权取得类合同中的一种。

合同型联营：也是一方出地、一方出钱，但不新设项目公司，以合同方式合作开发。——这对应本课程中的"联建合同"。

合伙型联营已经不太使用，也没有必要使用了。

3. 合作建房。

大体上等于本课程中的"联建合同"，也就是上面说的"合同型联营"。

但是实务中说到"合作建房"的时候，常常是为了能够暂免征收土地增值税。根据《财政部、国家税务总局关于土地增值税一些具体问题规定的通知》（财税字〔1995〕48号）中的规定："二、关于合作建房的征免税问题对于一方出地，一方出资金，双方合作建房，建成后按比例分房自用的，暂免征收土地增值税；建成后转让的，应征收土地增值税。"然而，联建合同即合同型联营，究竟能否被税务机关认定属于暂免征收土地增值税的合作建房，以及具体如何免征，仍有争议，与当地具体政策有关。——所以从税务角度，不能完全将联建合同、合同型联营等

同于合作建房。

4. 房地产合作开发。

在房地产开发实务中，合作开发的叫法很常见，各种房地产开发相关的合同都可能叫作合作开发合同。这使得仅凭标题叫作"房地产合作开发合同"是根本无法判断具体的交易模式和权利义务的，它可能是：

（1）合同式联营，即本课程中的联建合同，在本课程中也称为"狭义的房地产合作开发合同"。

（2）各种"合作开发"模式下的土地二级市场类合同，包括项目公司股权取得类合同（各方共同持股，通过项目公司来合作开发）。

（3）围绕着房地产项目开发，但交易目的不是"合作开发"的合同，例如定制开发销售类合同、"名为合作开发，实为借款"的资金回报类合同。

上面所说的几个概念是实务中的通俗叫法，但实际上也谈不上统一和规范。因此，律师在起草审查合同时，不能仅凭合同标题与当事人使用的概念来判断，需要根据实际的交易模式，尽量使用本课程提出的认识框架来认识和选择合同文本。

三、合同背景："房地产项目公司"持有目标地块

实务中我们说的房地产开发企业，如万科、碧桂园这样的公司，一般是指房地产开发集团，或者说总部。但落实到具体的房地产开发过程，则一般是"一个项目——一个公司"，也就是设立一个单独的房地产项目公司来持有一块或几块目标地块（从土地使用权证来看是几块地，但实际是作为一个房地产项目来开发），以该公司为主体来开发这个房地产项目。这样做有管理、融资、风险隔离、满足政府出让地要求等诸多好处。

如果不是开发商长期持有、运营的自持型项目，这个房地产项目公司就是再有地、有钱，也不应该再有别的资产，只要有项目开发必需的几个人（在一开始可能一个正式员工都没有）就行，项目开发结束后条件允许时就应该解散清算掉。

因此在本课程中的"拿地"，也都是指这样的房地产项目公司拿地，对应的合同中的房地产项目公司，也都是这样的公司。房地产开发类的合同也都是这种背景下的合同。

四、延伸简介：土地租赁（出租）合同

土地租赁理论上也属于土地二级市场交易类型的一种，但与房地产开发关系

不大，因此只做简单延伸介绍。

不同于土地一级市场上政府将国有土地出租，这种土地租赁合同与一般的房地产租赁合同在合同类型、合同条款上并没有什么不同，也应该受到"租赁期限不得超过20年"的限制，可参考《合同起草审查指南：常用合同卷》中"租赁合同"有关起草审查要点。

不过在"宏观—合同标的＋合同程序"层面，需要重点关注"该土地能否出租"：

1. 以土地租赁方式取得的土地使用权的出租，需要主管部门同意或符合国有土地出租合同（是指土地使用权人与政府部门签订的用于取得土地使用权的出租合同）的约定。可参考《规范国有土地租赁若干意见》第6条规定。

2. 划拨土地使用权出租，必须要主管部门批准，可能要补交土地出让金，但目前法律法规存在冲突，不太明确。[1]

如未经批准，不一定会导致合同无效。在河南省高级人民法院（2021）豫民再12号案例中，法院认为，《城镇国有土地使用权出让和转让暂行条例》第44条、第45条属于"管理性强制性规定"，违反该类强制性规定并不必然导致租赁合同无效，另外租赁期间并没有改变划拨用地土地的办学用途，因此合同有效，一审、二审法院认定合同无效应予纠正。

3. 以出让方式取得的国有建设用地使用权出租，受到法律法规与国有土地使用权出让合同的双重限制。

土地使用权出让合同对于受让方（也就是土地租赁合同的出租人）的约束，受让方有必要要求土地租赁合同的承租人相应执行。这与土地使用权转让是类似的（请参见后文国有土地使用权转让合同的分析）。《城镇国有土地使用权出让和转让暂行条例》第28条第2款规定："未按土地使用权出让合同规定的期限和条件投资开发、利用土地的，土地使用权不得出租"；第29条也规定，土地使用权出租不得违背土地使用权出让合同的规定。如果违背上述限制出租，则土地使用权人（也就是土地租赁合同的出租人）构成违约（违反国有土地使用权出让合同），需要承担违约责任，甚至可能导致政府收回土地。

注意上面说的都是"土地使用权出租"，而不是"已经建成的房地产的出租"。

---

[1] 可参见《关于划拨土地出租的相关法律问题》，载微信公众号"建设工程法律界"，2017年5月30日发布；邹华斌、胡浩然：《关于国有划拨土地租赁问题的研究》，载微信公众号"启元律师事务所"，2017年1月11日发布。

对于后者，上面说的这些限制大多已经不再适用（需具体分析），这已经属于"土地三级市场"的问题，这里不再分析。

五、延伸简介：土地使用权与在建工程抵押合同

土地使用权与在建工程抵押也可以算是土地二级市场交易类型的一种，但不能算"拿地"的方式，只是常常作为一种交易的配套安排、配套协议。这里也只做简单延伸介绍。

土地使用权与在建工程抵押合同，与一般抵押合同在合同类型、合同程序、合同条款上并没有什么不同，也需要办理抵押登记方可设立抵押权，可参考《合同起草审查指南：常用合同卷》中"担保合同"有关起草审查要点。

在"宏观—合同标的＋合同程序"层面，下列几点值得关注：

1. 国有土地租赁方式取得的土地使用权（见第二单元中"国有土地租赁"的介绍，不同于上面的土地二级市场的土地出租）可以抵押，但需要主管部门同意或符合国有土地出租合同（是指土地使用权人与政府部门签订的用于取得土地使用权的出租合同）的约定。

可参考《规范国有土地租赁若干意见》第6条规定。

2. 划拨土地使用权抵押须经政府批准，先经出让手续缴纳土地出让金，或者在实现抵押时，拍卖划拨的国有土地使用权所得的价款，在依法缴纳相当于应缴纳的土地使用权出让金的款额后，抵押权人才有优先受偿权。

可参考《城市房地产管理法》第51条、《城镇国有土地使用权出让和转让暂行条例》（2020年修订）第45条、《担保制度司法解释》第50条规定。

3. 以在建工程抵押时，需要办理"土地使用权抵押"和"在建建筑物抵押"两个登记。前者会取得土地使用权的他项权证书，"在建建筑物抵押"会取得一个《在建工程抵押登记证明》（实务中可能具体叫法、样式有不同）。

4. "在建建筑物抵押"以登记的范围为准，可以包括尚未建造完成的房屋，但前提是必须登记。

《担保制度司法解释》第51条规定如下：

当事人仅以建设用地使用权抵押，债权人主张抵押权的效力及于土地上已有的建筑物以及正在建造的建筑物已完成部分的，人民法院应予支持。债权人主张抵押权的效力及于正在建造的建筑物的续建部分以及新增建筑物的，人民法院不予支持。

当事人以正在建造的建筑物抵押，抵押权的效力范围限于已办理抵押登记的部分。当事人按照担保合同的约定，主张抵押权的效力及于续建部分、新增建筑物以及规划中尚未建造的建筑物的，人民法院不予支持。

抵押人将建设用地使用权、土地上的建筑物或者正在建造的建筑物分别抵押给不同债权人的，人民法院应当根据抵押登记的时间先后确定清偿顺序。

📚**相关知识点**：房地产开发中的不动产抵押及相关权利简要梳理

3.3 房地产项目公司股权取得类合同

房地产项目公司股权取得类合同，在本课程中又简称"股权取得类合同"。请注意，这里的项目公司特指"一个项目——一个公司"模式下，专门用于开发这个房地产项目的主体，不是房地产开发企业的集团公司、总部。

股权取得类合同最为复杂多样，又最为常见，本课程先进行说明。

3.3.1 进一步认识房地产项目公司股权取得类合同的交易结构

土地二级市场的交易结构很多，而其中具体类型最多、最为复杂的又是房地产项目公司股权取得类合同，以至于虽然有了前面的"拿地阶段＋合同类型＋交易目的"认识框架，还是有必要再对股权取得类合同的交易结构进行梳理。

一、从四种交易目的来认识股权取得类合同

本单元开头已经说过，名义上的股权取得类合同实际上可能对应四种交易目的：

- 合作开发型
- 项目转让型
- 定制开发型
- 资金回报型

定制开发型、资金回报型对应的实际上是定制开发类合同、资金回报类合同，会在本单元后面的专门小节中介绍。本节中仅讨论合作开发型、项目转让型的股权取得类合同。

二、从《公司及并购卷》中的交易结构来认识股权取得类合同

1. 股权取得的交易结构。

《公司及并购卷》第一单元"宏观：基础交易结构+复杂交易结构"是以一般公司为目标公司的，全面的交易结构介绍。不算"资产收购类"交易结构，该单元列举的以股权取得、股权收购为目标的交易结构也有数十种，有基础的出资、股权转让、增资、合并等，有"标的股权作为出资+新设主体"式股权收购、"目标公司增资+现金出资"式股权收购等复杂交易结构，有间接股权收购、资产剥离等特殊交易结构，还有"减资与增资、出资等组合""先增资，再转让股权"等复合型交易结构。

本单元讨论的股权取得类合同是以房地产项目公司为目标公司。房地产项目公司一般就是一个专门用于"装"这块地、用于这个项目开发的项目公司，是一个"临时性存在"的公司，一般是有限责任公司，名下一般也不会持有别的公司的股权、别的资产，因此《公司及并购卷》下的很多交易结构就不太可能适用，但理论上是存在的。

另外，出资设立项目公司去拿地，这是"拿地前"签订的合同，属于"一级市场联合拿地类合同"中，不属于本小节要讨论的合同类型。

考虑到这些原因，再结合实务，房地产项目公司股权取得类合同的常见交易结构主要有：

（1）股权转让：项目公司100%的股权转让或部分股权转让。

这最常见。

这里的股权转让包括"先转让部分股权，再转让部分股权"这样的分步转让。

（2）增资：对项目公司进行增资。

合作开发模式经常采取增资的方式。或者说，如果要取得项目公司部分股权，股权转让与增资是两种可选择的模式。

股权转让与增资，是取得项目公司股权（其实也是取得任何一个公司股权）最为常见、最为基础的交易结构。

（3）先增资+再股权转让：最终取得项目公司全部或部分的股权。

虽然是分两步，但约定在一份合同里面。

（4）股权转让+增资：对项目公司增资，同时受让原股东部分股权。

"先增资+再股权转让"是先后两步进行，"股权转让+增资"是同时进行。

（5）出资设立：一方以土地使用权，与其他方共同设立项目公司。

如果一方自己出资设立，就不存在签订合同的问题了。

如果是"一方自己出资设立后，再增资或股权转让"，就属于后面说的"（股权收购）+ 资产剥离"。

（6）公司合并：合并项目公司。

有时采用，但不多见。

（7）（股权收购）+ 间接股权收购：在收购项目公司股权有障碍的情况下，改为收购项目公司母公司的股权。

（8）（股权收购）+ 资产剥离：先把目标地块剥离到另一家项目公司，再取得项目公司股权。

（7）（8）表示在一般的股权收购交易结构上，加上"间接股权收购"或"资产剥离"的安排。

关于这些模式的具体交易结构含义、模式的优劣及选择，请参见《公司及并购卷》说明。本课程不再具体说明。

关于"股权收购 + 资产剥离"，本节中会进一步说明。

2. 项目转让型可能采取的交易结构：股权转让（包括分步转让），先增资 + 再股权转让，公司合并等。

股权转让最为常见，"先增资 + 再股权转让"也有使用，公司合并较少见。

项目转让型有可能采取"股权收购（一般是全部股权转让）+ 资产剥离"的交易结构。

3. 合作开发型可能采取的交易结构：股权转让（部分股权转让），增资，先增资 + 再股权转让，股权转让 + 增资，出资设立等。

股权转让（部分股权转让）、增资都很常见。前者原股东可拿钱退出（或退出部分），后者是向项目公司增资，原股东不退出、不拿钱（但不排除收回部分借款）。

合作开发型可能采取"（股权收购）+ 资产剥离"的交易结构，也可能采取"（股权收购）+ 间接股权收购"的交易结构。

3.3.2 "房地产项目公司股权取得"最大的特殊性：围绕着特定的房地产项目

本节主要介绍房地产项目股权取得类合同相对于一般股权取得类合同的特殊

之处。而这些特殊性里面,最重要就是:项目公司只是特定房地产项目的"壳",各方的重点与其说是项目公司的股权,不如说是项目公司持有的特定房地产项目。其他的很多特殊性,都是源于这一点。

对于"合作开发模式"房地产项目股权取得类合同,合同中的大量条款都是围绕着这个房地产项目的,包括:

(1)房地产项目的土地使用权、在建工程情况。

(2)房地产项目的管理。

(3)各方对房地产项目的投入。

(4)各方对房地产项目收益的分配。

(5)退出安排。

对于一般股权取得类合同或者说一般公司而言,各个股东着眼于公司的长期运营,收益也是来自公司的长期利润分红,因此约定股权比例与分红比例(一般两者相同)、公司治理结构较重要。而对于项目公司而言,股权比例与公司层面的分红比例不是最重要的,公司治理结构也不是最重要的,重要的是这个房地产项目本身的管理与利益分配。

另外,一般公司是以长期存续为目标,而房地产项目是短期的。房地产项目结束的时候,就会要考虑退出,要约定公司清算、由一方受让全部股权等退出安排。

总而言之:"合作开发模式"房地产项目股权取得类合同类似于一个特定项目的合作运营合同,而"项目转让模式"房地产项目股权取得类合同类似于一个特定资产包的转让合同,这两类合同在"微观—合同条款"层面都与一般公司的股权取得类合同有所不同。

3.3.3 项目转让型股权取得类合同"三观分析"

(合同类型简称:股权转让合同;合同主体简称:转让方、受让方)

项目转让模式下的股权取得类合同,典型的交易结构是项目公司100%股权转让,但也可能是"先增资+再股权转让"等,如前所述。

一、宏观—合同类型:股权取得与土地使用权转让的选择

在土地获取的场景中,存在"股权取得与土地使用权转让"两种模式的选择,当然，也可以叫"股权转让与资产转让的选择"，或者用《公司及并购卷》的说法"股权收购与资产收购的选择"。含义都是一样的。需要提示，这里说的股权取得、股权转让或股权收购对应转让、增资、合并等多种结构，而不仅指一般说的股权转让。

这其实就是《公司及并购卷》"股权收购与资产收购的选择"在土地获取场景下的具体体现，该书中对"股权收购与资产收购"这两种模式的分析在这里也是基本适用、可以参考的。

1. "股权取得与土地使用权转让"两种模式的整体比较。（见表3.3-1）

表 3.3-1　股权取得模式与土地使用权转让模式对比

差异方面	股权取得	土地使用权转让
主体	收购方、目标公司股东	收购方、持有土地使用权方
客体	目标公司股权	土地使用权、在建工程
负债风险	负债风险大，尽职调查难度大	负债风险小，尽职调查难度较小
所有权变更登记	土地使用权不用变更登记，只需要变更股权登记	土地使用权变更登记
税负	收购方：印花税 转让方：所得税、增值税、附加税费、印花税 原则上不涉及土地增值税（具体见后面资料介绍），前期税负较轻，因转让时没有交土地增值税，按照转让前土地价格评估增值，后期税负较重	收购方：契税、印花税 转让方：增值税、所得税、土地增值税、印花税、附加税费、契税 土地增值税在收购时不可避免，前期税负较重，但后期税负较轻
尽职调查内容	目标公司、名下资产土地使用权、在建工程	土地使用权、在建工程
手续简便程度	手续简便，不需要办理土地及在建工程过户手续	手续繁琐、周期长，需要办理土地及在建工程过户及规划、施工手续
转让限制	股东优先购买权限制 股权转让不受土地使用权转让法律上限制（完成开发投资总额的25%）	土地使用权转让法律上限制（完成开发投资总额的25%）或"土地出让合同"中约定限制
资产干净程度	只要拟转让的目标公司股权没有冻结、查封，则该股权就可以进行转让； 潜在的负债，或有负债以及土地资产冻结、查封、抵押、被认定闲置土地的风险较大； 目标公司容易有瑕疵，资产不干净可能性大	冻结、查封、抵押的土地使用权不能转让，被认定为闲置土地的土地使用权不能转让； 资产无瑕疵，较干净

续表

差异方面	股权取得	土地使用权转让
适用场景	目标公司股权结构简单清晰；名下持有一宗或若干宗权属明晰的土地；潜在负债风险较少；土地使用权转让受到法律上限制（完成开发投资总额的25%）；土地出让人约定限制土地使用权转让；为了合理规避前期较重的土地增值税等场景下。上述情况可能存在一种或同时存在多种，实操中还可能存在其他情况。	项目公司股权结构复杂；潜在负债风险较多且无法提供担保；名下持有多宗土地开发情况复杂或名下其他资产混杂，收购方并不想收购；转让方只想转让其中一宗或若干宗土地；土地使用权满足完成开发投资总额的25%的开发比例；受让方可以承受较高的土地增值税负等场景下。上述情况可能存在一种或同时存在多种，实操中还可能存在其他情况。

2.总体来讲，通过"股权取得"来拿地比"土地使用权转让"更为常见。原因是：

（1）规避土地使用权转让的限制。

前面"国有土地使用权转让合同"的"宏观—合同标的：土地使用权上转让、利用的限制仍约束受让方"中已经说过，土地使用权的转让受到法律规定（主要是《房地产管理法》第39条）和合同约定的限制，特别是"完成开发投资总额的25%"的限制。如果受到这种限制，那么土地使用权无法办理产权变更登记。

而股权取得模式原则上并不受到上面这些限制，不需要目标地块满足《房地产管理法》第39条规定的条件。在以前，某些地方为了规避以房地产为主要资产的企业以股权转让方式非法转让房地产，会设置工商部门与土地部门联动，即在工商变更登记之前设置国土部门的前置审批，例如重庆市人民政府曾于2011年下文《重庆市人民政府办公厅关于加强以土地资产为主的企业工商登记审查工作的通知》（渝办〔2011〕13号）有类似做法，但该文件已经失效。严格来说，地方的这类做法是没有上位法依据的。不过为了避免障碍，律师也可以适当与当地主管部门沟通了解有无此类限制。

不能不提示的一点是：实务中仍有判例将以转让未达到法定转让条件的房地产项目为目的的100%股权转让认定为"非法转让、倒卖土地使用权罪"，同时又认为该股权转让合同仍有效。也有类似别的判例并不认为该行为构成刑事犯罪。因此这一问题仍有争议，仍有刑事风险。[1]为此，受让方可以采取分阶段股权转让（例如90%的股权先过户，剩余10%的股权到具备预售条件了再过户）的方式，以规避刑事风险。

---

[1] 周海燕：《房地产项目收购操作指南与实例评析》，中国法制出版社2020年版，第59页。

（2）股权取得避免了土地使用权更名以及前期开发证照变更的风险，也避开了土地更名周期长、手续繁琐的缺点。

相比之下，变更项目公司股权的手续就相对简便得多，手续变更不确定性的风险也容易控制得多。

（3）土地增值税筹划的需要。

土地使用权转让，是无法规避土地增值税的。如果土地出让时间较久远，原始出让时的土地价格并不高，现在进行土地使用权转让所需缴纳的土地增值税金额就会非常之高。按目前的税率，增值额超过扣除项目金额200%的部分，税率可达60%。1亿元的土地使用权转让价款，土地增值税达几千万元是很正常的。

而股权取得时不涉及土地增值税，只需要考虑股权转让所得纳税。两相比较，税务筹划空间较大，这常常是导致当事人选择股权转让而非土地使用权转让的主要原因。

资 料　　土地增值税与房地产开发类合同

土地增值税与房地产开发的关系密切，涉及利益巨大，同时又涉及实务中的很多细节问题。这里只能说是就与房地产开发类合同有关的土地增值税知识的简要介绍。

一、土地增值税一般知识

1. 征税行为：对土地使用权及地上的建筑物及其附着的转让并取得收入的行为征收土地增值税。

法规依据可见《土地增值税暂行条例》第2条规定：

转让国有土地使用权、地上的建筑物及其附着物（以下简称转让房地产）并取得收入的单位和个人，为土地增值税的纳税义务人（以下简称纳税人），应当依照本条例缴纳土地增值税。

目前集体土地的交易尚不涉及土地增值税，试点地区通过征收土地增值收益调节金的办法进行过渡，但《土地管理法》（2020年修订）按照"城乡统一，同地同权同价"原则试点集体土地使用权交易，2019年《中华人民共和国土地增值税法（征求意见稿）》又尝试将出让、转让集体土地使用权、地上的建筑物及其附着物纳入征税范围，未来有讨论关于集体土地土地增值税征收的必要性。不过基于目前现行法律规定，本知识点中所讨论的仅以国有土地为交易对象。

2. 计算方式：应纳土地增值税＝增值额×税率。

其中：

（1）增值额＝转让房地产所取得的收入－扣除项目金额。

（2）税率：四级超率累进税率。增值额超过扣除项目金额的比例越高，税率越高，最高可达60%。

法规依据可见《土地增值税暂行条例》第7条规定：

土地增值税实行四级超率累进税率：

增值额未超过扣除项目金额50%的部分，税率为30%。

增值额超过扣除项目金额50%、未超过扣除项目金额100%的部分，税率为40%。

增值额超过扣除项目金额100%、未超过扣除项目金额200%的部分，税率为50%。

增值额超过扣除项目金额200%的部分，税率为60%。

3. 扣除项目。

（1）取得土地使用权所支付的金额。转让方取得土地使用权所支付的地价款（指土地出让金、土地转让金）和按国家统一规定缴纳的有关费用（登记费、过户费等）。

（2）房地产开发成本。这是指转让方开发房地产项目实际发生的成本。具体包括以下费用：

土地征用及拆迁补偿费，包括土地征用费、耕地占用税、劳动力安置费及有关地上、地下附着物拆迁补偿的净支出、安置动迁用房支出等。

前期工程费，包括规划、设计、项目可行性研究和水文、地质、勘察、测绘、"三通一平"等支出。

建筑安装工程费，是指以出包方式支付给承包单位的建筑安装工程费，以自营方式发生的建筑安装工程费。

基础设施费，包括开发小区内道路、供水、供电、供气、排污、排洪、通讯、照明、环卫、绿化等工程发生的支出。

公共配套设施费，包括不能有偿转让的开发小区内公共配套设施发生的支出。

开发间接费用，是指直接组织、管理开发项目发生的费用，包括工资、职工福利费、折旧费、修理费、办公费、水电费、劳动保护费、周转房摊销等。

（3）房地产开发费用。这是指与转让人开发房地产项目有关的销售费用、管理费用和财务费用。但这三项费用不是按照开发房地产项目实际发生的费用进行扣除，而是按照《土地增值税暂行条例实施细则》规定的标准进行扣除。

（4）旧房及建筑物的评估价格。这是指在转让已使用的房屋及建筑物时，由政府批准设立的房地产评估机构评定的重置成本价乘以成新度折扣率后的价格。评估价格须经当地税务机关确认。

（5）与转让房地产有关的税金。这是指在转让房地产时缴纳的城市维护建设税、印花税。因转让房地产缴纳的教育费附加,也可视同税金予以扣除。

营业税改增值税之后,就不存在营业税的扣除了;因为在计算"转让房地产所取得的收入"就是按不含税收入(没有增值税金额的房屋价格)计算的,因此在扣除项目中也不需要再扣增值税。

(6)财政部规定的其他扣除项目。如对从事房地产开发的,可按其取得土地使用权所支付的金额加房地产开发成本计算的金额之和,再加计20%的扣除;成片受让土地使用权后,分期分批开发、转让房地产的,其扣除项目金额的确定,可按转让土地使用权的面积占总面积的比例计算分摊,或按建筑面积计算分摊,也可按税务机关确认的其他方式计算分摊。

4.计算示例。

A公司通过招拍挂取得了一块国有土地使用权,土地出让金3000万元,投入房地开发成本2000万元,现在以1亿元的价格转让给B公司。假设没有其他扣除项目的情况下,那么A公司需要缴纳的土地增值税金额为:

增值额=1亿元-土地出让金3000万元-开发成本2000万元=5000万元

土地增值税金额:2500万元×30%+2500万元×40%=1750万元

可见增值税成本是非常高的。

5.土地增值税的清算条件。

也就是说,在符合清算条件时,税务机构就会要求土地增值税纳税人清算、缴纳土地增值税了。如果纳税人未清算缴纳,则相关的土地使用权证的变更登记、房屋产权证的登记都无法进行。

《国家税务总局关于房地产开发企业土地增值税清算管理有关问题的通知》(国税发〔2006〕187号)第2条规定,土地增值税的清算条件为:

(一)符合下列情形之一的,纳税人应进行土地增值税的清算:

1.房地产开发项目全部竣工、完成销售的;

2.整体转让未竣工决算房地产开发项目的;

3.直接转让土地使用权的。

(二)符合下列情形之一的,主管税务机关可要求纳税人进行土地增值税清算:

1.已竣工验收的房地产开发项目,已转让的房地产建筑面积占整个项目可售建筑面积的比例在85%以上,或该比例虽未超过85%,但剩余的可售建筑面积已经出租或自用的;

2.取得销售(预售)许可证满三年仍未销售完毕的;

3.纳税人申请注销税务登记但未办理土地增值税清算手续的;

4.省税务机关规定的其他情况。

5.土地增值税纳税义务人：转让方，例如，土地使用权转让合同的转让方、商品房销售合同的卖方等。

当然，由于土地增值税负担的存在，转让方肯定会要根据税负来综合确定转让价款，最终由受让方（买方）来承担这个成本。

6.土地增值税是按增值额的比例计算，而增值额大致等于收入减成本，因此前面多交（成本变高），后面就会少交（增值额变小），反之亦然。

假设一块土地使用权，经几次不同形式的转让，每次转让价格在上涨，假设从5000万元、7000万元、1亿元、1.2亿元不断上涨。理论上讲，这其中的每一次转让都可能要缴纳土地增值税。如果某一次或几次转让时避了税（如通过股权转让方式避税），下一次转让或销售需要清算缴纳土地增值税时，扣除项目金额（相当于成本）就低，增值额就高，需要缴纳的增值税就高。

因此在进行税务筹划时，需要综合考虑整个交易过程来考虑税负成本。当然一般来说，晚一些交税本身就能降低资金成本。

7.土地增值税与增值税是两个税种。

增值税在经济生活中更为常见的，是国家税收收入中占比最高的税种，依据《增值税暂行条例》征收，销售货物、各类服务以及不动产等都需要征收。因此本资料中讨论的转让土地使用权、销售商品房等场景下，都需要征收增值税，同时也要缴纳土地增值税。这是两个不同的税种，不能说土地增值税是增值税的一种，应该分别计算。

因为增值税是价外税，计算"转让房地产所取得的收入"时是按不含增值税的销售收入计算的。

二、"宏观—合同类型"：各类房地产开发类合同下的土地增值税

《合同起草审查指南：房地产开发卷》中与土地增值税密切相关的是第三单元的"土地二级市场类合同、一级市场联合拿地类合同"和第四单元的"房地产销售类合同"。这些不同合同类型下是否需要缴纳土地增值税，往往是交易各方是否选择该合同类型的重要原因。

1.国有土地使用权转让合同。

这是典型的不动产转让，需要缴纳土地增值税。

2.房地产项目股权取得类合同。

（1）股权转让、增资（不含用土地使用权增资）：不需要缴纳土地增值税。

但是项目公司在下一步转让房地产项目或者销售房地产时，进行土地增值税汇算清缴的负担较重。

国有土地使用权转让与股权转让、增资合同在土地增值税缴纳上的不同，是在实务中

"土地获取二级市场"操作时更多选择后一合同类型时的重要原因。

需要注意的是,税务稽查局对所谓"以转让股权的形式转让房地产"模式,可能依据国家税务总局的三个个案批复国税函〔2000〕687号、国税函〔2009〕387号、国税函〔2011〕415号,否定其股权转让的形式,认定股东实质上转让的是房地产并对其征收土地增值税。但是,这几个批复仅针对个案,缺少上位法的依据,最高人民法院的几个案例也否定了部分地区税务部门"股权转让"等同"土地交易"的做法,例如,湖南金长润科技实业有限公司、湖南兴嘉置业发展有限公司与深圳泰邦地产有限公司等股权转让合同纠纷案[1]、湖北瑞尚置业有限公司与马庆泉等股权转让合同纠纷案[2]。税务机关对"纳税人以转让股权名义转让房地产的行为"的认定,需要按照各地的具体规定执行。但目前主流观点仍是,股权转让(尤其是非100%股权转让)不应该按照资产转让的方式征收土地增值税。

不过既然存在土地增值税的风险,那么在起草审查股权转让合同时要考虑下列措施:核实当地税务部门意见,尤其是项目公司100%股权转让时,是否需要缴纳土地增值税;适当调整交易结构,将项目公司100%股权转让改为分步股权转让,或转让99%的股权。

(2)以土地使用权出资(包括增资):需要缴纳土地增值税。

此时相当于将土地使用权转让给目标公司,原则上是应该要缴纳土地增值税的。仅在极特殊、各方非房地产开发企业的情况下,才可能暂不征缴土地增值税。例如《财政部、税务总局关于继续实施企业改制重组有关土地增值税政策的公告》(财政部、税务总局公告2021年第21号)中规定的,单位、个人在改制重组时以房地产作价入股进行投资,对其将房地产转移、变更到被投资的企业,暂不征土地增值税。但上述改制重组有关土地增值税政策不适用于房地产转移任意一方为房地产开发企业的情形。具体请以政策为准。

3.联建合同。

(1)属于税务机关认可的"合作建房"的,暂免征收土地增值税。

《财政部、国家税务总局关于土地增值税一些具体问题规定的通知》(财税字〔1995〕48号)中规定:"二、关于合作建房的征免税问题对于一方出地,一方出资金,双方合作建房,建成后按比例分房自用的,暂免征收土地增值税;建成后转让的,应征收土地增值税。"

注意,这是指将建成的房屋分配给合作各方自用(登记在合作各方名下)时免征土地增值税,如果各方再发生转让、房地产销售,就需要缴纳土地增值税了。

(2)不属于税务机关认可的"合作建房"的,仍需要征收土地增值税。

这既包括"名为合作开发,实为土地使用权转让""名为合作开发,实为房屋买卖"

---

[1] 最高人民法院(2012)民二终字第23号。
[2] 最高人民法院(2014)民二终字第264号。

的合同类型，也包括税务机关认为合作方存在以土地使用权换房产等交易的情形。

总而言之，《财政部、国家税务总局关于土地增值税一些具体问题规定的通知》第2条所说的"合作建房"的认定、适用问题，在实务中是个难题，需要结合当地政策，咨询当地税务部门，才能得到比较可靠的结论。[1]

4.房地产委托代建合同。

因为不涉及土地使用权和房地产的转让，因此不需要缴纳土地增值税。

5.土地租赁合同。

因为不涉及土地使用权和房地产的转让，因此不需要缴纳土地增值税。

6.土地使用权抵押合同。

抵押本身不涉及土地使用权和房地产的转让，因此不需要缴纳土地增值税；但实现抵押权时，土地使用权需要转让，此时需要缴纳土地增值税。

7.一级市场联合拿地类合同。

正如课程中所说，"一级市场联合拿地"的各种模式，无非就是将"一级市场"的拿地模式与"二级市场"的各种模式进行组合。所以一级市场联合拿地类合同等于是一级市场的交易与二级市场的交易相加。

"一级市场"的交易是从政府手中取得土地使用权，这一环节不涉及土地增值税。但一级市场联合拿地类合同履行到"二级市场"的环节时，就需要根据是否存在土地使用权和房地产的转让来判断是否需要缴纳土地增值税了，可以参考前面所说的二级市场各类合同是否纳税的说明。

8.商品房买卖合同。

一般来说，各种转移不动产所有权的合同都要缴纳土地增值税，而不转移所有权的出租不涉及土地增值税。

三、"微观—合同条款"：有票成本

我们再看土地增值税的计算公式：应纳土地增值税＝增值额（转让房地产所取得的收入－扣除项目金额）×税率。

里面的扣除项目金额越大，增值额就越低，增值税就会越少。而扣除项目需要税务机关认可的发票等凭证。《国家税务总局关于房地产开发企业土地增值税清算管理有关问题的通知》（国税发〔2006〕187号）第4条第1款规定，"扣除取得土地使用权所支付的金额、房地产开发成本、费用及与转让房地产有关的税金，须提供合法有效凭证；不能提供合法

---

[1] 在微信中搜索"合作建房土地增值税"，会有很多相关实务文章供参考。

有效凭证的，不予扣除"。这些有税务机关认可的发票的、能够纳入扣除项目金额的成本，就是"有票成本"。

例如在项目公司股权转让中，不需要缴纳土地增值税，但有下列两种情形：

（1）项目公司只能够提供原土地出让金缴纳凭证1亿元；

（2）项目公司能够提供原土地出让金缴纳凭证1亿元，还能够提供房地产开发成本的发票共1亿元。

显然在第2种情形下，项目公司股权受让方在将来对外销售房地产项目时，扣除项目金额就会多1亿元，土地增值税税负至少减轻数千万元。不仅如此，项目公司账面上的利润额会增加，导致由之而来的所得税，也会增加。——所以，"有票成本"直接影响受让方最终到手的收益。

因此在项目公司股权取得类合同、某些房地产合作开发类合同或类似交易中，如果交易现在不需要清缴土地增值税，受让方（合作方）就需要在合同明确对方能够提供"有票成本"的金额，还要约定提供票据金额不够或票据无效时，转让方要赔偿税费损失。实务中，一般在之前的尽职调查环节，受让方也要调查、核实"有票成本"的真实情况，而不是仅靠合同约定。

下面房地产项目公司股权转让合同中"有票成本"的条款示例：

相关条款：5988 房地产开发企业有票成本

甲方声明和承诺：交割时，目标公司已经取得的并交割的能用于土地增值税税前抵扣项目的合法、有效的票据金额不低于_____万元；否则，因税票额不足或相关票据如最终未能被税务机关认可造成目标公司增加的全部税费损失最终由甲方承担，乙方有权从乙方或目标公司应支付给甲方的任何款项中直接扣除，对此甲方无异议。

四、"微观—合同条款"：税负成本的负担

很多民商事合同都涉及税负问题，都有必要在合同中明确税负成本的负担。在房地产开发类的合同中，因为税负金额巨大，尤其应该约定清楚。

这其中，广义的房地产合作开发类合同（里面包括很多交易模式，请见本单元前面介绍）尤其要重视税负负担条款。例如所谓的"合作建房"究竟是否可以暂免征税、如需征税应如何计算，在实务中都存在难以把握的地方。一方面，当事人有必要咨询当地税务机关的意见，事先弄清楚税负；另一方面，在合同中有必要约定如需缴纳土地增值税如何负担。

二、宏观—交易结构：配套安排

《公司及并购卷》对于公司及并购类合同的交易结构采取了"主交易结构＋配

套安排"的分析框架。"主交易结构"就是资产收购、股权收购等模式（包括股权转让、增资、合并等），配套安排则是对赌、认股权等，一般以配套协议的方式体现，但在实务中也可能直接整合到主交易合同的内容中。

这里简单介绍几种房地产项目公司股权取得类合同常见的配套安排，更多配套安排的知识请参考《公司及并购卷》第三单元：

1. 股权解押付款安排。

拟转让的股权被质押时，常见的处理是：受让方代转让方向债权人付款，债权人配合解除股权质押，以使得股权能过户。

2. 远期交割股权安排。

因为下列原因，项目公司股权转让可能存在限制（或者部分股权转让存在限制）：

（1）根据《国家税务总局关于资产（股权）划转企业所得税征管问题的公告》（国家税务总局公告2015年第40号）享受税收优惠政策时，就要求"股权或资产划转后连续12个月内不改变被划转股权或资产原来实质性经营活动"。——实务中为了享受这一政策，不得不在12个月以后才进行股权交割。

（2）土地招拍挂中，政府要求取得土地的项目公司在一定期限内不能变更股权，否则构成违约，甚至可能导致土地被收回。

此时就要采取"远期交割股权安排"，包括先交割控制权、股权质押、临时借款安排等。

三、宏观—交易结构：股权取得＋资产剥离

《公司及并购卷》第一单元中对"（股权收购）＋资产剥离"有详细说明，这些说明同样适用于房地产项目公司股权取得下的"资产剥离"。但是因为房地产项目公司股权取得采用"资产剥离"非常常见，因此这里结合房地产项目公司的特点简单引述一下，更详细的"资产剥离"的知识请见《公司及并购卷》。

1. 资产剥离的背景。

采取"先资产剥离，再收购股权"的方式对于房地产开发企业"拿地"来说很常见。原因包括：

（1）双方只想就部分目标地块进行收购。

被收购方除了目标地块外可能还有其他资产、其他地块，而这些不在双方协议收购的范围之内。

（2）新设公司可以降低债务风险。

直接收购一个已经成立多年的公司的股权，有潜在债务风险。如果从零开始新设一个公司，把资产转移到这个公司，收购方能够在一开始就把新设公司监管起来，确保这个新设公司是"干净"的，收购新设公司股权的债务风险就基本不存在了。

（3）"新设公司+股权转让"有时可以节税。

例如，直接转让房地产，需要缴纳土地增值税。而根据《财政部、税务总局关于继续实施企业改制重组有关土地增值税政策的公告》（财政部、税务总局公告2023年第51号），以房地产作价入股进行投资的，暂不征土地增值税。因此，将房地产转移、变更到新设公司，再转让新设公司股权，能有效减轻税负。——请注意这一做法有种种限制条件，这里不再具体说明。

2. "资产剥离"的交易结构示意图。

双方本意是收购目标地块（土地使用权和在建工程），采用土地使用权转让方式（见图3.3-1）：

图 3.3-1　土地使用权转让—交易结构

现在改为"股权取得+资产剥离"的交易结构（见图3.3-2）：

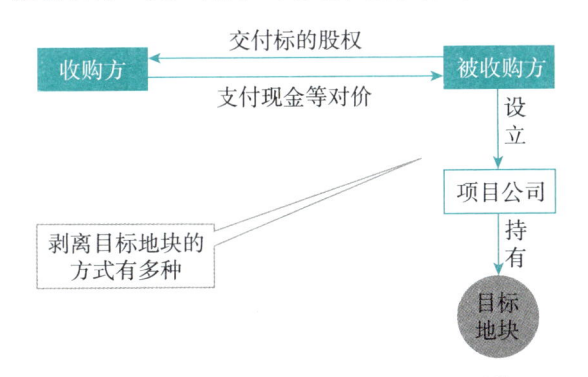

图 3.3-2　（股权取得）+资产剥离—交易结构

交易结果（见图3.3-3）：

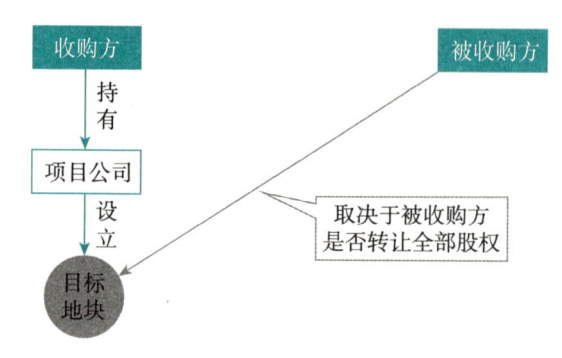

```
收购方                    被收购方
 ↓持有                      ↓
项目公司                取决于被收购方
 ↓设立                  是否转让全部股权
目标地块
```

图 3.3-3 （股权取得）+ 资产剥离—交易结果

3. 资产剥离的方式。

资产剥离就是把土地使用权从"原公司"转移到"新公司"，转移的方式有多种，要考虑哪种方式税负最轻、风险最小。

资产剥离的方式有多种，包括：

（1）土地使用权有偿转让方式。

也就是将土地使用权卖给"新公司"。

（2）土地使用权作为出资的方式：出资新设公司、增资。

（3）资产划拨（原值划转）方式。

资产划转可以进行"特殊性税务处理"，降低资产剥离阶段的税负。

（4）公司分立方式。

注意，如果采取这种方式，分立后的新公司仍然要对原公司债务承担连带责任，这无疑会给分立后新公司的收购方增加风险，如非不得已，不应该采取这种方式。

另外，在实务中还有"反向剥离"方式，即从目标公司中剥离不纳入收购或转让的资产范围（如其他地块），只剩下纳入合作或转让的目标地块，再对目标公司进行股权收购。但是这样就不是一个"新设的、干净"的目标公司，目标公司原有债务风险仍然存在，是不得已的做法，收购方需要通过加强尽职调查、调整付款节奏等措施来防范风险。

4. 资产剥离对相应合同的影响。

相较于一般股权取得类合同，资产剥离当然要增加"剥离"方面的约定。但如果是新设的公司，因为是干净的、没有债务风险、没有其他资产、没有员工、只有特定财产的公司，相关的交割、违约责任等条款可以简化很多。

（1）宏观—交易结构：需要考虑能否剥离，采取何种方式剥离。

无论哪种剥离方式，都意味着土地使用权的变更过户（"反向剥离"除外），如果土地使用权并不符合"完成开发投资总额的25%"的条件，可能就无法剥离。

（2）宏观—合同主体：此时项目公司还没有设立，是现在持有土地使用权的公司与合作方（或收购方）签订合同，约定资产剥离、设立项目公司以及之后的股权取得交易。

（3）微观—合同条款。

需要约定下列几方面的内容：

- 资产剥离的"有票成本"

必须明确土地剥离的成本金额，这直接影响后面的土地增值税税负。

简单地说，同样是目标地块以出资方式"剥离"到新设的项目公司，这个目标地块做账的出资金额是1亿元还是2亿元，就对应着这块地的有票成本是1亿元还是2亿元。而成本是1亿元还是2亿元，就直接影响到项目公司销售房产阶段几千万元的税费。

- 新公司的共管安排

合同中会约定新公司自设立起就由双方共管公章证照、财务手续等，双方共同配合才能对外签订合同、开展经营行为，避免新公司产生新的债务风险。

采取"资产剥离"方式的股权取得类合同在文本内容上与不采用资产剥离、直接取得现有项目公司股权的股权取得类合同大不相同，不应使用相同的模板，在"中国合同库"中也对应不同的分类。

四、宏观—合同标的：土地"变性、调规"

如果目标地块需要"变性、调规"，合同会有所调整。这与土地使用权转让合同中"土地变性、调规"的处理是基本一致的，请参考后文"国有土地使用权及在建工程转让合同"中的知识。

五、中观—合同形式：常见附件

除了下面这些附件以外，前面说的"配套安排"也会以配套协议的形式成为整个房地产项目公司股权转让合同成套文本的一部分，可参见前面说的"配套安排"的内容，这里不再说明。

1.《目标公司信息披露函》。

《公司及并购卷》中，股权收购类合同会有一个附件《目标公司信息披露函》，这是股权收购最重要的附件，相当于明确所收购的目标公司究竟是一个什么样的公司。

对于房地产项目公司来说，股权值多少钱基本上就取决于目标地块的情况，因此目标地块的信息披露最为重要，实务中这个附件也常常被叫作"目标地块资料清单、目标地块披露函"等名称。但为了统一规范，而且从逻辑上说目标地块只是项目公司名下资产之一（虽然是最重要的资产），因此我们还是建议统一使用《目标公司信息披露函》，在其中重点披露目标地块情况，目标地块相关证照、资料可作为该文件的附件。

2. 特殊债权债务及合同处置方案。

股权转让时，目标公司与原股东可能有部分债权债务需要特别约定其处理方式。从文本的角度，有两种方式：

第一种方式：通过专门的配套协议来处理，参考第三单元"配套安排"中"主交易相关债务处理"的介绍。

第二种方式：在《特殊债权债务及合同处置方案》这个附件中进行约定。这适合只需要目标公司、原股东、股权受让方确认的处理方式，如果还需要债权人或其他第三方确认的处理方式，那么就需要按第一种方式另外签订协议了。

例如，部分已经签订房屋认购书的买房人，由原股东一方负责解除并承担相关责任。

六、微观—合同条款：股权类合同交易条款版块

1.《公司及并购卷》第四单元"微观—合同条款"部分，对一般股权类合同条款结构的介绍。

这里简单说明一下：

首先可根据"三点一线法"把合同分为三个部分：

- 合同首部
  - 标题
  - 合同主体
  - 鉴于引言
- 交易条款
- 配套条款
  - 违约责任
  - 不可抗力

- ○ 争议解决
  - ○ 合同联系方式
- 附则

——签名盖章

——合同附件

交易条款是重点，大致包含以下版块：

（以股权转让合同为例，简要说明版块内容）

- 整体交易结构版块
  - ○ 交易结构基本条款：目标公司基本情况＋标的股权基本情况＋交易对价
  - ○ 交易结构补充条款：过渡期损益安排等
- 交割（含控制权转移）版块：何时交割，交割什么内容
- 过渡期版块：交割完成前的处理
- 股权保值版块：或有负债，不竞争义务等
- 公司治理结构版块："三会一层"
- 公司治理补充版块：如股权回购、股权继承方面约定
- 陈述与保证版块

2. 房地产项目公司股权取得类合同的特殊之处。

房地产项目公司股权取得类合同完全可以适用一般股权类合同条款结构，区别只在于内容细节。正如两个人各处胖瘦不同，骨架是一样的。

（同样以房地产项目公司股权转让合同为例，简要说明不同之处；未说明的，则表示没有什么不同）

- 整体交易结构版块
  - ○ 交易结构基本条款

在目标公司基本情况之后，一般会说明目标地块的基本情况；

交易对价一般分为"股东借款归还＋转让价款"两部分（见后文介绍）；

付款过程一般需要资金监管（大额交易其实都需要资金监管）。

  - ○ 交易结构补充条款

比较简单，因为项目公司一般没有什么留存利润和过渡期损益。

- 交割版块

交割的细节有所不同。

- 过渡期版块

一般会要求交割前对目标公司实现"共管",把公司证照、目标地块相关资料等共管起来。

- 股权保值版块

一般没有不竞争义务,约定在一定地域范围内转让方不得开发类似楼盘的做法也很少见。

- 公司治理结构版块+公司治理结构补充版块

对于项目转让模式,不需要这一块(由受让方自行决定项目公司治理结构);

对于合作开发模式,这一块被"房地产项目合作开发版块"所取代(见后文介绍)。

- 陈述与保证

基本类似。

七、微观——合同条款:作为交易对价的股东借款

这一部分的知识,在《公司及并购卷》第三单元"主交易相关债务处理"中有介绍。但因为在房地产项目公司的股权转让交易中极其常见,因此在此仍予以说明。

在房地产项目公司的股权转让交易中,交易对价几乎都分为两部分:股东借款归还+转让价款。

举例说明:目标公司持有目标地块价值1亿元,登记的注册资本为2000万元,其他现金、资产为0,并对转让方有3000万元欠款("股东借款3000万元")。转让方持有目标公司100%股权,拟按1个亿的对价全部转让给受让方。对转让方、受让方双方来说,无非就是这个目标公司价值1亿元(因为持有价值1亿元的地块),转让方需要收到1个亿,受让方需要支出1个亿。1个亿的交易对价是已经谈好的、不变的,需要考虑的只是以什么名义、方式来支付。

此时合同上的处理应该是:受让方应付款项="转让价款7000万元+归还股东借款3000万元",其中股东借款3000万元,是由受让方代目标公司向转让方支付3000万元,支付之后,变成了目标公司欠受让方股东借款3000万元。

这种处理方式有几点值得注意的地方:

1.作为计算所得税的收入都是7000万元,而不是1个亿。

实务中，有的合同可能写成了这样：交易对价＝转让价款1亿元，同时明确转让方豁免目标公司3000万元的债务。此时，作为计算所得税的收入变成了1亿元。而且转让方豁免了目标公司3000万元的债务，这本身又是目标公司的一笔额外所得，目标公司也需要缴纳所得税！——相对于上面的做法，同样是1个亿，转让方、目标公司都分别要为多出的3000万元所得纳税，损失巨大，因此这种做法是错误的，不应该采取。

2. 签订合同时，按理说转让方、受让方应该已经要把相关的财务手续、发票等合计好，确保目标公司确实账面上有对转让方的股东借款3000万元。

但在实务中，可能存在财务不规范、股东借款手续不符合税务机关要求的情形，或者直白一点说，这个股东借款可能并不真的存在。而双方有可能都知道这一点，只是想通过股东借款来避税。这种做法当然是不应该的。

双方（特别是转让方）有必要在合同中进一步明确，交易对价就是1个亿。如果股东借款手续有误，受让方仍应按1个亿的交易对价支付，只是说转让方要自行承担所有税费损失。

3. 从受让方的角度，需要明确：如果转让（收购）合同解除、无效，则转让方、目标公司就合同解除应向受让方承担的责任（包括但不限于返还包含股东借款在内的交易对价）负有连带的清偿责任。

如果转让（收购）合同正常履行了，转让方就不承担清偿责任了，应该由目标公司自行清偿（此时目标公司已经成了受让方控制下的子公司）。

4. 关于上述交易对价的支付，可以直接在主交易合同中约定，也可以通过一个补充协议来约定。

📌 前者可参考相关模板：21374 房地产项目公司100%股权转让合同（项目转让）

📌 后者可参考相关模板：21064 交易对价（含股东借款）支付补充协议

3.3.4　合作开发型股权取得类合同说明

项目转让模式下，转让方拿钱退出。而合作开发模式下，双方要对这个房地产项目共同管理、共同投入、共享收益，这几方面内容要体现在合同条款中。这包括：

1. 项目公司的公司治理结构。

类似于一般公司的"三会一层"安排。不过,因为项目公司就是专门用于开发目标地块的,结合这个具体场景,可以明确董事会、总经理等对项目管理的权限。

2. 项目管理安排。

所有房地产开发项目都会有个项目部,需要约定这个项目部的人员安排、权限安排、工资发放等。

总体来说,项目管理安排可分为一方操盘、联合操盘。但即使是一方操盘,另一方也仍然会适当安排人员参与、监督财务等。

3. 资金投入安排。

各方如何按阶段投入资金;

如何融资;

超出的资金需求由各方共同负责,还是由一方负责。

与一般公司股东以资本金方式投入公司为主有些不同,股东对项目的投入,更多是股东以股东借款方式投入到项目公司。

4. 利润分配安排。

可以按股权比例分配,也完全可能不按股权比例分配。

5. 财务安排。

一般的公司可能就是按照《公司法》规定,每个年度核算利润、分红。但房地产项目公司要到房屋销售回款后才有钱可分,而且因为股东可以用归还股东借款和利息的名义从项目公司提款,也可能预支分红,需要各方明确提款的流程、顺序。

6. 退出安排。

可销售面积的85%都已经销售出去的时候,就可以办理土地增值税汇算清缴了,此时双方就可以算总账,就可以安排退出了。

合同中需要约定一方退出股权的方式。一般来说是由一方接盘(一般是当地的房地产开发企业继续持有股权,外来投资合作的房地产开发企业退出),剩余房产双方按比例分配,不可售、自持物业作价分配,退出方拿现金。也可能采取双方竞价的方式,谁出价最高谁取得对方股权,对方拿钱退出。

7. 并表安排。

约定哪一方有权合并项目公司的财务报表。

一般来说，大股东有权合并财务报表，但也不尽然。[1]

可以把上面这些约定归纳为"房地产项目合作开发版块"。那么可以说，项目转让模式与合作开发模式下的股权取得类合同在"微观—合同条款"上的最主要不同，就是合作开发模式多了"房地产项目合作开发版块"。

3.3.5 "分地块开发"下的股权取得类合同

1."分地块开发"的含义。

在股权取得类合同、联建合同中，都可能出现这种情形：

A 公司持有某地块的土地使用权，这个地块可以分为两个地块：住宅地块和商业地块。经各方协商，住宅地块作为目标地块，B 参与合作开发、共享收益，商业地块作为保留地块由 A 自行开发。

这些模式下，肯定是要将部分项目或者叫部分地块的财务从整个项目中单列出来，单独核算成本、收益，只有这样才能满足分地块开发的需求，所以这种模式也可以叫"项目单独核算模式、地块单独核算模式"，在本课程中统称为"分地块开发模式"。

2."分地块开发模式"下的股权，实际上主要是担保作用，股权比例不作为利润分配依据。

如前所述，双方其实并非按股权比例分配利润，只是就项目公司名下部分地块的收益按约定比例进行分配。也许股权比例是甲方 70% 乙方 30%，而目标地块的收益分配比例是甲方 30% 乙方 70%。

在法律上，这是有效的，这其实无非就是股东之间对分红进行特别约定，约定不按股权比例进行分配。在商业上和财务上，能够采取这种做法，是因为房地产项目公司相对于一般公司的特殊性："房地产项目公司是围绕着一个个独立、短期的项目来进行的"，这就使得独立核算单独一个项目的盈利、财务情况成为可能。

3."分地块开发模式"下合同条款上的不同主要是：

（1）前面先定义目标地块与保留地块。

保留地块就是不作为目标地块的，项目公司的其他地块。

---

[1] 可参见《三分钟搞懂，房地产并表》，载 https://www.shangyexinzhi.com/article/4754428.html，2023 年 11 月 13 日访问。

在整个合同中，交割、项目治理、项目融资等所有安排，都是针对目标地块。

（2）需要增加一个"独立核算版块"，说明：目标地块与保留地块的权责划分原则、成本与费用独立核算的说明、债权债务的独立核算说明。

（3）需要对"保留地块项目管理"作出一定安排。保留地块仍然在项目公司名下，保留地块如何开发、是否需要适当配合目标地块开发？需要作出约定。

（4）退出安排略有不同：肯定是项目公司原股东（也就是上面例子中 A 公司的原股东）接盘，另一方退出，需要约定清盘、结算、房屋质量保修等。

▶ 相关模板：20516 股权转让合同（目标地块单独核算）

如果项目公司持有多宗地，仅将其中的部分地块作为目标地块，并将目标地块从项目公司中剥离出来，变成新项目公司的财产。对于新项目公司来说，并没有保留地块，因此不是这里所说的"有保留地块"的模式。——将地块剥离到新项目公司的操作就是前面说的"资产剥离"。可见"分地块开发"与"资产剥离"属于"选择型"，有选择空间，具体选择哪一种则需要综合税负成本、地块剥离的可行性等来考虑。

3.3.6　不同阶段的股权取得类合同简要说明

前面的合同起草审查知识，是在"拿地后"的不同阶段签订的股权取得类合同都应注意的一般审查点。再具体到不同阶段签订的股权取得类合同，还有一定区别：

1．"竞得后拿证前"。

（1）宏观—交易结构：要考虑此时转让股权是否有风险，是否可行？

在后面"一级市场联合拿地类合同"对"拿地后立即转让股权的限制与风险"有说明。这一阶段，构成"非法转让、倒卖土地使用权罪"的风险增大，更有可能还处在政府对项目公司股权限制转让的阶段。

如果不能转让，要考虑改为"远期股权交割安排"，即约定股权转让，但股权过户登记要延期到几个月甚至更长时间以后（当然，也可能是部分股权先过户，剩余部分股权延期过户，即分步骤过户）。这无疑会增加受让方的风险，合同上需要特殊处理，包括先移交控制权、股权质押等。

▶ 相关课程：《公司及并购卷》配套安排

（2）微观—合同条款：在资金投入部分，要约定各方对土地出让金的资金投入，约定如果无法正常拿地如何返还资金、如何承担责任。

2. 建设前期：同样还有"非法转让、倒卖土地使用权罪"的风险，同样要考虑"远期股权交割"（包括分步骤过户）的问题。

3. 建设后期：会有更多的尽职调查、债权债务清理的问题。

《目标公司信息披露函》（包括附件）要详细披露项目当前销售的情况。

《特殊债权债务及合同处置方案》中说明相关施工单位、供应商债务的处理，已售商品房的处理（一般是继续履行，但也可能要解除）。

3.4 国有土地使用权及在建工程转让合同

（合同类型简称：土地使用权转让合同或转让合同；合同主体简称：转让方、受让方；相关主体：出让人，即政府土地管理部门；国有土地使用权及在建工程可能简称为"土地使用权"或"目标地块"）

3.4.1 国有土地使用权及在建工程转让合同概述

国有土地使用权及在建工程转让合同，就是转让方将国有土地使用权以及目标地块之上的在建工程转让给受让方的合同。因为中国法律下"房地一体"的要求，土地使用权与土地上的所有构筑物（无论有没有、无论建设到何种程度）的产权肯定是要一并转移的。因此本节中说到"土地使用权"时默认是包括在建工程和其他地上建筑物的。

如果是已经建成的房地产的转让，那么其实就是资产收购，不需要参考本节的知识。

> 相关模板：19343 不动产收购合同

1.《公司及并购卷》中将资产收购类交易结构。

《公司及并购卷》中将资产收购类交易结构分为：

- 金钱支付
  - 现金支付式（常规）资产收购
- 股权支付
  - 出资式资产收购
  - 增资式资产收购
  - 股权置换式资产收购
- 资产支付

○ 资产置换式资产收购

这些交易结构都能实现将标的资产从 A 所有转移为 B 所有的目的。

国有土地使用权及在建工程无非就是资产的一种,《公司及并购卷》中所说的这些资产收购模式理论上也适合于对国有土地使用权及在建工程的收购。

2. 本小节所讲的以"土地使用权及在建工程转让合同",实际上是"现金支付式（常规）资产收购"。

如果是资产置换式资产收购（收购土地使用权及在建工程），就等于"土地使用权及在建工程转让合同"与其他资产转让合同的结合，请同时参考其他资产转让合同的起草审查知识。

如果是出资式、增资式、股权置换式资产收购（收购土地使用权及在建工程），就等于是"土地使用权及在建工程转让合同"与出资、增资、股权转让等合同的结合，需要结合《公司及并购卷》和前面"房地产项目公司股权取得类合同"的起草审查知识。

例如，A 以土地使用权出资，B 以现金出资，共同设立一家新的项目公司进行合作开发。这是"出资式资产收购"，等于是"合作开发模式下的房地产项目公司股权取得类合同"再加上"土地使用权及在建工程转让合同"的结合，对于"土地使用权及在建工程转让给新设的项目公司"这一部分内容，可以参考本小节的知识，因为这相当于"A 将土地使用权转让给项目公司"。

3.4.2 土地使用权转让合同的起草审查

如前所述，本课程只介绍土地使用权转让相对于一般资产收购的特殊起草审查要点。土地使用权转让作为一种特定资产的收购，与一般资产收购类合同有很多相通之处，请参考《公司及并购卷》知识。

一、宏观—合同标的：土地使用权上转让、利用的限制仍约束受让方

土地使用权是个特殊的"物"，不像一般财产一样可以随意根据当事人的意愿来转让和使用，有一些限制。

1. "法规的限制 + 出让合同的限制"。

这方面的法律法规包括：

《城镇国有土地使用权出让和转让暂行条例》

第19条 土地使用权转让是指土地使用者将土地使用权再转移的行为，包括出售、交换和赠与。

未按土地使用权出让合同规定的期限和条件投资开发、利用土地的，土地使用权不得转让。

《城市房地产管理法》

第38条 下列房地产，不得转让：

（一）以出让方式取得土地使用权的，不符合本法第三十九条规定的条件的；

（二）司法机关和行政机关依法裁定、决定查封或者以其他形式限制房地产权利的；

（三）依法收回土地使用权的；

（四）共有房地产，经其他共有人书面同意的；

（五）权属有争议的；

（六）未依法登记领取权属证书的；

（七）法律、行政法规规定禁止转让的其他情形。

第39条 以出让方式取得土地使用权的，转让房地产时，应当符合下列条件：

（一）按照出让合同约定已经支付全部土地使用权出让金，并取得土地使用权证书；

（二）按照出让合同约定进行投资开发，属于房屋建设工程的，完成开发投资总额的百分之二十五以上，属于成片开发土地的，形成工业用地或者其他建设用地条件。

转让房地产时房屋已经建成的，还应当持有房屋所有权证书。

总体来说，可以理解为土地使用权转让受到的限制来自两个方面：法律法规直接规定"不得转让"的情形（可能写在出让合同里，也可能没写在出让合同里），其中"完成开发投资总额的百分之二十五以上，属于成片开发土地的，形成工业用地或者其他建设用地条件"（以下简称"完成开发投资总额的25%"）又最为重要；出让合同对土地使用权转让的限制。例如自持产业用地这种特殊地块，出让合同中会约定受让方不得转让、不得建成后产权分割销售，那么这就限制了该地块土地使用权的转让。

注意土地使用权作为出资时是否受"完成开发投资总额的25%"的限制存在争议[1]，某些地方的政府部门允许这种情况下的土地使用权过户登记（即使不符合

---

[1] 参见吕士威：《以土地使用权出资、入股是否受"已完成开发投资总额25%以上"之规定的限制》，载微信公众号"德衡律师集团"，2017年6月26日发布。

"已完成开发投资总额25%以上"的条件)。这就给"(股权收购)+资产剥离"的交易模式开了绿灯(见本单元"房地产项目公司股权取得类合同"相关知识)。

在本课程中,竞得后拿证前、建设前期默认为就是没有"完成开发投资总额的25%",而建设后期则已经"完成开发投资总额的25%"。

2. 违反限制签订土地使用权转让合同的法律效果。

(1)转让合同仍有效,相关法律限制应属管理性规范。

例如,在浙江富春房地产开发有限公司与桐庐县民政局合同纠纷案[1]、桂馨源公司诉全威公司等土地使用权转让合同纠纷案[2]中,均认定为转让合同仍有效。

前一案件民事判决书中,法院论述道:"本案中,县民政局主张《合作协议》无效的理由是该协议违反了《中华人民共和国城镇国有土地使用权出让和转让暂行条例》(1990年5月19日施行)第十九条(未按土地使用权出让合同规定的期限和条件投资开发、利用土地的,土地使用权不得转让)等相关房地产管理法规,本院认为该规定及相关房地产管理法规系对土地转让的监管措施,属管理性的强制性规定,不能作为认定出让土地转让合同无效的依据。因此,原、被告之间订立的《合作协议》是双方当事人真实意思表示,且内容不违反法律、行政法规的强制性规定,该合同合法有效,各方当事人应当按照约定履行自己的义务。"

(2)无法办理产权变更。

因为该转让违法,产权登记部门不能办理土地使用权证变更过户手续。对受让方来说,这无疑是重大的障碍与风险,就好像购买大批量房产而无法过户的风险一样。

3. 土地使用权上受到的限制"随地走"。

受让方取得土地使用权之后仍需要遵循这些限制。这包括:

(1)"闲置土地"的认定、处理。

如果目标土地根据《城市房地产管理法》第26条、《闲置土地处置办法》等构成"闲置土地",则主管部门可以征收相当于土地使用权出让金20%以下的土地闲置费,满两年未动工开发的,可以无偿收回土地使用权。

"闲置土地"的判定,是对土地本身的判定,不是对某一个主体的认定。如果认定为闲置土地,无论该土地是否有转让、合作开发等情形,都会被收回,对整

---

[1] 浙江省桐庐县人民法院(2020)浙0122民初465号,该判决中法院认为相关法规属于管理性强制性规定,该案中的"合作协议"实际被认定为"土地使用权转让合同"。
[2] 最高人民法院(2004)民一终字第46号。

个房地产开发项目的影响是致命的。

因此这也是土地尽职调查的重点内容。尽职调查人员要结合转让方取得土地的年限、现状开发情况来判断是否有土地闲置的情况，还要亲自到政府主管部门走访，了解"土地闲置"的可能性，促使转让方协调出让人出具"土地不涉及闲置的说明"等文件。如发现涉及"土地闲置"，则应协调出让人在土地使用权转让前尽快处理，避免遗留土地闲置的隐患。

（2）相关指标、规划条件受原"土地使用权出让合同"约束。

土地使用权出让合同的土地总投资额、投资强度、土地用途、规划设计条件、其他土地利用要求等，不但约束土地使用权受让方未来的开发行为，可能作为对土地开发投资是否能够获利的研判，也约束土地使用权转让方已完成的开发行为。土地开发过程中，土地用途、土地规划条件改变、建筑容积率、建筑密度超标等情况都会固化到"目标土地"本身，那么土地受让之后，也会随之转移给受让方。

例如，改变土地用途、土地规划条件导致后面规划验收不合格；达不到投资强度和开发投资总额、绿化率等，建筑容积率、建筑密度超标涉及同比例国有建设用地使用权出让价款的违约金。如果有这些问题，那么受让方接手这个土地使用权及在建工程后，就会要承担验收不合格、交纳违约金的后果。

4.合同起草审查要点。

既然土地使用权转让合同的"标的"可能存在重大瑕疵，那么从受让方的角度，就需要考虑如下措施：

（1）注重尽职调查，包括现场踏勘，走访主管部门、同行、客户、上下游供应商等，确保目标地块没有这些瑕疵，了解目标地块上所附限制。

（2）转让合同中强化转让方对不存在土地闲置的承诺、违约责任等。

（3）如有必要，则需要调整交易结构，由受让方垫资开发（见后文介绍），或者转为股权转让模式。

二、宏观—合同标的：特殊地块的转让

1.国有资产需遵守进场交易、评估、审批等特殊流程。

属于"国有资产"的土地使用权转让，需要依据《企业国有资产法》《企业国有资产交易监督管理办法》《关于企业国有资产交易流转有关事项的通知》等履行特殊合同程序。

不过从合同文本的角度，作为"国有资产"的土地使用权转让合同比一般的

土地使用权转让合同更简单一些，一般要使用产权交易所的标准文本。

▶ 相关模板：18466 实物资产交易合同（北京产权交易所 2021 版）

2. 划拨土地使用权不能直接转让。

依据《城市房地产管理法》第 40 条、《城镇国有土地使用权出让和转让暂行条例》（2020 年修订）第 45 条等规定，划拨土地使用权转让需经政府批准，先经出让手续缴纳土地出让金，或者经批准将转让房地产所获收益中的土地收益上缴国家或者作其他处理。——这一规则与划拨土地使用权的抵押是一致的。

这类土地使用权的转让合同主要是"微观—合同条款"层面的不同，合同生效条件、土地出让金的缴纳等条款与一般土地使用权转让合同不同。

3. "变性"土地的转让。

"土地变性"是"土地使用用途改变"的俗称，最常见的是工业用地转为可用于商品房开发的商业用地，显然对房地产开发有根本影响。"土地变性"又有两种程序：申请国家收储变性、自主变性。下面分别介绍一下这两种程序下的合同。

（1）申请国家收储变性。

原土地使用权人向政府部门提出申请，由国家收回土地，重新招拍挂。这种情况下，国家要向原土地使用权人支付拆迁补偿。

既然要招拍挂，当事人就没办法直接进行土地使用权转让交易。实务中，原土地使用权人可能与某个意向拿地方达成协议，约定：意向拿地方向原土地使用权人提供借款用于地块上的厂房拆除、清理（类似于土地整理）；如果意向拿地方通过招拍挂拿到地，根据拿地情况向原土地使用权人支付一定补偿，该补偿与借款抵销。如果没拿到地，那么原土地使用权人要归还借款。——这有点类似于"一级市场联合拿地类合同"了。

▶ 相关模板：972 房地产项目合作合同（申请收储变性＋招拍挂）

（2）自主变性。

"土地变性"对于房地产开发企业来说，是土地的根本变化。对于交易双方来说，一般是"能变性，就要这块地；不能变性，就不要这块地"。

同时"土地变性"又很难，周期很长，花个几年时间才完成变性是很正常的，从实务经验来看，几个月乃至 1 年完成都很困难。

实务中一般的做法是："先签订框架协议，取得批复后再签订正式转让合同"。

框架协议一般是在取得政府同意"土地变性"的批复之前签订，合同中可以约定缴纳部分诚意金。

由于"土地变性"还有诸多不确定的因素，包括：是否成功、何时成功；补交土地出让金的金额；政府批准的规划条件。因此双方会在合同中约定，哪些条件下受让方有权放弃交易（如规划条件要求"商业房屋与住宅的比例是20%或更高时"）且不承担违约责任，哪些条件下放弃交易需要承担违约责任。

考虑到政府批准的规划条件、补交土地出让金的金额都不确定，交易对价往往也不能确定一个固定价格。

一般来说，在"土地变性"已经取得政府批复、规划部门已经出具新的规划条件之后，在"补缴土地出让金"之前，双方可再签订正式交易合同，受让方支付转让价款（转让方拿来补缴土地出让金）。

相关模板：21419 土地使用权变性转让合同

是否可以这样做：先把土地使用权进行过户，要求转让方在过户后负责办妥"土地变性"，"土地变性"成功后再支付后期款项？

应该不会。一是"土地变性"往往是政府部门给原土地使用权人的意向承诺，换了土地使用权人就难去落实了；二是"土地变性"毕竟很有可能不成功，如果不成功再把土地使用权转回去会很麻烦、增加税费成本，因此不会采取这种做法。

4."调规"土地的转让。

"调规"就是调整规划，例如，调整容积率、商业配比、道路规划、高度限制、公共配套建设比例等，对房地产开发也会有重大影响。其中容积率调整最为常见，容积率增高就等于是可以建设、销售的商品房面积增多了。"土地变性"也算是广义的"调规"，但实务中"调规"一般是指"土地变性"以外的规划调整。

"调规"对土地使用权转让合同的影响主要是"微观—合同条款"层面的，会影响交易对价，也可能约定"调规不成功则解除合同"。

以容积率的调整为例，一般要根据"最终可销售面积"来确定最终的交易对价，约定一个计算公式。总的原则是，容积率越大，可售面积越大，最终交易对价越高。

相关模板：21371 一般土地使用权及在建工程转让合同（建设前期）

1. 暂定交易对价：人民币（大写____元（￥_____元）。
2. 最终交易对价按如下方式调整：

（1）最终交易对价＝（最终可售建筑面积－原可售建筑面积）×单价＋基础价格。

（2）原可售建筑面积：双方确定为_____平方米；对应现容积率_____。

（3）根据政府部门最终批准的容积率，计算最终可销售建筑面积。

（4）基础价格：____元。

（5）单价：每平方米____元。

三、宏观—交易结构：配套安排

土地使用权转让也算是资产收购的一种，资产收购的常见配套安排都有可能在土地使用权转让中使用，这里简要介绍几种常见的安排，更多配套安排的知识请参考《公司及并购卷》第三单元：

1. 资产解押付款安排。

拟转让的土地使用权及在建工程如果有抵押，常见的处理是：受让方代转让方向债权人付款，债权人配合解押。

▶ 相关模板：18477 资产解押付款三方协议

2. 债权收购。

拟转让的土地使用权及在建工程有抵押时，受让方也可能通过第三方收购债权，并取得抵押权。此时债权人可以在不解押的前提下同意土地使用权及在建工程的转让过户，而且担保物权在过户后可以继续保持有效（带押过户）。

▶ 相关模板：11262 债权转让两方合同

3. 债务转移。

转让方如果向债权人（如银行）有借款，则三方协商一致可能进行债务转移。

在新的债务人（也就是受让方）同样提供担保、信用更强的情况下，债权人是很可能同意的。例如，在债务人已经陷入困境的情况下，如果债权人不同意债务转移（还可能会同意一定的延期、减免），导致整个交易无法进行，债务人无钱可还，债权人同样清偿无望。

▶ 相关模板：20986 抵押借款合同主体变更三方协议

4. 临时借款安排。

如果土地使用权不能很快过户，而双方又谈判达成一致需要先付较大金额的款项，那么转让方有可能要求将前期款项以借款性质来支付，同时将土地使用权及在建工程作为担保。

▶ 相关模板：86 借款合同（向收款方预付款）

四、中观—合同形式：常见附件

除了下面这些附件以外，前面说的"配套安排"也会以配套协议的形式成为整个土地使用权转让合同成套文本的一部分，可参见前面说的"配套安排"的内容，这里不再说明。

1.《标的资产（目标地块）信息披露函》。

《公司及并购卷》中，资产收购类合同会有一个附件《标的资产信息披露函》，作用主要是：列明收购的标的资产明细；披露影响标的资产价值的信息。土地使用权及在建工程的收购同样也会需要这个附件，只不过具体内容不同。因为标的资产主要就是目标地块，实务中这个附件也常常被叫作"目标地块资料清单、目标地块披露函"等名称。

为了与一般资产收购类合同统一，"中国合同库"中将土地使用权及在建工程转让合同的类似附件统一为"《标的资产（目标地块）信息披露函》"。

可以将《标的资产（目标地块）信息披露函》大致分为建设后期、建设前期两类。

▶ 相关模板：21343 建设后期的《标的资产（目标地块）信息披露函》

▶ 相关模板：21344 建设前期的《标的资产（目标地块）信息披露函》

正如后面要说到的"微观—合同条款"上建设后期、建设前期的区别一样，在建设后期，项目地块上涉及已售商品房、相关工程合同情况、转让方已经缴纳的各种费用情况等，需要披露、确认的信息会多不少。而建设前期的《标的资产（目标地块）信息披露函》则简单不少。

实务中还可能附一个"待移交项目地块资料"或类似文件，这文件的内容在"中国合同库"的模板中，已经整合到《标的资产（目标地块）信息披露函》了。

2.《项目建设进度及交接界面说明》。

建设后期的转让需要使用。需要具体的约定转让方应按什么进度、什么要求把在建工程移交给受让方。有的项目需要转让方完工后交接，有的需要转让方尽快交接，都需要约定具体要求。

如果是建设前期，可以根据需要使用这个附件，也可能只是简单地在合同中约定"按现状移交"。

▶ 相关模板：21345 项目建设进度及交接界面说明

3.《在建工程质量补充协议》。

建设后期的转让需要使用。此时，有一些工程需要转让方承担质量保证责任，有一些则会说明转让方不承担质量保证责任。需要质量保证责任，还需要明确对哪些部分、承担什么样的质量保证责任。

如果是建设前期，可以根据需要使用这个附件，也可能只是简单的在合同中约定"转让方不承担质量保证责任"。

> 相关模板：21342 在建工程质量补充协议

4. 可能与签订土地使用权转让合同一起签署的配套协议。

（1）转让方、受让方、施工方三方协议。

对于转让方与施工方原来签订的施工合同（包括独立发包合同），多数情况下由转让方自行与施工方解决，但也有可能继续由原来的施工单位施工。

前一种情况下一般不需要三方协议，但也不排除转让方、受让方、原施工方就合同解除、交接、受让方代付工程款事宜签订三方协议。

后一种情况下，施工单位会与受让方重新签订施工合同。同时，必然有一些原施工合同履行、交接的问题需要处理，需要转让方、受让方、施工方签订三方协议来约定。

（2）《标的资产解押付款三方协议》。

5. 商品房买卖合同换签相关文本。

因为原来转让方已经与买房人签订了《商品房买卖合同》（一般是预售），如果买房人同意由受让方继续履行，那么买房人与受让方需要重新签订《商品房买卖合同》，同时配套一份转让方、受让方、买房人的三方协议，约定已付购房款的退回、重新缴纳的问题。

> 相关模板：21325 商品房买卖合同换签三方协议

五、微观—合同条款：与资产收购类合同的交易条款对比

注意：这里仅对"交易条款"部分进行说明；这里以"建设后期"的土地使用权转让合同为典型。

《公司及并购卷》中，资产收购类合同的交易条款是由以下版块构成的：

- 交易结构版块
  - 标的资产

说明转让的是哪些资产。

  - 交易对价与支付

说明多少钱，怎么付款。

- 交割版块

说明资产怎么移交、产权变更登记手续的办理。

- 过渡期安排版块

合同签订后资产交割前，对转让方的要求。

- 资产保值版块

披露义务，不竞争义务等。

- 陈述与保证版块

各方作出的陈述与保证。

建设后期的土地使用权转让与上述资产收购类合同的交易条款大体上相通的，下面仅说明特殊之处：

1. 如有必要，可定义"一期工程、二期工程、三期工程"等。

这往往是因为在较大的工程的建设后期，几期工程进度明显不同，合同中的处理也不一样。这样可以在不少条款中，分别说明这几期工程的工程交接界面、交割等方面安排。

2. 交易结构版块。

标的资产：说明目标地块及地上建筑物的情况。不过这里并不需要全面说明，因为具体信息会在附件《标的资产（目标地块）信息披露函》中说明。

交易对价与支付：

（1）一般需要将土地使用权与在建工程分别作价，两者税负有区别。

（2）因为建设后期转让的交割比较复杂，很多手续需要办理，有一定不确定性，对交易目的实现又很重要，因此付款安排必然与这些交割手续相关联。例如可以考虑下面这几个交割节点：

- 土地使用权变更已经递交申请（俗称"递件"）
- 项目管理权的交割完成
- 土地使用权的变更过户
- 受让方重新办理了规划许可证、施工许可证

3. 多出来"工程交接界面版块"。

这个版块要处理的问题是：

（1）哪些部分由转让方继续负责，哪些部分由受让方接手负责。

（2）相关工程合同的处理。

在合同中只需要一般性约定。转让方具体负责的内容与进度要求在附件《项目建设进度及交接补充协议》中约定；对在建工程的具体质量要求在附件《在建工程质量补充协议》中约定；如果原施工方继续施工，则施工方、受让方、转让方会另外签订施工合同及三方协议。

4. 多出来"已售商品房处理版块"。

当然，如果不存在"已售商品房"，就不需要这个版块。这个版块要处理的问题是：

（1）已经出售的商品房：由转让方协调买房人"换签"（也就是商品房买卖合同的卖方变成受让方）。

如果买房人同意"换签"，则转让方、受让方、买房人要办理换签手续。转让方要退钱给买房人，再由买房人重新交给受让方。

如果买房人不同意"换签"，则转让方负责向买房人退款、承担责任。

销售合同"换签"后，后续与购房人如发生纠纷的，如果是因为之前转让方的原因导致的，由转让方承担责任。

（2）已经收取购房定金但没有签商品房买卖合同的：由转让方协调认购人"转定"（也就是认购人交的定金等于是交给了受让方）。

如果买房人同意"转定"，则转让方将收到的定金（实务中可能叫诚意金、排位费等）转给受让方。

如果买房人不同意"转定"，则转让方负责向买房人退款、解除认购手续。

（3）已经出售而且已经交付的商品房：这类房屋其实已经不属于转让标的资产的范围，在计算转让价款时当事人应该会把这一部分资产的价值扣除。

在合同条款只会简要说明一下受让方承担这部分房屋的后续办证、维保义务。

5. 交割版块。

这种不同主要是因为在建工程这种特殊"资产"移交的具体内容不同。此时可考虑从以下几个方面约定交割要求：

（1）土地使用权变更登记要求。

（2）项目管理权交割要求。

（3）在建工程交割要求。

（4）已售商品房承接手续要求。

有的地方，如《广东省商品房预售管理条例》第11条规定："预售人将已预售的商品房项目转让给其他房地产开发企业开发建设时，应当经拥有已预售商品房建筑面积的三分之二以上的预购人同意"。因此在广东的类似在建工程转让合同的"交割"中会要求转让方取得"已预售商品房建筑面积的三分之二以上的预购人同意"。其他地方如果没有类似规定,就只需要在"交割"中要求转让方在一定时间内把已售商品房承接或解除的手续办妥。

6. 过渡期版块。

具体内容有不同,在建工程一般按停工处理。

7. 资产保值版块。

土地使用权转让合同一般没有"不竞争义务"约定,一般也没有"转让方不得再一定区域内开发类似楼盘"的要求。

8. 陈述与保证。

转让方会对目标地块、该房地产项目作出一系列承诺,包括项目已完成开发投资总额的 25% 以上等。

> 相关知识点:土地使用权及在建工程转让,要变更哪些证照,受让方才能正常开发?

3.4.3 不同阶段的土地使用权转让合同简要说明

一、如果不考虑垫资开发,建设后期合同更为复杂

简单地说,建设后期的转让,则像一个涉及多方主体的、动态变化中的项目的转让,而建设前期的转让,就是一个"静态"的资产的转让。

竞得后拿证前、建设前期的合同相对于建设后期:

1. 不需要"在建工程交接界面"。

附件中也不涉及相关内容。

2. 因为还没有商品房销售,不需要"已售商品房"处理。

如果转让方已经与部分买房人签订了"商品房认购书",那么认购金额也不大,无论解除或继续履行都比较好办,简单约定即可。

3. 交割版块简单很多。

二、竞得后拿证前、建设前期需要垫资开发时的合同处理

垫资开发的原因在前面已经提到:《城市房地产管理法》第 26 条等法律法规、土地使用权出让合同等都对土地使用权的转让有限制。正是由于这种限制,

合作方、受让方不得不先向目标地块投入资金进行开发，等到目标地块满足了"完成开发投资总额的25%"等法定和出让合同约定条件时，再办理土地使用权变更。

垫资开发时，交易结构、合同文本都发生了重要变化。

1. "宏观—交易结构"处理。

垫资开发绝不等于受让方提前付钱，不是一个付款时间的变化问题，而是在原有的土地使用权转让或股权转让模式上增加了下面几层法律关系：

（1）借款+资金监管：受让方或受让方安排的第三方向出地方提供借款，用于项目开发。

资金方会直接代出地方向施工单位等支付，以确保资金用于项目建设。

借款合同会特别约定：如果正常履行合同、正常转让，那么借款和利息将由受让方偿还，或者直接与应付的转让价款相抵销，如果未能正常转让，那么出地方仍需偿还全部借款和利息。

此时肯定也会尽可能要求出地方提供担保。

（2）委托代建：出地方全权委托受让方进行代建。

因为垫资开发是为了以后的转让，实际上是要按受让方的要求来开发的。但因为目标地块不在受让方名下，因此只能由出地方委托受让方代建，由受让方提前接管这个房地产项目。而代建的资金则来源于前述借款。

这样的安排才能使得受让方有所保障，不至于"竹篮打水一场空"。

从"中观—合同形式"的角度，这是一个"复杂成套合同"，应该以土地使用权转让合同或股权转让合同为主交易合同，其中说明垫资开发、委托代建的安排，配套借款合同，同时配套一个出地方、受让方、施工单位的三方协议（约定由受让方直接代出地方向施工单位支付工程价款）。

2. 资金提供方当然要进一步考虑各类担保措施。

未达到"完成开发投资总额的25%"条件的土地使用权仍然可以抵押。

如果是"竞得后拿证前"，还没有取得土地使用权，资金提供方的风险更大，就更需要强有力的担保措施。

3. 在允许进行预告登记的地方，受让方有必要约定并实际办理预告登记。

如《广州市不动产登记办法》第16条第2款规定：以出让等有偿方式取得的国有建设用地使用权首次转让，已完成的投资开发未达到投资总额25%的，当事人可以申请办理国有建设用地使用权转移预告登记，申请时应当提交国有建设用地使用权转让合同等材料；待已完成的投资开发达到投资总额 25% 以上时，再申请办理国有建设用地使用权转移登记。

📚 **相关模板**：20631 国有土地使用权转让合同（垫资开发）

3.5 联建（房地产合作开发）合同

正如本单元开头所定义，这里的联建是指合同型联营，是狭义的房地产合作开发，且不包含"拿地前"。这类合同的标题在实务中可能名为联建合同（联合建设合同）、合作建房合同，本课程推荐使用"房地产合作开发合同"的标题。

3.5.1 项目合作型联建合同的起草审查

（合同类型简称：联建合同；合同主体简称：出地方、联建方）

为讲述方便，本节中会将"一般联建合同"简称为"联建合同"。

一、宏观—交易结构

1.宏观—合同类型：注意实务中的"名为联建，实为其他类型"。

《国有土地使用权合同纠纷解释》有下列规定：

第12条　本解释所称的合作开发房地产合同，是指当事人订立的以提供出让土地使用权、资金等作为共同投资，共享利润、共担风险合作开发房地产为基本内容的合同。

第21条　合作开发房地产合同约定提供土地使用权的当事人不承担经营风险，只收取固定利益的，应当认定为土地使用权转让合同。

第22条　合作开发房地产合同约定提供资金的当事人不承担经营风险，只分配固定数量房屋的，应当认定为房屋买卖合同。

第23条　合作开发房地产合同约定提供资金的当事人不承担经营风险，只收取固定数额货币的，应当认定为借款合同。

第24条　合作开发房地产合同约定提供资金的当事人不承担经营风险，只以租赁或者其他形式使用房屋的，应当认定为房屋租赁合同。

上述司法解释中的第 22 条、第 24 条，实际上就是本课程所说的定制开发类合同，第 23 条实际上就是本课程所说的资金回报类合同。

上述司法解释中的第 21 条实际上就是本节后面说的"项目转让型联建合同"。

司法解释这几条规定并不意味着这几种做法违法，更不能说是无效。只是说律师应该注意当事人的实际交易目的，对应选择适当的合同。

2. 宏观—合同类型：联建合同是合伙合同吗？

《民法通则》失效后，合伙型联营、合同型联营的说法已经不太适用。《民法典》第 967 条新增了"合伙合同"，规定"合伙合同是两个以上合伙人为了共同的事业目的，订立的共享利益、共担风险的协议"，第 973 条规定，"合伙人对合伙债务承担连带责任。清偿合伙债务超过自己应当承担份额的合伙人，有权向其他合伙人追偿"。

联建合同或者说合作开发合同，肯定是有"共享利益、共担风险"的性质，那么是不是要对外承担连带责任呢？这一点还存在争议，换言之，是否认定合作开发合同就是合伙合同还有争议。[1]

从合同起草审查的角度，对于合同各方来说，肯定没有必要使用"合伙合同、合伙关系"表述，也没有必要明确对外承担连带责任。同时要考虑到对外连带责任的风险，尽可能在合同中明确各方义务与责任范围，明确己方承担了对方应承担的责任之后有权追偿。

3. 宏观—合同主体：至少一方应具有房地产开发经营资质。

《国有土地使用权合同纠纷解释》第 13 条规定：

合作开发房地产合同的当事人一方具备房地产开发经营资质的，应当认定合同有效。

当事人双方均不具备房地产开发经营资质的，应当认定合同无效。但起诉前当事人一方已经取得房地产开发经营资质或者已依法合作成立具有房地产开发经营资质的房地产开发企业的，应当认定合同有效。

4. 宏观—合同标的：可以分地块合作开发，也可以整个项目合作开发。

5. 宏观—交易结构：联建手续的可行性。

如果双方到主管部门办理了联建手续，那么此后所有的招投标、报建、施工、

---

[1] 可参见刘撰：《合作开发房地产"无限连带责任"风险简析》，载微信公众号"汇业法律观察"，2018 年 2 月 26 日发布。

竣工验收以及申报房地产项目的权利人均以联建双方的名义办理，竣工验收后的房屋产权证可直接登记在联建方名下。

但目前政府部门对办理联建手续的前提要求是：土地使用权为双方共有。这就要求双方拿地前就联合竞买、共同拿证，这就会属于"一级市场联合拿地类合同"，请见本单元最后一节的介绍，在此不做讨论。如果一方已经拿地，因为合作开发要办理联建，还专门去把土地使用权转为共有，那么这也相当于土地使用权的转让，可能要土地增值税，可能不符合转让条件，土地使用权也可能有抵押而无法转让，因此会比较麻烦，如果要采取联建模式，需要咨询土地部门、税务部门的意见。

不办理联建手续的联建称为参建模式，又称隐名开发模式，是以出地方的名义对外经营，包括招投标、报建、施工、验收等。联建方要想取得房屋产权证，只能在出地方取得房屋产权证之后，以商品房买卖的方式变更到联建方名下，会有税费成本。如果出地方出现债务风险，合作地块和在建工程因为是在出地方名下，法院可以强制执行，联建方没有权利提出执行异议。

综合来看，如果是一方已经拿地了，再引入联建方合作开发，大概率是采取参建模式了。

二、微观—合同条款

1. 司法解释中对一些具体问题的规定。

《国有土地使用权合同纠纷解释》有下列规定：

第14条　投资数额超出合作开发房地产合同的约定，对增加的投资数额的承担比例，当事人协商不成的，按照当事人的违约情况确定；因不可归责于当事人的事由或者当事人的违约情况无法确定的，按照约定的投资比例确定；没有约定投资比例的，按照约定的利润分配比例确定。

第15条　房屋实际建筑面积少于合作开发房地产合同的约定，对房屋实际建筑面积的分配比例，当事人协商不成的，按照当事人的违约情况确定；因不可归责于当事人的事由或者当事人违约情况无法确定的，按照约定的利润分配比例确定。

第16条　在下列情形下，合作开发房地产合同的当事人请求分配房地产项目利益的，不予受理；已经受理的，驳回起诉：

（一）依法需经批准的房地产建设项目未经有批准权的人民政府主管部门批准；

（二）房地产建设项目未取得建设工程规划许可证；

（三）擅自变更建设工程规划。

因当事人隐瞒建设工程规划变更的事实所造成的损失，由当事人按照过错承担。

第17条　房屋实际建筑面积超出规划建筑面积，经有批准权的人民政府主管部门批准后，当事人对超出部分的房屋分配比例协商不成的，按照约定的利润分配比例确定。对增加的投资数额的承担比例，当事人协商不成的，按照约定的投资比例确定；没有约定投资比例的，按照约定的利润分配比例确定。

第18条　当事人违反规划开发建设的房屋，被有批准权的人民政府主管部门认定为违法建筑责令拆除，当事人对损失承担协商不成的，按照当事人过错确定责任；过错无法确定的，按照约定的投资比例确定责任；没有约定投资比例的，按照约定的利润分配比例确定责任。

第19条　合作开发房地产合同约定仅以投资数额确定利润分配比例，当事人未足额交纳出资的，按照当事人的实际投资比例分配利润。

第20条　合作开发房地产合同的当事人要求将房屋预售款充抵投资参与利润分配的，不予支持。

上面这些规定对联建合同条款的起草审查有两点提示：

（1）规定中的这些场景，都是实务中联建合同容易出现的争议，应该尽可能在合同中事先约定清楚处理方案。

各方的投入（包括整体投入测算、投入比例、投入时点、融资安排等）、利润分配（分配比例、分配时间点）或建成房屋的分配（分配的物业类型、比例等）等，显然都是联建合同最重要的条款，需要尽可能明确的约定。

（2）如果联建合同中没有专门就此约定，则法院会按上述规范处理。所以，理论上如果上述规定符合我方意愿，我方不一定要在合同中专门约定。只是从合同起草审查的角度，在双方达成一致的情况，尽量在合同中约定清楚更好。

2.报批报建手续的办理。

约定由哪一方负责项目报批报建手续；如果是联建模式，就明确约定以联建双方作为报批报建主体。

未履行报批报建手续的违规建设，显然风险极大，建成的房屋也可能被拆除。合同中可以进一步约定如责任方不能落实报批报建义务、导致项目开发进程受阻的，应由该责任方提供解决方案，并向己方承担赔偿责任。

3.房屋销售管理条款。

"项目公司股权取得"模式来合作开发时，因为是统一由项目公司收款，各方对于项目公司收取购房款的账户共同进行监管就可以了。

但在这里的合作开发合同中，在没有共同控制的收款主体的情况下，要么分开销售收款，要么开具两个账户各自控制对各自分得物业分别销售收款。这需要考虑项目是否需要作为一个整体对外销售，销售的营销费用管理、人员管理、签约管理、销售价格管理、销售回款的管理应有一套完整的管理制度体系。

4.退出清理条款。

联建项目开发完成后，退出清理是联建方都需要考虑的问题，除了资产、成本费用、税费需要清算外，还要考虑：

（1）房屋销售完成后，交付、产权登记、工程质量保修后续义务主体方、责任承担方。

（2）销售的房屋一般是共同委托或共同设立一家物业管理公司进行统一管理。

（3）对未实现销售的物业进行分割，双方共同销售物业、按照各自分得物业的销售款项进行利润分配，但总可能发生物业没有最终全部销售的情况，还有些物业是持有性经营的物业无法销售，对于这部分物业需要进行实物分割，物业分配应遵循便于分割、分割后不影响任一部分使用的原则进行分割，一方应该配合另一方进行分割并办理过户登记及物业移交。

3.5.2 项目转让型联建合同简介

（合同类型简称：包销型联建合同、操盘加包销型联建合同；合同主体简称：出地方、包销方）

《国有土地使用权合同纠纷解释》第 21 条认为这种模式"实为土地使用权转让合同"，但这并非说这种模式违法，更非无效。

在实务中，这种模式可以进一步分为两种：

1.包销型联建合同：以包销的约定为主，但要求出地方按照确定的项目开发建设标准进行建设。

在这种模式下，出地方仍然要负责项目开发建设。从这个角度说，这种模式不能说就是"土地使用权转让合同"。

合同处理上，可将详细的"项目开发建设标准"作为"房地产开发合同"附件。

🔖 相关模板：20471 包销型联建合同

2. 操盘加包销型联建合同：包销方作为操盘方，全面负责合作地块的开发建设，并负责销售。

这种模式下，出地方就是收取土地使用权转让的价款，"实为土地使用权转让合同"。

合同文本结构仍然类似于一般联建合同，只是在项目管理、收益分配上不同，包括：包销方负责操盘，包销方负责投入资金并取得销售利润，出地方仅提供手续配合，收取固定收益。

这种模式下，包销方投入巨资，但是既没有股权，也没有土地使用权，风险较大。律师要考虑改为土地使用权转让或股权取得类合同，实务中一般是在金额不大、相对简单的房地产项目（如小型住宅小区）中使用。如果要采用这类模式，要采取担保、资金监管等模式来防范风险。

🔖 相关模板：21805 操盘加包销型联建合同

3.5.3　分地块开发模式下的联建合同简介

前面介绍股权取得类合同时已经说明了"分地块开发模式"的含义。就联建合同这一场景而言，"分地块开发"就是说，出地方名下还有别的地块，不作为双方联建的范围。这种情况下的联建合同下的特殊之处，跟分地块开发下的股权取得类合同的特殊之处类似：

1. 前面先定义目标地块与保留地块。

保留地块就是不作为目标地块的，项目公司的其他地块。

在整个合同中，交割、项目治理、项目融资等所有安排，都是针对目标地块。

2. 需要增加一个"独立核算版块"，说明：目标地块与保留地块的权责划分原则、成本与费用独立核算的说明、债权债务的独立核算说明。

3. 需要对"保留地块项目管理"作出一定安排。保留地块仍然在项目公司名下，保留地块如何开发、是否需要适当配合目标地块开发？需要作出约定。

3.5.4 不同阶段的联建合同简要介绍

1. 竞得后拿证前阶段：需要约定土地出让金等资金的投入，约定拿证失败下的资金返还、违约责任等。

2. 建设前期阶段：比较正常，相较于建设后期阶段简单一些。

3. 建设后期阶段：因为出地方的债务风险较大，需要考虑改为"股权取得"模式，否则联建方可能投入资金到项目中，最终血本无归。

如果要做，除了前期的尽职调查之外，合同中的交割条款、合同附件中的披露、相关债权债务处理等安排要非常详细。

3.6 委托代建合同

（合同类型简称：代建合同；合同主体简称：委托方、代建方）

这一节，我们先比较一下房地产代建、工程总承包、全过程咨询服务，以便更深入理解房地产代建这种模式。然后再分别讲述房地产代建中的几种具体模式"商业代建、政府代建"下的合同起草审查要点。

一、房地产代建、工程总承包、全过程咨询服务的比较

这三种模式的简单定义如下：

房地产代建：拥有土地的委托方委托具有房地产项目开发建设经验的代建方，代建方提供项目定位、规划设计、工程管理、营销管理、品牌管理等开发全过程服务。

工程总承包：建设单位将设计、采购、施工或者设计、施工都交由一个总承包人承包签订的合同。

全过程咨询：全过程工程咨询是对工程建设项目前期研究和决策以及工程项目实施和运行的全生命周期提供包含设计和规划在内的涉及组织、管理、经济和技术等各有关方面的工程咨询服务。

不难看出，这三种模式其实都算是房地产项目的某种外包服务，只是服务内容不同。不太准确地说，房地产代建包的是"项目"，工程总承包包的是"工程"，全过程咨询包的是"咨询"。这三种模式下的外包服务内容是有一定交叉的，模式本身也有延伸、有扩展、有变化，因此实际上是不能完全清晰、准确地划出这三种模式的界限的，只能说是就这三种模式的典型特征进行比较。合同是为当事人的交易需求提供服务的，而当事人的交易需求又是变化的、发展的，过分拘泥于哪一种模式对应哪一种合同是没有必要的。

表 3.6-1 是这三种模式及对应合同的简单对比：

表 3.6-1　委托代建、工程总承包、全过程工程咨询服务的比较

比较的方面	委托代建	工程总承包	全过程工程咨询服务
合同标题	房地产委托代建合同 房地产项目开发委托管理合同	建设工程总承包合同 EPC 合同	全过程工程咨询服务合同，对应 FIDIC《业主/咨询工程师标准服务协议书》
法律关系	特殊的委托合同	特殊的建设工程合同，接近建设工程施工总承包合同	委托合同，但其中的勘察设计同时属于建设工程合同关系
工作范围和内容	以竣工移交前的项目策划、建设、实施阶段的项目管理为重点，延伸到营销管理、品牌输出、后期运营管理等	设计、采购和施工，或者设计和施工	以工程项目管理为基础，可包含招标、监理、设计等内容
对外签约权限	根据代建合同安排，可能以委托方名义对外签约，也可能以代建方名义直接签署施工总承包、采购等合同	工程总承包人与建设单位签署总包合同，代建模式下也可能是与代建方签署总包合同；工程总承包人与分包单位签订分包合同	咨询服务单位一般不能代表建设单位对外签署合同
风险负担	代建方在合同约定范围内对委托事项负责，承担管理风险；一般不承担工程成本失控的全部风险	工程总承包人承担设计、工程范围、质量、工期、安全、移交等方面导致的项目成本失控的风险，责任很大；如同时存在代建、全过程工程咨询，则代建方、咨询服务单位会帮助建设单位进一步控制风险	咨询服务单位在咨询服务合同约定范围内承担有限的风险和责任；一般不承担工程成本失控的全部风险
合同价款	代建费用（政府代建中）或委托管理服务费用（商业代建中）	工程价款和总包管理费	咨询服务费用

二、代建合同（商业代建模式）的起草审查要点

商业代建与后面要说的政府代建相对，是指双方都是市场主体，出于营利目的的代建行为。委托方一般是拿了地的、缺乏开发资质和经验的中小开发商，代建方则是相对更有开发经验的开发商。

在房地产开发领域，房地产代建算是较后起的模式，仍有不少创新与发展空间。[1]换言之，代建方能够提供的服务还有很大的创新、拓展空间。代建合同也就有进一步调整的必要。

房地产代建最基本的内容就是"工程代建"，也就是负责管理施工方把房子建好交给委托方，也就是政府代建时代建方的工作。如果这个都没有，就不成其为代建了。但仅有工程代建的商业代建很少见，因为委托方不至于像政府那样连基本的工程项目管理的能力都没有，委托方可以选择工程总承包、全过程咨询服务等模式，没必要选择工程代建。

因此商业代建一般是"工程代建＋项目营销管理"，不仅负责"建"，还负责"卖"。——这是最基本的商业代建模式。

在此基础上，根据代建方的实力和委托方的需求，双方可以进一步拓展增值服务的内容。此时，代建方应该是大型、品牌房地产开发企业（如国内代建业务的领头企业"绿城"），代建方把自身的诸多能力输出给委托方，实现房地产项目的增值与共赢。这包括：

（1）品牌输出：代建方许可代建项目使用代建方的品牌。

（2）项目前期的策划、设计服务。

（3）代建方的营销运营能力的全面对接。

例如将代建方的会员体系提供给代建项目。

（4）全流程供应链能力输出：建设全过程中所需要使用的设计、施工、采购等体系对接给代建项目，使得代建项目可以实现优质、价廉的各项服务与物资的采购。

（5）房地产后期运营能力的输出：包括物业管理服务、财务顾问与融资服务、交付后项目委托运营等。

为便于表述，本课程将包含这些全方位服务的商业代建合同称为"全方位商业代建合同"。理解了这种合同，对代建服务内容越少、更为简单的商业代建合同，也就不难理解。下面就介绍一下这种"全方位商业代建合同"的起草审查要点。

🔖 **相关模板**：20573 房地产项目委托开发管理合同

1.宏观—交易结构：法律上没有特殊之处，主要是根据实际商业模式约定服

---

[1] 在国内绿城管理集团的代建业务处于领头地位，可参见袁啸云、陈汉聪：《代建4.0王国：绿城管理代建方法论》，中国经济出版社2020年版。

务的内容。

全方位商业代建合同虽然文本较为复杂、内容较多，但在法律上并没有什么特殊规定，律师主要是根据当事人的实际需求来拟定合同。

2.宏观—合同类型：可以理解为是一种特殊的"委托合同"或是"无名合同"。

当然，委托代建比一般的委托事务复杂、特殊得多，所以司法实务中也完全可能不作为委托合同，而作为一种特殊的无名合同。深究这一点意义不大，只需要认识到确实有可能被当作委托合同，有可能适用委托合同的法律法规，包括任意解除权、委托方介入权、第三方的介入权等，合同中要考虑予以应对。

3.宏观—合同类型、合同主体：委托代建合同肯定不是建设工程施工类合同，代建方不需要建设工程的设计、施工等资质。

代建项目中与施工单位建立的工程承包合同就属于建设工程施工类合同，施工单位需要相关资质。

4.宏观—交易结构设计：代建模式下有一个对外签订合同的主体安排与责任承担问题。

委托代建模式下，代建项目肯定需要对外签订施工合同以及各种采购合同，其中以施工合同为典型。如果这些合同是以委托方名义签订，应由委托方承担责任，代建方不承担责任，这没有问题。

但如果是以代建方名义对外签订合同，例如，代建方与施工承包人签订施工合同的情况下，施工承包人是否可以向委托方索赔工程价款？这有一定争议。司法实践中有"代建方独立承担说"[1]"共同承担说"[2]"施工人自由选择说"[3]等观点，判决尺度不一。

从施工承包人（或其他合同相对方）的角度，最好能争取由委托方与代建方共同对施工合同承担连带责任。假设不考虑委托方与代建方的实力，只能与一方签订，考虑到最终是委托方付款以及与代建方签订可能影响建设工程优先受偿权（请参考《合同起草审查指南：建设工程卷》第二单元"宏观—合同主体：非工程所有人发包"的介绍），与委托方签订合同比代建方更好一些。

---

[1] 宁夏建筑设计研究院有限公司、四川华西建筑装饰工程有限公司建设工程施工合同纠纷案，最高人民法院（2019）最高法民申2154号。
[2] 中城投集团第六工程局有限公司、中国城市建设控股集团安徽有限公司建设工程施工合同纠纷案，最高人民法院（2019）最高法民申3890号。
[3] 南水北调中线干线工程建设管理局、衡水路桥工程有限公司建设工程施工合同纠纷案，河北省高级人民法院（2020）冀民申6998号。

> 相关课程：《建设工程卷》宏观—合同主体（上）：特殊的发包人与建设工程相关资质

从代建方的角度，为避免对施工承包人及其他合同相对方承担责任和风险，代建合同中约定以委托方名义签订合同更好。

如果是由施工承包人直接与代建方签订合同，委托方、代建方、施工承包人三方往往会就工程价款的支付签订三方补充协议，约定由委托方直接向施工承包人支付工程价款。从委托方的角度，可能会在协议中明确说明这仅仅是一种付款安排，不代表委托方直接对施工承包人承担付款的责任和其他合同责任，当然这需要施工承包人与代建方能接受这样的约定。

5. 中观—合同形式：复杂成套合同的结构。

全方位商业代建合同的文本内容往往数万字，属于复杂成套合同，可参考《合同起草审查指南：三观四步法》中"复杂成套合同"的起草审查方法处理，即把合同拆成"主交易合同+附件+配套协议"。通过这样的结构，就可以把复杂的合同内容，分门别类地整合到各个版块之中。

（1）主交易合同：房地产项目委托开发管理合同。

主交易合同是内容最多的、最主要的合同文本，又可以大致分为两部分：专用条款+通用条款。

专用条款是对当前这个房地产代建项目的专门约定，包括房地产项目信息、委托管理范围、委托管理目标等。

通用条款是关于房地产代建的一般性安排。

（2）合同附件。

包括：

● 委托管理服务费用的标准及支付方案

明确代建方收费标准，一般分为两部分：基本的委托管理服务费用和业绩奖励费用。前者按销售额提成，按项目进度支付；后者是根据达成质量、安全以及销售目标的情况而支付。

● 代建方人员薪酬标准及支付方案

代建方要向代建项目派驻人员，人工成本（工资、社保、福利等）要由委托方承担，需要约定标准。

委托方承担社保、发放工资的方式需要根据实际来约定，实务中有这几种方式：委托方上社保、发工资，即劳动关系转到委托方单位；代建方上社保、发工资，委托方向代建方支付费用；委托第三方上社保、发工资，委托方向第三方支付费用。

- 项目成员及代建方派驻人员方案

约定整个房地产项目的人员组织架构，包括委托方安排的人员和代建方安排的人员以及各自职务。

- 项目审批权限设置方案

房地产项目开发过程中，有很多签证、采购、手续办理事宜，有很多需要授权代建方派驻人员自行处理，重要事项则需要专门由委托方指定人员批准。这可以通过附件表格来约定。

上面这几个附件是重要的、基本的附件。除此之外，双方还可以将代建项目的规划、预算等视需要作为附件。

（3）配套协议。

根据需要可能配套：

- 品牌许可协议

如果是由代建方所属集团来提供品牌许可，就需要另外签订品牌许可协议。如果是代建方直接提供品牌许可，就可以直接写在主交易合同里面了。

- 与物业服务企业的合作协议

委托方与物业服务企业（一般都是代建方的关联公司）签订，事先约定由物业服务企业在该项目建成后提供服务，以及服务费用标准。

- 项目运营服务的合作协议

委托方与运营服务企业（一般都是代建方的关联公司）签订，事先约定由运营服务企业在该项目建成后提供运营服务与费用标准。

正如上文所说，代建方还存在提供其他类型管理服务的情况，那么可以配套相应协议。

需要注意的是，像其他复杂成套合同中的配套协议一样，这些协议也需要约定：在主交易合同生效后生效；如果主交易合同提前解除，则这些协议也相应解除。

6. 微观——合同条款。

这里说明几个值得注意的重点条款，更详细的内容可查看相关模板。

相关模板：20573 房地产项目委托开发管理合同

（1）合同解除方面的约定。

对于这种长期的、需要双方深度合作与信任的合同，履行中产生争议乃至要解除是难免的，这包括：因为违约导致的解除（可以约定在违约责任中）；非因代建方原因，项目停工达到一定期限，代建方有权解除（可以约定在合同解除条款中）。

对于重视自己品牌的代建方，往往还要专门约定：如果双方因为对项目的规划、处理无法达成一致，代建方认为将无法保障项目质量，将损害代建方品牌的，代建方有权解除合同。

就像《合同起草审查指南：三观四步法》一直强调的，"合同解除＋善后"必须一并考虑，与此同时还要考虑：在违约责任条款中约定因违约导致解除的违约金责任；在专门条款中约定合同提前解除时，委托管理费用如何结算。一般是按合同解除时项目的进度按比例结算委托管理费用。

> 相关课程：《三观四步法》合同解除终止有关条款（上）

（2）不竞争约定。

商业代建一般都有品牌输出。为避免竞争，委托方会在合同中要求，在代建项目周边一定地域范围内，代建方不得自行或代建同样品牌的类似房地产项目。

（3）成本超支的处理。

一般会约定，因代建方管理责任，导致成本超过成本控制目标的部分，代建方按一定比例承担。

三、其他商业代建模式下的合同简介

1. 资本代建：融资安排类合同＋商业代建合同。

资本代建常见于金融机构的不良资产处置。典型的就是金融机构作为债权人拿到了一处"烂尾楼"，委托代建方对项目代建、代销，盘活"烂尾楼"，实现不良资产处置与获利。此时代建方提供管理、销售、开发的全过程代建服务，委托代建合同与前面所说的全方位商业代建合同基本类似，只不过委托方是金融机构或信托计划等资金方。

从合同起草审查的角度，这种模式下的合同无非就是"融资安排类合同＋商业代建合同"。其中的商业代建合同与前面说的全方位商业代建合同基本类似。融资安排类合同方面，一方面要考虑贷款、投资等安排，另一方面要设立SPV公司，把目标地块（就是"烂尾楼"）装进这个SPV公司，由SPV公司作为委托方与代建方签订代建合同。

资本代建也存在于这种场景：资本方委托代建方去代为寻找、筛选房地产项

目,并进行商业代建,双方分享项目开发收益。这种情况下,双方可以先签订前期简单的合作框架协议,代建方根据合同去寻找房地产项目;确定房地产项目以后再签订商业代建合同,此时的商业代建合同就与全方位商业代建合同基本类似了。

2. 股权代建:商业代建合同＋项目公司股权取得类合同。

代建方同时向项目公司出资入股,通常代建方持股比例小于10%,但该建设项目由代建方操盘,俗称"小股操盘"模式或者"股权代建"模式。如果持股比例很高,那其实就是"项目公司股权取得类合同"了。

从合同起草审查的角度,这其实就是"商业代建合同＋项目公司股权取得类合同"的组合,可以商业代建合同为主交易合同,配套使用一个简单的"合作模式的项目公司股权取得类合同"来约定代建方出资入股事宜。

此时操盘方可以赚取三方面利润:正常的股权收益（一般按股权比例分配房地产项目收益）、项目管理费（按开发成本或按收入的一定比例）、项目超额利润分配（房地产项目收益超出约定时,额外收取一部分利润）。

3. 商业代建＋贷款配资。

代建方除了提供代建服务,还协助提供借款。

从合同起草审查的角度,这其实就是"商业代建合同＋借款类合同"的组合。此时借款人一般是代建方的关联方,或者与代建方有密切合作关系,或者是代建方通过银行委托贷款给委托方。为了控制资金风险,借款类合同中会有资金监管的安排,保证资金直接用于项目施工。

四、代建合同（政府代建模式）的起草审查要点

政府代建就是政府委托代建方管理建设政府出资建设的项目。这又可以分两种:

第一种:事业性代建。

代建方是政府组建的行政事业单位性质的常设机构,对政府投资项目进行相对集中统一管理。这种情况下因为双方都是体制内的单位,也不会有什么争议,合同也会很简单,也不是以营利为目的,就是一个极简版的、用来走程序的合同。

这类合同基本上不用考虑本节的起草审查要点,使用相关模板即可。本课程也不再介绍。

🔖 **相关模板**:19636 项目代建协议（阜阳市 2021 版）（事业单位代建）

第二种:企业代建。

委托方是政府,代建方是企业,替政府代建保障房、廉租房和市政设施,代

建方一般是按建设开发成本的一定比例收取管理费（代建费用），代建服务的内容一般也不会包括营销（政府项目也不存在营销问题）。也就是说，政府代建都是工程代建，重点是把房子建好交给政府。

政府不同于市场主体，代建的模式都是类似的，受到很多部门规章、地方性法规等法规限制（如《四川省普通公路建设项目代建管理实施办法》），没有太多自由约定的空间。

不难理解，这种企业代建合同相当于是一个简单版的商业代建模式下的代建合同。起草审查方面仍可以参考前面介绍的商业代建模式下的代建合同，这里只说明几点特殊之处：

1. 宏观—合同类型：一般认为"政府委托企业代建"并不属于行政协议。

政府委托企业代建，性质上也是政府采购的一种，而政府采购合同属于民事合同（《政府采购法》第43条）。

2. 宏观—合同主体：政府委托企业代建时，合同主体有时是两方（委托方、代建方），有时是三方，即：

委托方：代表政府出资人委托代建任务，并对代建项目相关各方行使综合监管职能。

代建方：按照代建合同约定承担代建项目组织管理工作。

使用人（使用单位）：对代建项目提出要求，对代建项目及代建方行使监督管理权利，协助代建方完成项目建设工作，并在项目建成后实际接收、使用管理。例如，政府出资为某某区法院建设一所法院审判大楼，使用人就是这个区法院。

3. 宏观—合同程序：委托代建是否必须经过招投标？

对于建设工程施工类合同，特别是政府出资的工程项目，多数必须经过招投标程序。依法必须招投标的项目，没有经过招投标或者招投标无效时，相应的建设工程施工类合同无效。哪些属于必须招投标的项目，以及相关的法律效果、起草审查措施的详细说明，可参见本书"建设工程合同卷"中"招投标与阴阳合同"有关介绍，这里不再说明。

> **相关课程**：《建设工程卷》宏观—合同程序（上）：招投标程序

那么，对于依法必须招投标的建设工程项目，委托方委托代建，这个代建合同，是否必须经过招投标呢？对此有一定争议。《招标投标法》对此没有明确规定，大多数地方性法规明确要求"代建制项目必须经过招投标"（如《内蒙古自治区本级政府投资非经营性项目代建制管理办法》等）；也有部分地方通过招标产生代建单位名录，从名录中择优选择（如《上海市市级建设财力项目代理建设管理办法》）。司法实务中因未依法招投标而认定委托代建合同无效的判例也不少[1]。

因此，对于依法必须招投标的项目，在采取委托代建模式下，建议履行招投标程序，以确保合规。

注意这一点不仅适用于政府代建，也适合商业代建或其他代建，只不过其他代建项目属于"依法必须招投标的建设工程项目"的情形较少。

4. 中观—合同形式：如当地有此类代建的示范文本，则会使用示范文本。

5. 微观—合同条款：相对于商业代建，代建费用、代建服务内容等都会简单不少，不存在品牌许可、营销管理等内容，一般也不会就项目的管理过程约定得太详细。其实，这就是一个略复杂的政府采购服务的合同。

相关模板：14645 建设工程项目委托代建合同（广州市 2014 版）

相关模板：14653 政府投资项目委托代建合同（浙江省 2009 版）

---

[1] 例如，广州江南房产有限公司、广州常元房地产开发实业有限公司委托代建合同纠纷案，广东省高级人民法院（2017）粤民终 2645 号；四川金恒泰投资有限公司、通江县金恒泰投资有限公司等与通江县教育科技和体育局委托代建合同纠纷案，四川省巴中市中级人民法院（2020）川 19 民初 200 号。

3.7 定制开发类合同和资金回报类合同简要说明

定制开发类合同、资金回报类合同如果签订在"拿地前"阶段，就属于"一级市场联合拿地类合同"了，请见后面介绍。这里只讨论"拿地后"签订的定制开发类合同和资金回报类合同。

1.定制开发类合同。

（简单的房屋定制销售类合同请参考第四单元"特殊销售方式类合同"，不属于这里的定制开发类合同）

（1）主要的合同类型。

第一大类：定制方合作开发（不取得股权）的模式。

相关模板：17371 定制开发销售合同（合作开发）

相关模板：17668 定制开发租赁合同（合作开发）

第二大类：定制方取得股权的模式。

定制开发模式下取得股权，其实也只是作为定制方的担保，股权比例不作为分配利润的比例，开发商向定制方交付房产之后，定制方还是需要将股权转让给开发商。

相关模板：21802 定制开发销售合同（定制方取得股权）

（2）定制开发销售合同（合作开发）可能无效的风险。

根据《国有土地使用权合同纠纷解释》第 22 条规定，这实际上是房屋买卖合同，而根据《商品房买卖合同司法解释》第 2 条规定，"出卖人未取得商品房预售许可证明，与买受人订立的商品房预售合同，应当认定无效，但是在起诉前取得商品房预售许可证明的，可以认定有效。"

如果无效，那么违约金之类约定就无效，但是定制人支付的款项（实际上是购房款）仍应返还，定制人的损失也许能追回一部分（定制人对合同无效也有过错）。[1]

但在其他一些案例中[2]，法院认为这种定制开发"包含了对案涉房产的承揽、包销和买卖等意思表示的约定，系综合性的一种合同关系"，认定有效，支持了定制方的违约金主张。

总体来说，该类合同虽有风险（尤其是那种名为定制开发，但主要是为了规避预售许可而提前销售的模式），但在实务中仍有较多使用。实际上，如果确实是特殊用途楼宇的定制开发（如用于开设红星美凯乐这样的市场），就不能不采取这种模式，这在商业上是合理的，对社会也有利，合同上也更复杂，不是为了规避预售许可，应该认定为有效。

从定制方的角度，为降低风险，可考虑：将商品房买卖的部分定性为预约性质；定制方支付的前期款项可作为借款，在取得预售许可证后再转为预售购房款。

（3）定制开发类合同的其他一些要点。

定制开发一般都是"分地块开发"，因为定制开发一般只是针对某一特定范围，不会全部地块都定制开发。如果定制方需要整个地块来建房，就应该自己去拿地，再找施工方建设或委托代建即可。

定制方只是出钱，得到约定的房屋，不涉及项目收益的核算、分配等。这种情况下，也就不涉及"分地块开发"下的地块单独核算这些问题。

无论采取股权取得或联建，各方权利义务、合同内容其实很类似。

定制开发模式下，定制方重点在于对房屋设计、定制方案的要求，对开发项目管理参与较少，只是适当监督，合同与一般的股权取得类合同或联建合同很不相同。

2. 资金回报类合同。

资金回报类合同与定制开发类合同其实有些类似，只不过后者是要得到房子，前者则是要得到利息（可能还有利润分成）。

资金回报类合同首先要考虑股权取得类合同，这样投资方多一份股权上的保障。如果不取得股权，投资方就需要更多担保措施了。

这种情况下会形成"名股实债"的法律关系，还可能是"股债融合"（部分投

---

[1] 可参考北京长安光大机电设备有限公司等与北京京鑫置业有限公司商品房预售合同纠纷案，北京市通州区人民法院（2021）京0112民初30737号民事判决书。
[2] 如河北异业汇贸易集团有限公司与石家庄中迪房地产开发有限公司商品房预售合同纠纷案，石家庄市桥西区人民法院（2019）冀0104民初3961号民事判决书。

资以借贷名义，部分投资取得股权），具体可参见《公司及并购卷》第二单元相关知识。

资金回报类合同肯定是受到民间借贷利率上限的限制的，因此即使有"利润分成"约定（同时肯定也有保底回报的约定，否则就不是资金回报类合同了），该约定仍不是完全有效（在利润分成超过民间借贷利率上限时，对方可以主张超出部分不受法律保护），但不会影响整个合同的效力。

> 相关模板：21803 房地产项目股权投资合同（资金回报模式）

> 相关模板：21684 房地产项目投资合同（资金回报模式、无股权）

3.8 "一级市场联合拿地类合同"

我们再简要说明一下"一级市场联合拿地"的意思。

举个例子：项目公司持有目标地块，项目公司股东作为转让方，双方约定将项目公司全部股权转让给受让方，受让方取得了项目公司全部股权，也相应间接持有了目标地块的全部权益。这个操作的前提是项目公司已经拿了地。——显然，这是土地二级市场类合同中的"股权取得类合同"。

现在我们把上面这个合同签订的时间提前到"还没有项目公司、还没有竞拍到目标地块"的阶段。虽然还没有拿到地，但双方已经协商一致，约定"由转让方设立项目公司，取得目标地块之后，转让方必须把项目公司全部股权转让给受让方"。——也就是说，各方在"一级市场"阶段就签订合同，把如何后续"二级市场"的操作约定在合同中，这就是"一级市场联合拿地类合同"。

所谓联合拿地合同，必然至少是两家公司合作，其中一方肯定是土地二级市场交易中的受让方（土地使用权转让）、股权取得方（股权取得）、联建方（联建）、代建方（委托代建）、定制方（定制开发）、投资方这些主体中的一方，我们统称为"联合拿地方"，合同的另一方肯定是要出面拿地的一方，我们称为"主拿地方"。（联合拿地方也可能出面拿地）。

为了便于讨论，在这一小节所举的例子中，我们都以 A 公司作为主拿地方，B 公司作为联合拿地方（根据交易模式不同对应多类身份）。主拿地方（A 公司）、联合拿地方（B 公司）在实际交易中可能是多家公司，但这不影响这里的分析框架。

"一级市场联合拿地类合同"中的部分合同实现的效果是：B 公司借助 A 公司来拿地，A 公司拿地后退出，最终由 B 公司开发。这类合同在实务中可能称为"勾地协议"，但其实是不是第二单元的"勾地协议"，因此可称为"变相勾地协议"，B 公司可能被称为"勾地方"，A 公司是"渠道方"。

在本单元开始"拿地的几个阶段"中提到，"报名前+报名后竞得前"各方签订的合同，都归于"一级市场联合拿地类合同"。"报名前"签订的"一级市场联合拿地类合同"较常见、类型较多，"报名后竞得前"签订的"一级市场联合拿地类合同"较少见、类型较少。在这一节里，我们默认讨论的都是"报名前"签订的"一级市场联合拿地类合同"，只在最后简要介绍一下"报名后竞得前"签订的"一级市场联合拿地类合同"。

3.8.1 "一级市场联合拿地类合同"的背景知识

一、竞买模式

土地招拍挂时，会在土地出让公告中披露目标地块的情况、竞拍规则（如何确定竞得人，注意不一定是价高者得）、对竞买人的要求限制等。这里要注意一个与合同文本密切相关的知识：竞买人的报名模式（包括后续签订土地出让合同、办理土地使用证书模式），在这里我们简称"竞买模式"。

因为目的是讨论"一级市场联合拿地类合同"，因此我们这里所讨论的竞买模式都是指主拿地方、联合拿地方有哪些合作竞买模式。其他不涉及"一级市场联合拿地类合同"的竞买模式，不在讨论范围之内。

（下面这些模式的叫法是本课程的定义）

1.项目公司竞买模式。

双方在签订"一级市场联合拿地类合同"时，这个项目公司还没有设立。签订合同后就会马上设立，并以项目公司名义来竞买。这个项目公司会有两种模式：

（1）合资项目公司模式：主拿地方与联合拿地方合资设立项目公司，以项目公司名义来竞买。

（2）全资项目公司模式：主拿地方自行设立项目公司，以项目公司名义来竞买，联合拿地方不作为项目公司股东。

上面说的都是"先设好项目公司，再以项目公司名义竞买"。但实际上招拍挂程序也会允许"先竞买，竞买成功再设立项目公司"，即 A 报名竞买，并选择"新设立项目公司"，填报拟新设立项目公司的股权结构（例如 A60%，B40%，或者 A100%）。如果竞买成功，再新设项目公司来签订土地出让合同，取得土地使用权证。此时新设项目公司的股权结构必须与原报名竞买时所填报的股权结构一致。因此严格来说，项目公司竞买模式还可以有"先一方报名竞买，后设立合资或全资项目公司"的方式。

这对于 B 公司来说，等于是把主动权交给 A 公司，还是有些风险，因此常常会选择"先设好项目公司，再以项目公司名义竞买"的模式（这会增加注册新公司的成本，但成本不大）。

这两种做法，在合同上区别不大，只是具体条款的不同。

2. 联合体竞买模式。

主拿地方、联合拿地方以联合体名义参与竞买。对于联合体竞买成功之后签订合同与取得土地使用权证的安排，又有以下几种可能：

（1）联合体共同拿证模式：主拿地方、联合拿地方以联合体名义签订出让合同，联合体共同拿证。

（2）联合体分别拿证模式：主拿地方、联合拿地方分别签订土地出让合同，分别拿证。

这仍然是以联合体名义竞买，联合体各方仍然要对各自分开签订的土地出让合同承担连带责任（主要是土地出让金的支付责任）。

（3）联合体项目公司模式：主拿地方、联合拿地方都作为股东，设立项目公司，签订土地出让合同，项目公司拿证。

补充说明几点：

（1）这几种模式有可能同时允许，多数土地出让既允许单独竞买，也允许联合体竞买。

但究竟允许哪些具体模式，特别是像"联合体分别拿证模式"是否可行，要查看政府部门公告，与政府部门沟通。如果政府不允许，那么当事人之间自己约定好是行不通的，只能采取其他可行的模式。

（2）报名时，这些模式就已经确定了。

所以报名后的阶段，就只能基于已经确定的模式来签订合同、进行交易了。

（3）多数情况下会选择设立一家项目公司来拿地。

这对房地产开发企业来说有好处（如将来的股权转让、融资、项目退出都会方便不少），而政府部门也常常要求在目标地块所在地注册具有法人资格的公司来开发（为了当地的税收、管理等考虑）。

（4）小型房地产企业也可能直接以本公司名义竞买，不设立项目公司，但是如果准备签订"一级市场联合拿地类合同"，就没有理由这样做。

因此这一节没有讨论这种模式。

二、拿地后立即转让股权的限制与风险

A 公司报名竞买，竞买成功后立马就把项目公司股权转让过户给了有意拿地

的 B 公司，赚了一笔差价。这是否可行呢？

首先，这一做法有构成"非法转让、倒卖土地使用权罪"的风险，虽然有争议。请见前面"房地产项目股权取得类合同"的相关介绍。

其次，土地使用权出让、转让的相关法律上对项目公司股权转让并没有一般性的禁止规定（法律上只有对土地使用权转让时必须"完成开发投资总额的25%"的要求），但政府在招拍挂规则和过程中会有监管要求。这种监管主要是体现在两个方面：

（1）竞买人的自有资金核查：要求是自有资金，对竞买人的股东构成有要求。

（2）竞得主体的股权变更限制：要求项目公司必须与报名时填报的出资人、出资比例一致，而且在拿地后一段时间仍不得变更股权。

不仅如此，因为存在"间接股权收购"（也就是转让项目公司的股东的股权，间接地实现了项目公司股东权益的转让），有时政府会进一步限制项目公司股东的股权变更。[1]

这种监管一是为了强调"自有资金拿地"，二是为了强调"禁止倒卖土地"，是房地产行业调控措施的一种。

违反这种监管要求的后果包括：因为是违反招拍挂规则，政府可以取消竞买资格、没收保证金、拒绝出让，这是在签订土地出让合同之前；在签订土地出让合同之后，合同如果有明确要求，那么受让方（拿地方）就属于违约，出让方（政府部门）可以根据合同要求支付违约金甚至收回土地等。

当然，这种限制也只能是一定期限的限制（例如直到签订出让合同后12个月内项目公司股权不能变更；但如果不是商品房开发而是要求自持的物业，也有可能限制很多年），不可能是永久的限制。对"间接股权收购"也总是有层级限制，不可能无限制往上追溯。而且，因为这并不是法律的限制，并不会导致工商部门拒绝办理股权变更登记。这意味着，实务中也总是可以实现转让，而且事实上实务中这种操作很常见，只不过是有一定风险而已。

在下面的介绍中，我们会以"项目公司股权转让可行，但可能短期内有限制"为背景，不一定再专门提示风险，但如上所述，这种风险是存在的。

---

[1] 参见《土地招拍挂：竞拍主体的资金来源核查与股权变更限制》，载微信公众号"西政资本"，2020年12月2日发布。

三、一级市场联合拿地类合同的认识框架：拿地阶段 + 竞买模式 + 土地二级市场合同类型

这与我们对土地二级市场类合同的认识框架类似，只是需要将竞买模式考虑进来。

当律师面临这么一个合同起草审查需求："双方准备在报名前，合作去拿地（'报名前'），拟设立项目公司（'先设合资项目公司'），共同出资，共同持股，合作开发（'股权取得类合同' + '合作开发模式'）"，就能利用"拿地阶段 + 竞买模式 + 六种合同类型"，很快地理清楚这个具体的一级市场联合拿地类合同的模式，也能迅速地在"中国合同分类法"中找到对应的合同。

3.8.2　项目公司竞买模式下的"一级市场联合拿地类合同"

把"竞买模式"与二级市场六种合同类型组合起来，就形成多种模式。这中间有一些模式不太合理或者行不通，其他则是实务中可能使用的。简单梳理如下。

一、合资项目公司 + 六种合同类型

1. "合资项目公司 + 土地使用权转让"：既然要合资设立项目公司，就没必要又转让土地使用权，转让项目公司股权即可达到目的（后面的"合资项目公司 + 股权取得"模式）。因此这里就不再讨论这种模式。

2. "合资项目公司 + 联建"：因为是合资，所以双方自然就已经有股权层面的合作。因此直接按后面的"合资项目公司模式 + 股权取得"处理即可。

3. "合资项目公司 + 委托代建"：AB 公司正常约定设立合资公司，同时合资公司要委托 B 公司代建。

这种模式下 B 公司一般占股不大，其实就是对应前面"委托代建合同"中的"小股操盘"（"股权代建"）。

4. "合资项目公司 + 股权取得"。

（1）合作开发：AB 公司正常约定设立合资公司、合作开发的安排。

此时的合同就是"一般出资协议 + 共同拿地约定"。"共同拿地约定"则要考虑：

- 竞买保证金的支付。
- 竞买安排：特别是竞买条件、价格的安排。

- 竞买成功后的合作开发安排：就像前面"房地产项目公司股权取得类合同"所说明的一样，有多种合作开发模式。一般简单约定即可，毕竟还不一定能拿到目标地块。

📁 **相关模板**：21647 一级市场联合拿地合同（合资项目公司 + 合作开发、勾地）

📁 **相关模板**：19090 一级市场联合拿地合同（合资项目公司 + 合作开发）

（2）项目转让：AB 公司名义是合资，但实际上钱都是 B 公司出的，拿地后 A 公司退出，赚"渠道费用"。

同样地，因为项目公司股权变更的限制，B 公司会有风险。

📁 **相关模板**：19089 一级市场联合拿地合同（合资项目公司 + 一方股权转让退出）

5."合资项目公司 + 定制开发"。

（1）定制开发销售。

AB 公司名义是合资，B 公司提供资金，最终目的是得到定制开发的房产。

合同中约定，房产要过户到 A 公司或 A 公司指定第三方的名下。这会涉及增值税和土地增值税，不如后面讲到的"联合体共同拿证 + 定制开发"能节税。

📁 **相关模板**：21668 一级市场联合拿地合同（合资项目公司 + 部分定制开发分配物业）

（2）定制开发租赁。

AB 公司名义是合资，B 公司提供资金，最终目的是得到定制开发的房产的长期使用权。

6."合资项目公司 + 资金回报"。

B 公司取得约定的回报之后，即退出项目公司。

📁 **相关模板**：21717 一级市场联合拿地（合资公司 + 资金回报）

二、全资项目公司 + 六种合同类型

1."全资项目公司 + 土地使用权转让"：AB 公司约定，如果竞买成功，项目公司就将土地使用权转让给 B 公司。

因为"完成开发投资总额的 25%"后才能转让土地使用权，这必然使得 B 公司风险很大，不如使用股权取得模式，没必要采取这种模式。

2."全资项目公司 + 联建"：AB 公司约定，如果竞买成功，项目公司就与 B 公司合作开发（联建）。

如果需要 B 公司现在就投入大额资金，那对 B 公司来说就不如取得项目公司股权更为稳妥。如果 B 公司在拿地环节不便作为股东，那也应该在拿地后变成股东。——所以，要么应该改为"合资项目公司＋股权取得"，要么应该改成"全资项目公司＋股权取得"。

所以，这一模式虽然理论上存在，但似乎没有必要存在。

3."全资项目公司＋委托代建"：AB 公司约定，如果竞买成功，项目公司就委托 B 公司代建。

实务中可能的具体场景包括：

（1）委托代建合同（拿地前）。

政府保障房项目可能要求绑定政府指定的代建方，因此可能拿地前就与代建方签订合同。

这种严格来说不算"一级市场联合拿地"，因为代建方并不会投钱，不算是"联合"拿地。

▷ 相关模板：19165 拿地前委托代建预约合同（拿地前）

（2）"商业代建＋贷款配资"等融资型代建。

A 公司以"商业代建＋贷款配资"引入合作方提供资金，合作方赚取代建费用和贷款利息。

4."全资项目公司＋股权取得"。

AB 公司可以约定，A 公司如果竞买成功就将股权全部转让给 B 公司，或将部分股权转让给 B 公司。

对 B 公司来说，这肯定不如一开始就与 A 公司成立合资项目公司（哪怕只持有少部分股权）。这种模式不太合理，实务中一般也不会出现必须 A 公司 100% 控股项目公司才能拿地的情形。

▷ 相关模板：21395 一级市场联合拿地合同（全资项目公司＋全部股权转让）

▷ 相关模板：21396 一级市场联合拿地合同（全资项目公司＋部分股权转让或增资）

实务中还存在这样一种特殊的"预约开放股权"模式。例如，ABC 各自单独竞买，但约定任何一方竞得土地时，应以同等条件向其他各方开放股权（如任何一方均有权以 5000 万元取得 20% 的股权，也有权放弃）。注意该做法有"围标"之嫌，涉嫌违法，也肯定会违反政府公布的招拍挂规则。

▷ 相关模板：21354 联合拿地合作开发框架协议

5."全资项目公司+定制开发销售/租赁"。

与前面的"合资项目公司+定制开发销售/定制开发租赁"是相通的,只是"合资"时,定制方在项目公司持股,而这里定制方不持股,所以定制方风险更大一些。

如果主拿地方提供很强的担保,或者定制方投入的资金也不是那么大,定制方不占股,直接约定定制开发也是可能的。

📄 相关模板:21414 联合拿地及定制开发销售合同(全资项目公司+部分开发)

6."全资项目公司+资金回报"。

同样地,此时投资方(联合拿地方)没有取得股权,风险更大,因此就会需要主拿地方提供更强的担保。

单从合同的角度,则与一般的房地产项目投资合同类似。

📄 相关模板:21795 一级市场联合拿地(全资公司+资金回报)

3.8.3 联合体竞买模式下的"一级市场联合拿地类合同"

只要是联合体竞买,政府部门都会要求联合体各方在报名时提交一份共同签署、约定对竞买保证金、土地出让金及出让合同履行承担连带责任的联合体协议。该协议内容取决于政府部门的要求,一般也不复杂。这里不再专门分析。

本节主要介绍说明联合体内部就各方合作所签订的协议,这其实就是本节要讨论的"一级市场联合拿地类合同"。

我们同样借助"竞买模式+六种合同类型"来梳理。

一、联合体共同拿证+六种合同类型

这种模式下不太可能是项目转让型交易,因为如果是项目转让,各方就应该采取"项目公司竞买"或者"联合体项目公司拿地"模式,以便通过股权转让来实现项目转让,比转让土地使用权好得多(节税;不受土地使用权转让的限制),因此不考虑"土地使用权转让"。

此时各方没有股权层面的合作,因此不用考虑"股权取得"。

如最终是为了委托代建,代建方不太可能事先作为联合体共同拿证,因此也不考虑"委托代建"。

1. 联合体共同拿证 + 联建。

共同拿证之后,各方合作进行开发。这里的合作开发,也包括"分地块开发"。

2. 联合体共同拿证 + 定制开发销售。

这种模式有免征土地增值税的效果(实际操作时需要与税务部门沟通确定好),这正是定制方要在拿地前就与主拿地方联合拿地的主要原因。

《财政部、国家税务总局关于土地增值税一些具体问题规定的通知》(财税字〔1995〕48号)中规定:"二、关于合作建房的征免税问题对于一方出地,一方出资金,双方合作建房,建成后按比例分房自用的,暂免征收土地增值税;建成后转让的,应征收土地增值税。"

注意,这是指将建成的房屋分配给合作各方自用(登记在合作各方名下)时免征土地增值税,如果各方再发生转让、房地产销售,就需要缴纳土地增值税了。

> **相关模板**:21422 一级市场联合拿地合同(开发企业与业主联合体、部分定制开发)

实务中还有一种开发商与多个个人业主(称为"联建户")合作开发的特殊模式,例如:

A公司(房地产开发企业)与多个个人(以下称联建户)合作,组成联合体竞拍某块地,之后由A公司负责建设。对于建好的房产,根据协议分配给联建户,A公司也可能取得部分房产。联建户不承担该项目开发经营的风险。例如50个联建户每户出资300万元交给A公司,A公司最后建好80套住宅,每户分一套约定标准的住宅,还剩下30套归A公司所有。

这种模式可称为"联建户共同拿地模式",或者叫"住宅合作社"模式。理论上可行,而且有"绕过开发商、成本价购房、节省增值税"的作用,但在实务中还是很少见的。

定制开发租赁的定制方不取得房屋产权,因此一般就没有必要采取这种模式。

3. 联合体共同拿证 + 资金回报。

对于投资方来说,取得土地使用权证,有很强的担保作用。不过投资方作为联合体一方,也就因此要对政府承担连带责任。

二、联合体分别拿证 + 六种合同类型

与前面说的类似,此时也不用考虑"土地使用权转让、股权取得"。

如果某一方想委托另一方代建,签订正常的委托代建合同,或者委托代建预

约合同即可。

资金回报类合同投资方不能自己开发，因此也不会选择这种自己单独取得土地使用权的模式。

1. 分别拿证，分别开发。

这是联合体分别拿证下的一种特别模式。

不过即使是分别开发，也多少会有一些配合的约定。

2. 联合体分别拿证 + 合作开发。

3. 联合体分别拿证 + 定制开发销售。

拿地后，定制方委托联合体中的另外一方（开发商）进行开发建设。

定制开发租赁的定制方不取得房屋产权，因此不会采取取得土地使用权证的模式。

三、联合体项目公司拿证 + 六种合同类型

因为各方已经在项目公司共同持股了，因此联建、委托代建、土地使用权转让这些不涉及股权的合同类型就不用考虑了。

1. 联合体项目公司拿证 + 股权取得。

（1）合作开发型。

这跟"项目公司拿地"下的"合资项目公司 + 正常合资"模式类似，只在"竞买安排"部分有区别。

（2）项目转让型。

拿地之后，主拿地方把所持有的项目公司全部股权转让给联合拿地方，由联合拿地方自行开发。

2. 联合体项目公司拿证 + 定制开发销售 / 租赁。

理论上存在，但如果是定制开发销售，定制方要取得产权，则不如联合体共同拿证、联合体分别拿证模式，后两者模式定制方可以直接取得土地使用权证。

3. 联合体项目公司拿证 + 资金回报。

投资方作为联合体一方，也就因此要对政府承担连带责任。

这种做法似乎很少见。

3.8.4 "报名后竞得前"签订的"一级市场联合拿地类合同"

"报名后竞得前"是说：当事人已经报名，但还没有取得成交确认书，此时这个"主拿地方"引入一个"联合拿地方"来合作。

这里的"主拿地方"可能是一家公司、多家公司或联合体（见前面对竞买模式的介绍），但我们都把它作为合同的一方（多家公司、联合体共同作为一方签署即可）来与"联合拿地方"签约。因为报名模式已经确定，联合拿地方已经无法再加入联合体或直接成为新设项目公司的股东，因此这时的交易模式只剩下几种，很像"全资项目公司"下面主拿地方与联合拿地方的交易模式，合同文本上也比较类似（条款上略有不同）。用六种合同类型来梳理如下：

1. "+土地使用权转让"：双方约定，如果竞买成功，项目公司或联合体就将土地使用权转让给联合拿地方。

2. "+联建"：双方约定，如果竞买成功，项目公司或联合体就与联合拿地方合作开发（联建）。

3. "+委托代建"：双方约定，如果竞买成功，项目公司或联合体就委托联合拿地方代建。

4. "+股权取得"：双方约定，如果竞买成功，项目公司就将股权全部转让给联合拿地方，或将部分股权转让给联合拿地方。

5. "+定制开发销售/租赁"：双方约定，如果竞买成功，项目公司或联合体就为联合拿地方做定制开发。

6. "+资金回报"：双方约定，如果竞买成功，联合拿地方就向项目公司或联合体提供资金、取得约定回报。

3.8.5 "一级市场联合拿地类合同"的违法性分析

正如上文所分析，一级市场联合竞买类协议交易结构众多，每种交易类型可能涉及的违法问题不一而同，但综合来讲可以考虑以下几个方面：

1.对于"联合竞买协议"中涉及"勾地"的条款是否无效的问题，根据《招标投标法》《招拍挂规定》等规定，"招标人不得以不合理的条件限制或者排斥潜在投标人，不得对潜在投标人实行歧视待遇。""出让人在招标拍卖挂牌出让公告中不得设定影响公平、公正竞争的限制条件。"这些条款都是要求招标过程"公平、公正"的要旨，但这些规定是针对招标人、出让人的限制，而联合拿地的合作方对于一方向另一方保证竞买土地按照一方设想出让、并设定一定竞买条件排除或限制其他方参与，是两个民事主体之间的承诺，如果违反承诺则由承诺方承担违约责任，但并不导致双方签署的《联合竞买协议》违法无效。而承诺一方，如果去操控出让人对竞买地块的竞买条件进行设定，则可能涉及刑事犯罪，在此不论。

2. 对"一级市场联合拿地"的"项目转让模式"，在没有达到法定的土地使用权转让条件的情况下，通过项目公司"股权转让"的方式，在一拿到地就转让。实务中这种虽系常规操作，但这种情况下会不会构成"非法转让、倒卖土地使用权罪"？存在风险，应予注意。请参考前面"房地产项目股权取得类合同"的分析。其他更为常见的限制性情况是，在出让条件中，出让人就要求，受让方自己或者以设立全资子公司报名，并且在成交后一定时间内，不能变更股权结构，这就使得在勾地方与合作方签署《联合竞买协议》约定后续转让项目公司股权时，产生履行障碍。

3. 无论是竞买报名前、还是竞买过程中签署《联合竞买协议》，以单独竞买、联合体竞买或者联合体设项目公司竞买等方式，如果又另有各方实际控制的其他主体也同时参与竞买，实务中往往又约定"无论任一主体拿到地，其他方则按照约定合作开发"等勾兑条款，则因违反招投标法构成"围标""串标"，甚或构成犯罪。出让人也会在审查竞买人资格的时候，要求竞买人之间没有实际关联关系，否则可能会被取消竞买资格。

4. 用地方与注资方以设立全资子公司＋联建、全资子公司＋股权转让（债转股）融资，并承诺注资方获得固定投资回报的情形下，实质上构成了"明股实债"，《资管新规》对于"通道业务"的禁止，使得以"股权投资模式"、"信托计划投资模式"、"私募股权基金投资模式"或者"多层嵌套模式"下进行非标资产的债权投资加以限制，对于资金来源及资金投向往往"穿透式审查"，如为限制投资房地产项目的资金（如限制保险资金对房地产项目的财务性股权投资），通过"通道业务"对房地产行业进行投资，那么这些信托计划、私募股权基金进行登记备案的时候，无法通过监管机构的审查、不符合合规要求，无法成功发行，融资方案无法实现。但不得不承认，实务中通过债转股、明股实债进行债权融资担保的情形还是普遍存在。

04
第四单元

房地产销售、物业服务类合同

本单元主要介绍商品房买卖类合同、房地产销售代理合同等销售环节的合同以及物业服务合同。大致上也可以说是"土地二级开发"阶段下除建设工程类合同外的主要合同。

商品房买卖类合同有多种细分类型。个人向开发商购买一套住宅或商铺，可能是期房也可能是现房，这是最为常见、普通的商品房买卖形式，对应的合同在本课程中称为"一般商品房买卖合同"，除此之外，还有一些"特殊房屋销售类合同"（如经济适用房、共有产权房的买卖）、"特殊销售方式类合同"（如房产整售）。本课程会先重点介绍"一般商品房买卖合同"，再简要介绍各类特殊房屋销售类合同与特殊销售方式类合同。

4.1 一般商品房买卖合同

（合同类型名称：商品房买卖合同，简称"买卖合同"；合同主体简称：买受人、开发商/出卖人）

本类合同是指开发商与买受人签订的"一手"商品房买卖合同，包括商品房预售合同与现售合同，包括住宅与非住宅的销售合同。

4.1.1 宏观—合同主体

如同一般买卖合同的买方一样，房屋的买受人可以是自然人，也可以是法人、非法人组织。但需要适当注意下列特殊之处。

一、买受人为未成年人的注意事项

1. 未成年人买房，需要监护人代为签字。

因为房屋是大额财产，为避免风险，一般要求提交证明监护人身份的公证材料。

16周岁至18周岁的、依靠自己的收入为主要生活来源的未成年人，根据《民法典》第18条应视为完全民事行为能力人。不过因为这一点也难以核实，建议仍增加监护人签字手续。

2. 如需贷款，因为银行不给未成年人贷款，需要监护人与未成年人共同作为购房人，才能办理贷款手续。

二、买受人的购房资格

目前，国家与地方层面都存在各类购房资格限制，包括：外国人、外国公司、港澳台居民的限制；对本地居民、外地居民的购房资格要求；对公司购房的要求等。因为这些政策因地区而异，且在不断变动中，这里不再具体介绍。

毫无疑问，无论是开发商还是买受人都必须考虑购房资格问题，如果缺乏购房资格，则签订的商品房买卖合同虽然有效，但无法网签备案，更无法过户，最终仍然会要解除并产生争议。

因此在实务中，开发商首先做购房资格核验方能进行网签，同时又会在合同中约定由买受人自行保证具备法律政策规定的购房资格。

如果购房资格政策不明，买受人对自己的购房资格拿不准，买卖合同（或房屋认购书之类协议）签订又较早，从买受人的角度，可以考虑专门约定"如因购房政策导致买受人无购房资格，则买受人有权解除本合同，要求退还已经支付的购房款，且不承担违约责任"。

4.1.2 延伸讨论：借名买房协议

在买受人缺乏购房资格或其他需要"隐名"的情况下，会涉及借名买房问题。采取的做法是：实际买受人与受托人（显名方）签订"借名买房协议"（或者叫"房产委托代持协议"），再以受托人名义与开发商签订商品房买卖合同。

▶ 相关模板：6139 房产委托代持合同（借名买房协议）

这属于《合同起草审查指南：三观四步法》"宏观—交易结构篇"所说的资产代持类合同。正如该书中所说：该类协议一般有效，只是对委托人（实际买受人）来说存在风险。

▶ 相关课程：《三观四步法》合同类型（二）：常见合同类型说明（下）

就借名买房（也就是房产的委托代持）安排而言，还需要注意：

1. 很多情况下，实际买受人无法要求变更到自己名下。

例如：实际买受人缺乏购房资格无法过户；借名人违反相关政策、法规的规定，借名购买经济适用住房等政策性保障住房时签署的"房屋买卖合同"可能无效。

2. 如果银行发现是借名购房，会拒绝房贷申请。

在办理购房按揭贷款时，银行会核查首付款来源，如从非显名方账户支付，很多银行都会直接拒绝其房贷申请，因为这样的银行流水是不符合要求的。如果显名方是让实际买受人银行转账给自己的，流水里就会有实际买受人的银行转账记录，银行通常只接受直系亲属转账，比如显名方父母、子女，有非直系亲属转账的银行首付款流水是不符合贷款要求的。所以，存在借名购房且需要贷款时，除商品房买卖合同的买受人是显名方、首付款从显名方账户支付以外，还要考虑如何通过银行审核问题，例如，最好不通过银行转账由实际买受人支付首付款。

3.《合同起草审查指南：三观四步法》"宏观—交易结构篇"提到的一些风险防范措施。

这主要是从委托方角度考虑的，包括：

（1）提示当事人应选择可信任的人代持。

（2）尽量实际占有代持资产，对于代持资产相关的资料、发票、凭证等资料，应妥善保管在自己手中。

这既能一定程度上证明实际所有人身份，也会增加受托方私自处分的难度。

（3）为避免不能对抗第三人的风险，应考虑对代持资产进行质押、抵押等措施，使得该财产难以被处分。

（4）适当注意监督代持人员的债务风险，如存在债务风险，则尽快停止代持，或更换代持人员。

4.从开发商的角度：出于销售业绩的目的，一般不会阻止借名购房。

借名购房下，开发商与名义买受人仍然签订的是正常的商品房买卖合同，开发商可能知道也可能不知道借名购房的存在。如果开发商知道是借名买房且买受人需要办理购房按揭贷款，就需要考虑到贷款可能办不下来的风险相较于一般买房要大一些，可以考虑在合同中强调一下如果贷款未被审批时，买受人仍应承担继续付款、履行合同的责任。

4.1.3　宏观—合同程序

一、无预售许可证签订的预售合同、不符合现售条件签订的现售合同：无效

商品房现售条件：《商品房销售管理办法》第 7 条中列明了商品房销售的 7 项条件，包括取得土地使用权证、竣工验收等。符合现售条件的还要取得《商品房现售备案证》。

商品房预售条件：就是要取得《商品房预售许可证》。没有这个预售许可证，就与买受人签订商品房预售合同，就是违法的。当然，预售条件都不具备，就更加不具备现售条件了。

上述两种不具备条件下的现售合同、预售合同，应属无效。《商品房买卖合同司法解释》第 2 条规定："出卖人未取得商品房预售许可证明，与买受人订立的商品房预售合同,应当认定无效,但是在起诉前取得商品房预售许可证明的,可以认定有效"。

在不具备现售、预售条件时,开发商可能使用房屋认购书,该文件的效力见后文说明。

二、商品房买卖合同网签、备案与"阴阳合同"

1. 网签与备案不影响商品房买卖合同的效力。

商品房买卖合同网签和备案,都是房地产管理部门为规范房地产开发商销售商品房而设置的行政化管理手段。网签系统是为了防止捂盘惜售及一房多卖而建立的一个网络化管理系统。而商品房买卖合同备案则是根据《城市商品房预售管理办法》第10条"开发企业应当自签约之日起30日内,向房地产管理部门和市、县人民政府土地管理部门办理商品房预售合同登记备案手续"的规定而设立的。网签手续应在备案手续之前发生,但目前技术手段已经能做到在房屋交易完成网签的同时,即完成了房屋交易的网上联机备案手续。

商品房买卖合同的生效,并不以网签或备案为前提,而网签只是公示的手段,经网签的合同有一定的对抗第三人的作用。当事人以商品房预售合同未按照法律、行政法规规定办理登记备案手续为由主张合同无效的,肯定不会支持。

当事人有可能约定以办理登记备案手续为合同生效条件的,这是有效的,但当事人一方已经履行主要义务,对方接受的除外(《商品房买卖合同司法解释》第6条)。

2. 网签、备案下的"阴阳合同"。

网签、备案这类"合同程序"与"阴阳合同"有不解之缘,也就是说,当事人为了应对程序使用了"阳合同",又私下里签署了代表真实意思表示的"阴合同",包括以补充协议变更了网签备案合同。在房地产领域中,也常常把这种双方私下里签订的合同叫作"草签合同",但其实是指双方正式签订的买卖合同。

目前并没有任何法律规定网签合同或备案合同具有优先于非网签、非备案合同的效力,那么根据《民法典》第146条的一般规定,"阴阳合同"应以真实意思即"阴合同"为准。

这种情况下,"阴合同"也就是双方在网签备案合同以外签订的合同中应该专门明确"本协议与双方签订用于备案的商品房买卖合同不一致的,以本协议为准"。

3. 从买受人的角度，网签与备案有利于避免"一房二卖"，因此应尽快催促办理网签与备案。

商品房买卖合同网签和备案是防止"一房二卖"的有效手段，"一房二卖"在开发商出售给购房者的阶段发生的情况随着商品房买卖合同网签和备案程序的普及而越来越少。主要是两点原因：

（1）网签之后的房屋，如果不经过撤销网签的手续，其他人不能再次对该房屋进行网签。不能网签的情况下，"一房二卖"的可能性大大减小了。

（2）经过网签、备案后的房屋可以在网上进行公开查询，起到了对抗第三人的公示效力，如第三人不经查询就贸然签订房屋买卖合同，也很难举证自己是"善意"，不是与出卖人"恶意串通"，买受人可以主张第三人与出卖人签订的合同因"恶意串通损害买受人利益"而无效。

4. 从开发商的角度，网签与备案也能避免员工"一房二卖"乃至职务侵占（如员工私自收款、卷款逃跑等），因此也有必要在销售流程管理中强化管理，督促员工按规范办理网签备案手续。

三、商品房预售的预告登记

《民法典》第 221 条规定："当事人签订买卖房屋或者其他不动产物权的协议，为保障将来实现物权，按照约定可以向登记机构申请预告登记。预告登记后，未经预告登记的权利人同意，处分该不动产的，不发生物权效力。"2020 年 5 月 15 日自然资源部、国家税务总局、中国银保监会联合出台《关于协同推进"互联网＋不动产登记"方便企业和群众办事的意见》，明确提出我国将加紧全面实施预告登记制度。

预告登记与网签、备案都有保护买受人的作用，但网签备案主要是行政管理上的安排，而预告登记则是法律规定的"准物权"安排。

从买受人的角度，可以在商品房买卖合同增加预告登记的约定，并推进预告登记的办理，以保护己方权益。

4.1.4 延伸讨论：预售商品房抵押贷款中的阶段性担保与抵押登记

1. 商品房预售下银行按揭贷款的担保安排。

"商品房预售＋银行按揭贷款"的模式下，买受人与开发商签订买卖合同之后，银行就已经将贷款放款给开发商，而预售的商品房还需要经过开发建设、竣工验收备案、交付、办理预售房屋初始登记（俗称"办大证"）、转移登记（俗称"办小证"）之后，银行才能完成预售房屋的抵押权登记。在中间这段银行缺乏抵押担保的权利空白期，银行需要采取以下措施：

（1）预售商品房的抵押权预告登记。

（2）开发商向银行提供阶段性连带责任保证。

这种情况下，银行、买受人、开发商会签订三方的"个人贷款担保合同"，或者由银行与开发商另行签订"担保协议"，银行要求开发商承诺，开发商承担自银行放款之日起至银行取得《不动产他项权证》之日止的连带保证责任，银行有权从开发商的保证金账户直接扣款。

2.买受人取得房产证后拒绝配合办理抵押登记的处理。

根据按揭银行与开发商的约定，如果买受人没有办妥抵押手续，则开发商一直要承担保证责任。但在司法实务中，法院有可能视为抵押权在已经办理房产所有权登记的情况下已经有效设立，开发商不再承担保证责任。[1]

从开发商的角度，要考虑：

（1）在开发商与银行的约定中，争取降低责任。

对于开发商提供的阶段性连带责任保证责任的截止时间，从轻到重大概是：预售商品房的抵押权预告登记办理完毕之日止；商品房的抵押权他项权证成功办理并交至银行之日止；按揭贷款全部清偿之日止。

从开发商一方角度来讲，与银行进行磋商时，尽量争取将阶段性担保期间定义为"预告登记办理完毕之日止"，退一步也可以争取到"抵押权他项权证成功办理并交至银行之日止"，或者要考虑约定"如果系银行怠于办理抵押手续的原因，开发商可以免责"。目前各个城市已经率先开始试点"交付即办证"，大大简化了办证流程，缩短了办证时间，也就降低了开发商阶段性担保责任风险。

（2）在开发商与买受人的"商品房买卖合同"中，约定：买受人配合办理抵押手续的时限；如果开发商为买受人银行按揭贷款实际承担了阶段性担保责任的，开发商有权终止或解除房屋买卖合同。

---

[1] 可参见福州首开中庚投资有限公司、林宝钗等金融借款合同纠纷案，福建省福州市鼓楼区人民法院（2021）闽0102民初1961号。

4.1.5 中观—合同形式

一、预约合同：房屋认购书

《合同起草审查指南：三观四步法》中，"预约合同"是"中观—合同形式"的一种，其主要特点就是违约责任特殊。而这里的房屋认购书（实务中可能名为"房屋认购协议、认购单、购房协议、房屋团购协议"等，以下统称为"房屋认购书"），就是一类典型的预约合同。

> 相关课程：《三观四步法》预约合同

《合同起草审查指南：三观四步法》中"预约合同"的知识也都是可以适用于房屋认购书的，这里仅结合商品房买卖中的特点简要说明几点：

1.不符合商品房预售或现售条件下的房屋认购书效力。

如果符合商品房预售或现售条件，仍然要签订预约合同，这当然是合法的。但实务中，常常是在不符合预售或现售条件情况下签订房屋认购书，并收取"定金"。根据《商品房销售管理办法》第22条规定，"不符合商品房销售条件的，房地产开发商不得销售商品房，不得向买受人收取任何预订款性质费用"。如开发商违反此条违规销售商品房的，处以警告，责令限期改正，并可处以1万元以上3万元以下罚款。但因为这类规定并非法律、行政法规，而是部门规章，不足以导致房屋认购书无效。

在实务中，开发商有可能愿意冒着上述行政处罚的风险[1]，通过签订房屋认购书，在小范围内内部开盘、收取定金，或采取冻结买受人银行资金、银行验资的方式，绑定客户。同时，如果买受人提出开发商不符合销售条件、要求解除"认购书"退还定金时，开发商考虑到存在违规，通常情况下也会同意。

2.明确房屋认购书的"违约责任"。

《合同起草审查指南：三观四步法》在"中观—合同形式"中专门分析了"预约合同"这种合同形式，认为其最大的特点是"违约责任"不明（是否能要求继续履行？是否能要求赔偿可得利益？），因此对预约合同进行起草时，最重要的就是明确违约责任，即"如果一方拒绝签订本约，究竟承担什么责任？"，建议明确限定预约合同的违约责任。

---

[1] 实务中，开发商还要考虑因为违规行为导影响后续取得房屋预售许可证的风险。

上述起草审查要点对房屋认购书是完全适用的。这里再强调一下：

（1）注意"仅要求磋商"的认购书。

有些较早的地方的商品房认购书示范文本（如北京市 2005 年的版本），仅仅要求认购人前来磋商，如果认购人在期限内来磋商，而未磋商一致（无论哪一方的原因），都有权要求退还定金、解除认购。这种认购书的约束力几乎等于没有，一般不能满足开发商"绑定"客户的需求，不宜使用（除非确实本意如此）。

> 相关模板：4731 北京市商品房认购书（北京市 2005 版）

（2）明确有限的违约责任。

即任何一方违约时，除了承担约定的违约金或定金责任之外，不再承担其他责任，也不得再要求继续履行。当然也可以考虑仅限制开发商的违约责任，但这不太公平合理。在限制双方违约责任的情况下，等于也限制了开发商追究认购人违反认购书的违约责任，但总体来讲，使得认购书的责任清晰，避免了日后不必要的争议。

在实务中存在不少"这份房屋认购书/房屋认购协议究竟是本约还是预约"的争议，但这种争议的背后其实也是违约责任的问题。如果违约责任是明确的、有限的，那么讨论它是本约还是预约就没有什么意义了，因为处理结果都一样。

（3）明确签订本约的条件，否则认购人可主张双方不能达成一致而拒绝签订本约，拒绝承担违约责任。

实务中认购书中会有类似这样的表述："买受人已理解并同意出卖人在售楼处公示的商品房买卖合同及补充协议样本条款，并同意完全按该条款签署商品房买卖合同及补充协议，不再变更、增加或减少任何条款。"

（4）明确签订本约的时间。也就是明确什么期限内拒绝签约会构成违约。

3. 不具备预售或现售条件时签订的房屋认购书，可明确"已经告知尚不具备预售/现售条件，买受人对此无异议"。

4. 实务中房屋认购书也有可能被认定为格式合同，从开发商的角度，对其中的重要条款（主要本约条件、违约责任等），应该加粗加黑、合理提示。

二、商品房买卖合同有可能被认定为"格式条款"

《民法典》第 496 条规定：格式条款是当事人为了重复使用而预先拟定，并在订立合同时未与对方协商的条款。对于商品房买卖合同而言，是否属于格式条款、格式合同，以及相应的法律后果，与其他场景下的格式条款认定、处理并无二致，对此可参照《合同起草审查指南：三观四步法》"中观—合同形式篇"关于"格式条款、格式合同"的起草审查知识。

这里仅提示几点：

1.使用示范文本不足以作为"格式合同"，但事先统一填好的内容，可能被认定为格式条款。

使用政府推出的、权利义务相对公平的商品房买卖合同，这本身就是政府提倡的，不会直接当作"格式合同"认定。但示范文本中允许填写、选择的内容，如果开发商提前填好、选择好，也可能被认定为格式条款。[1]

2.开发商拟定的补充协议、专门约定、附件等，如果符合"重复使用、缺乏提示"，法院有可能按"格式条款"处理，不予采纳该约定。

例如，在张斌、李华等商品房销售合同纠纷案[2]民事一审民事判决书中，补充协议中"免除卖方90天逾期交房违约责任"的约定就没有被法院采纳。法院认为，"本案中，被告以补充条款中设立宽展期以及顺延交房期限的约定，要求免除其90天逾期交房违约责任，该约定属于减轻其责任但又与原告有重大利害关系的条款，但补充协议的字体、间距等均小于《商品房买卖合同（预售）》，补充协议中对于免除出卖人责任处并未有字体加粗、加大或增加下划线等提示，不足以提醒原告注意到关于交房时间延迟90天被告无须承担违约责任等与主合同不一致的内容，被告也未举证证明在签订协议时已采取其他合理方式提请原告注意该条款，或作出必要说明，被告抗辩已履行提示告知义务，无事实基础和法律依据，本院不予采纳。"当然，不支持认定为格式条款以及认为条款已经合理提示应属有效的判例，也都是有的。因此只能说确实存在"格式条款"风险。

3.开发商的合理提示措施。

既然有格式条款风险，那么采取合理提示措施就是有必要的，包括对于其中涉及免除卖方责任、加重买方义务的条款和其他重要权利义务条款，开发商有必要采取加粗加黑、由买受人专门确认、重要内容由买受人手写确认等措施，这些也都是一般"格式条款"适用的措施。实务中有的开发商还可能采取销售现场公证的做法，也能降低格式合同风险。

除此之外，开发商往往还会在合同中增加类似条款：

---

[1] 可参见三亚明珠实业有限公司与马能、马先英、江文雄房屋买卖合同纠纷案，海南省三亚市中级人民法院（2017）琼02民终586号。
[2] 江苏省泰州医药高新技术产业开发区人民法院（2021）苏1291民初3168号。

对于需要公示给买受人的全部文件，买受人已详细阅读并理解，买受人确认已充分理解并同意签署买卖合同及各附件、本补充协议的全部内容；

买受人已对出卖人销售现场公示的买卖合同项下的销售房屋本身以及周边环境、相关配套等情况进行了了解并知悉；

买卖合同及各附件、本补充协议并非卖方单方提供，系由双方磋商签订；买受人的签约意思真实有效，同意不主张所签协议、文件为格式合同、格式条款。

这类条款肯定也不是绝对有效，只是说多少有一些作用。

三、商品房买卖合同是复杂、成套合同

1. 实务中商品房买卖合同的文本构成。

《合同起草审查指南：三观四步法》"中观—合同形式篇"中将"复杂合同"拆分为"第一层＝主交易合同＋配套协议、第二层＝合同＋附件"。这里我们也相应将商品房买卖合同拆解为"主交易合同＋附件＋配套协议"几部分予以说明。

相关课程：《三观四步法》复杂合同（成套合同、合同附件等）

（1）主交易合同：商品房买卖合同。

这一般会使用当地政府发布的示范文本。

（2）附件。

包括：

- 商品房买卖合同补充协议
- 房屋平面图
- 关于该商品房共用部位的具体说明
- 抵押权人同意该商品房转让的证明及关于抵押的相关约定
- 关于该商品房价款的计价方式、总价款、付款方式及期限的具体约定
- 关于本项目内相关设施、设备的具体约定
- 关于装饰装修及相关设备标准的约定（或者叫"装修交付标准"）
- 关于保修范围、保修期限和保修责任的约定
- 关于质量担保的证明
- 关于前期物业管理的约定，附前期物业服务合同、临时管理规约
- 出卖人关于遮挡或妨碍房屋正常使用情况的说明

有些合同还会附上环境、噪声影响评价报告、户型图、装修管线图等。

如为精装修交房（法律上称"全装修房屋"）还应包括精装修交付标准作为附

件。对于菜单式装修房，不同的定制需求配备不同的精装修交付标准附件。

（3）配套协议。

包括：

- 委托装修协议
- 关于特殊房屋销售、特殊销售方式的配套协议

下面我们对其中的一些附件、配套协议进行说明；关于特殊房屋销售、特殊销售方式的配套协议见后面特殊房屋销售类合同、特殊销售方式类合同说明。

2. 商品房买卖合同补充协议。

实务中房地产开发商多使用当地商品房买卖合同政府示范文本，即使不使用示范文本，出于管理本公司合同模板的目的，也不会允许随便调整正式商品房买卖合同正文，因此一般是通过补充协议对商品房买卖合同进行补充、修订。

双方的本意肯定是补充协议优先的，因此应该在补充协议中明确"本协议与双方签订的商品房买卖合同不一致的，以本协议为准"。

3. 委托装修协议。

如商品房买卖合同约定为毛坯备案、精装修交付的，就会要签署委托装修协议。早期委托装修协议是由出卖人与买受人签署，或者出卖人、买受人与第三方装修公司三方签署，但装修质量频频暴雷，导致买受人拒绝收房、退房的纠纷，因此后来开发商尽量将委托装修协议安排由买受人自行与第三方装修公司签署，且通常第三方装修公司与开发商没有股权上的关联，这样开发商达到撇清装修质量责任的效果，如发生质量问题并不导致逾期交房、质量问题退房等违约责任，由买受人与第三方装修公司自行解决。

从买受人的角度，往往主张第三方装修公司由出卖人提供或指定，委托装修协议又作为商品房买卖合同的配套协议，进而要求开发商承担连带责任。

从开发商的角度，委托装修协议这样处理较好：

（1）由买受人与第三方装修公司自行签署，给定装修方案并且提供几家与开发商无关联的装修公司供买受人选择。

（2）委托装修协议在商品房买卖合同之后签订，且委托装修协议不作为商品房买卖合同的配套协议或者附件。

（3）开发商与第三方装修公司另外签署合作协议，明确其装修质量责任，可以留存一定的质量保证金，如发生因装修质量问题拒绝收房、退房等情况，对第三方装修公司罚扣质量保证金。

上面情况下的委托装修协议一般不需要买受人支付装修费用；但在有房价限价政策的城市，也可能将超过限价部分的房款作为装修款，约定在委托装修协议中。

> 相关模板：20377 委托装修合同

4.前期物业服务合同文本与临时管理规约。

《最高人民法院关于审理物业服务纠纷案件具体应用法律若干问题的解释》第1条规定："建设单位依法与物业服务企业签订的前期物业服务合同，以及业主委员会与业主大会依法选聘的物业服务企业签订的物业服务合同，对业主具有约束力。业主以其并非合同当事人为由提出抗辩的，人民法院不予支持。"因此虽然前期物业服务协议并不是由买受人签署，买受人不是合同主体一方，但是对买受人发生法律效力。

实务中，开发商往往将前期物业服务协议文本作为商品房买卖合同的附件，让买受人在这个附件上签字确认。但前期物业服务协议本身是由开发商与前期物业服务企业签订的。

商品房买卖合同的附件中还包括临时管理规约，由买受人签署确认。

四、"未载入合同但视为合同内容"

《民法典》第473条第2款规定，商业广告和宣传可能构成要约，而要约经过承诺，即成为合同内容。根据《商品房买卖合同司法解释》第3条规定："商品房的销售广告和宣传资料为要约邀请，但是出卖人就商品房开发规划范围内的房屋及相关设施所作的说明和允诺具体确定，并对商品房买卖合同的订立以及房屋价格的确定有重大影响的，构成要约。该说明和允诺即使未载入商品房买卖合同，亦应当为合同内容，当事人违反的，应当承担违约责任"。可见，商品房买卖合同，除了那一套书面的合同、附件，还有其他表现形式。这些形式可能是纸质的，如广告宣传单、销售围挡、楼书，也可能是实物的，如样板间、示范区、沙盘，还可能是口头的，如销售承诺。下面简要说明。

1.房地产广告可能视为合同内容。

我们可以看到在商品房销售广告上，通常会有这样的提示或注解："本广告系要约邀请，一切以商品房买卖合同约定为准。"或者"此非为交付标准，只做装修后效果展示。"同时商品房买卖合同中会有类似条款，"销售宣传资料、沙盘模型、影音资料、广告等仅作为参考，不构成合同内容，亦不作为确定双方权利义务的依据，最终以竣工后的建筑区划内的房屋效果及周围实际业态为准。"

从司法判例来看，这些条款对于开发商规避"广告被作为合同内容"的风险有一定作用。当然，在具体案件中法院也会要考虑"是否构成格式条款、能否证明存在这类宣传内容"等，因此只能说是有一定作用。[1]

2.销售承诺可能视为合同内容。

在唐晓红、咸阳太伟置业有限责任公司商品房销售合同纠纷案[2]民事二审民事判决书中，销售人员的书面承诺被视为合同内容：

本院认为，本案的焦点问题是：上诉人是否违约，是否应当承担10万元的赔偿责任？经查，案涉房屋的宣传广告中，对该房屋一楼花园部分进行宣传，并注明为半赠送，在该宣传广告首页附有上诉人置业顾问白小芬的名片，在该宣传册上有手写的针对34-10101和39-10101两套房屋的对比，并手写了两个房屋的面积、花园面积、实得面积、总价、成交价、首付款、贷款和月供，被上诉人提出该手写部分是置业顾问白小芬所写，符合一般购房时置业顾问宣传销售流程，上诉人提出该手写部分无任何签字、盖某某，不符合证据要求，但其又未提交相反证据证明该主张，故对上诉人此节上诉理由，不予支持。上诉人与被上诉人签订的《西咸新区商品房买卖合同》及《补充协议》虽然没有关于被上诉人购买房屋需同时附带100平方米花园的书面约定，但根据《最高人民法院关于审理商品房买卖合同纠纷案件适用法律若干问题的解释》第3条规定，"商品房的销售广告和宣传资料为要约邀请，但是出卖人就商品房开发规划范围内的房屋及相关设施所作的说明和允诺具体确定，并对商品房买卖合同的订立以及房屋价格的确定有重大影响的，构成要约。该说明和允诺即使未载入商品房买卖合同，亦应当为合同内容，当事人违反的，应当承担违约责任。"本案中，上诉人的置业顾问在商品房的宣传资料上写明案涉房屋的花园面积为100平方米，该允诺明确具体，视为合同内容，上诉人应当履行，一审法院经现场勘查所测得花园面积小于90平方米，与上诉人的置业顾问所述100平方米存在10~15平方米的差距，故应当由上诉人承担违约责任，一审判决结合房屋售价、花园面积差异等因素，酌定为100000元，并无不当。

---

[1] 普卫国、齐国军等商品房预售合同纠纷案，河南省开封市中级人民法院（2022）豫02民终2672号，该案中法院认定类似约定为格式条款，未予采纳；王龙鹏、青岛永辉置业有限公司商品房预售合同纠纷案，山东省青岛市中级人民法院（2022）鲁02民终10217号，该案中以类似约定作为驳回买受人请求的理由之一。
[2] 陕西省咸阳市中级人民法院（2022）陕04民终1455号。

通过上述案例我们可以总结，如果销售人员系开发商聘用，承诺的事项具体明确且对房屋价格有重大影响，且买受人又固定了相关证据，即使出卖人并没有承诺，因为销售人员的承诺相当于出卖人承诺，应由出卖人承担被代理的后果。可见，对于销售人员严禁不当承诺的风控措施及培训，也是房地产开发销售管理过程中对合同签约管理的重要一环。

3. 样板间可能视为合同内容。

《商品房销售管理办法》第31条规定，"房地产开发商销售商品房时设置样板房的，应当说明实际交付的商品房质量、设备及装修与样板房是否一致，未作说明的，实际交付的商品房应当与样板房一致"。

一些省、市也出台了关于样板房的管理规定，例如，《浙江省住房和城乡建设厅关于做好全装修商品住宅项目交付样板房管理工作的通知》规定，"全装修商品住宅项目应至少设置一套交付样板房。不同装修标准的，应分别设置交付样板房。交付样板房一般应设置在预售住宅房源内，并在预售前建造完成、提供展示。确需在预售住宅房源以外设置的，其结构形式、户型、空间尺寸、装修标准应与待交付的预售住宅房源保持一致"，"交付样板房的保留时间，自全装修商品房交付消费者之日起不少于6个月，或者自建设项目竣工验收合格之日起不少于2年。保留时间内，不得将交付样板房交付给购房人使用或者作展示以外的其他用途。设置在预售住宅房源外的交付样板房，可以在预售住宅房源内建成新的交付样板房后拆除、移位或调换，但应确保新的交付样板房结构形式、户型、空间尺寸、装修标准与原交付样板房一致，并在拆除原交付样板房前告知已购房源的全部购房人"。这些要求使得买受人取证难度变小。因此，建议开发商注意在样板房展示时，对于不构成交付标准的，明确"非交付标准"的标识，并且样板房最好是与明确约定的"装修交付标准"保持一致，以避免买受人用样板房影像证据等证明实际交付房屋"货不对板"。

4.1.6 微观—合同条款

一、逾期付款责任与逾期交房责任

像其他买卖合同一样，买方的逾期付款责任与卖方的逾期交货（交房）责任很重要。起草审查方面与一般的违约责任条款也没有实质区别，这里主要结合商

品房买卖中的特殊之处说明几点：

1. 逾期付款、交房责任的默示规范。

《商品房买卖合同司法解释》第13条规定："商品房买卖合同没有约定违约金数额或者损失赔偿额计算方法，违约金数额或者损失赔偿额可以参照以下标准确定：逾期付款的，按照未付购房款总额，参照中国人民银行规定的金融机构计收逾期贷款利息的标准计算。逾期交付使用房屋的，按照逾期交付使用房屋期间有关主管部门公布或者有资格的房地产评估机构评定的同地段同类房屋租金标准确定"。

2. 约定逾期付款、交房违约金的处理。

这一点与其他合同中的违约责任约定是一致的。对于逾期付款的约定违约金，按照《合同起草审查指南：三观四步法》的观点，并没有法律明确规定，一般约定到每日 5‰ 或 6‰ 能够得到支持，再高就很难支持了。

逾期付款责任是否能约定较高，而逾期交房责任约定较低？（是否两者必须对等）

法律上肯定对此是没有硬性要求，取决于各方约定的。只不过如果对买受人不公平的话，买受人未必接受，法院也有可能以"格式条款、违约金过分低于实际损失"等理由来调整。例如，《江西省高级人民法院关于印发开发商逾期交房、办证违约责任纠纷案件审判指引的通知》中规定，"合同约定的逾期交房违约金每日标准低于万分之一或高于万分之三的，当事人请求调整的，可结合合同履行情况、违约方的过错程度、违约时间的长短、合同的预期利益、双向义务是否对等、社会经济发展等综合因素，根据公平原则和诚实信用原则，酌情调整到日万分之一至万分之三的范围内。对方当事人举证证明约定的违约金合理，无需调整的除外"。

3. 逾期责任一般会采取"逾期每日违约金 + 逾期多少天可以解除 + 解除违约金"，那么在逾期解除的情况下，解除之前的逾期每日违约金与解除违约金能否同时主张？

主流观点认为不能。守约方主张逾期交房违约金或逾期付款违约金的前提是合同继续履行，若守约方选择解除合同，违约方应承担的是支付解除合同的违约金或赔偿金，两者不能重复适用。如果希望同时主张，合同中就要对此进行明确地说明，当然这也会受到"违约金过高"的限制。

二、商品房交付条件

合同中约定的商品房交付条件分为商品房本身的交付条件和相关设施设备的交付条件。

1. 商品房本身的交付条件：不低于法定底线。

商品房的交付条件应该是"验收合格"，但"验收合格"是可以在合同中定义的。验收合格的法定底线是"建筑单体五方竣工验收合格"（建设、设计、监理、施工、勘察五方验收）。合同约定的交付条件低于这个底线是无效的。约定的交付条件高于底线，当然也是有效的，但对开发商来说没有必要。

如果合同中约定交付条件是"通过综合验收、取得《工程竣工验收备案表》"，那么，开发商除要达到单体竣工验收的条件外，还要达到：水电暖等配套已经达到开通条件并开通，小区硬化、绿化完工并验收；取得《工程竣工验收备案表》。而很多小区分期开发的情况下，单体完工竣工验收了之后，小区部分硬化、绿化还没具备完工验收条件，达不到综合验收的条件。因此对开发商来说，不建议这样约定。

2. 相关设施设备的交付条件：主要靠双方约定。

这部分指的是供水、电、燃气、有线电视、非市政道路、园林绿化、车位车库等公共能源服务和公用配套设施，其交付标准和违约责任可由双方约定，例如供水可以约定"交付时供水、排水配套设施齐全，并与城市公共供水、排水管网连接。"

实务中也有"交付时，开通供水"或类似约定，但一般情况下供水、电、燃气都需要买受人自己去携带相关证件首次去开通，故不建议如此约定。

3. 对应违约责任约定。

如商品房未达到合同约定的交付条件（不低于法定最低交付条件），出卖人应承担逾期交房的违约责任，逾期达到合同解除条件时，买受人可单方解除合同。但对于商品房相关设施设备交付条件，一般只约定出卖人承担违约责任、买受人并不享有单方退房的权利（不过房屋设施设备严重影响房屋基本使用功能的，例如供水、电、燃气等未与大市政管网接通，事实上仍会构成严重违约、合同解除的事由）。

三、规划设计变更的通知与解除条件

规划变更通知程序的法律依据，来源于《商品房销售管理办法》第 24 条："经规划部门批准的规划变更、设计单位同意的设计变更导致商品房的结构型式、户型、空间尺寸、朝向变化,以及出现合同当事人约定的其他影响商品房质量或者使用功能情形的,房地产开发企业应当在变更确立之日起10日内,书面通知买受人。买受人有权在通知到达之日起15日内做出是否退房的书面答复。买受人在通知到达之日起15日内未作书面答复的,视同接受规划、设计变更以及由此引起的房价款的变更。房地产开发企业未在规定时限内通知买受人的,买受人有权退房;买受人退房的,由房地产开发企业承担违约责任。"

对此,开发商可能会在补充协议中进行一定的限制性约定,例如双方约定:仅涉及该商品房结构形式、户型、空间尺寸、朝向等有严重影响房屋使用功能的,出卖人须履行通知义务,买受人享有单方解除合同的选择权;不在合同约定之内的规划设计变更,以及不受该变更影响的买受人,不享有单方解除合同的选择权,例如公共空间——架空层的设计变更等。这种约定是有效的。对此可参考黄泽璇、广州一加一服饰有限公司等商品房预售合同纠纷案,广东省广州市天河区人民法院(2021)粤0106民初4213号,该判决书认为:

《广州市商品房买卖合同》的第十九条,补充约定如下:1.(1)本合同所指规划、设计的变更仅为涉及乙方已购单元本身的结构、户型、朝向等发生变更须征得乙方书面同意。(2)签署本合同前,乙方已清楚了解并同意本小区或本大厦规划涉及和优化方案。若政府行为和公共事业部门要求变更规划、设计的及本项目公共部位变更规划、设计的,如该商品房周边或项目用地范围内建有道路、公共配套建筑和安装公用基础设施设备(包括但不限于物业用房、保安室、通信机房和天线、垃圾处理房、供配电房和供电管线、给排水管、供燃气用房及管道、消防箱、沙井盖等)情形的变更,无须征得乙方同意,乙方不得以此为由向甲方要求解除本合同,不得拒绝收楼、拒绝支付房款……本院认为,《商品房买卖合同》补充协议第八条约定,本合同所指规划、设计的变更仅为涉及乙方已购单元本身的结构、户型、朝向等发生变更须征得乙方书面同意。《商品房销售管理办法》第二十四条规定,经规划部门批准的规划变更、设计单位同意的设计变更导致商品房的结构型式、户型、空间尺寸、朝向变化,以及出现合同当事人约定的其他影响商品房质量或者使用功能情形的,房地产开发企业应当在变更确立之日起10日内书面通知买受人。原告未举证证明此次改扩建对其案涉房屋的结构形式、户型、空间尺寸、朝向变化以及其他质量或使用功能产生何影响。据核查《规划条件核实总平面位置关系图》中自编1至4号的改动位置在《房地产平面层图》第1、2、

19、21、23、25、16、22、28处，均未与案涉房屋12重合。自编1、2、4号位置距案涉房屋12较远，即使是距离较近的自编3号其改动也在5层以下，并无证据证明会影响处于6层的案涉房屋。……本院认定此次改扩建对原告的案涉房屋并未产生影响，被告富信公司无须通知原告。原告以被告富信公司改扩建未通知为由主张解除合同于法无据，本院不予支持。

四、商品房质量责任

商品房质量责任可以分为地基基础和主体结构、其他质量、装饰装修及设备标准、室内空气质量、建筑隔声和民用建筑节能措施这几个部分的质量责任。

从合同起草审查的角度，开发商可以在合同中明确约定：如出现地基基础和主体结构工程质量以外的、不影响房屋正常居住的质量问题，买受人不享有单方解除合同的权利。

五、房屋户型图

这里是指商品房买卖合同附件。

房屋户型图应标明尺寸，注意一户一图，应对应楼号、对应楼层、对应户型。如交付后委托开发商进行局部二次改造的部分，不应在此图中体现。例如，把阳台"偷面积"改造成书房或者小卧，在附户型图时，应附报建时设计为"阳台"的户型图。而改造后的户型图，应附在"委托装修协议"的附图中。

六、商品房共有部分授予专有使用权

建筑物区分所有权已经是公众熟知的概念。业主对专有部分享有所有权，对共有部分则享有共有和共同管理的权利。

而在实务中，理论上应属于全体业主共有、共同管理的某些共有部分（如室外庭院、露台、地下室等），常常被开发商出售或附赠给某个买受人，给予买受人专有使用权，但法律上仍属于共有部分。显然，这相当于把本属于其他业主的一部分权利给了买受人，这就要求"其他业主 + 买受人"都要确认，因此开发商往往要在商品房买卖合同中特别约定：

1.买受人知悉并同意：

1.1 为便于本项目商品房楼宇所涉特定区域的日常维护和管理，避免人为因素导致特定区域毁损，买受人不可撤销同意由与上述特定区域毗邻的相应单元业

主（下称相应业主）单独使用并负责维护与管理所在单元对应的特定区域，而不拥有所有权。

1.2 上述相应业主即为买受人的情况下，买受人知悉并同意，上述协议安排不构成出卖人的保证和义务，如因其他业主或第三方对相应业主的使用提出异议引发纠纷的，相应业主应自行处理并承担相应风险。买受人和相应业主承诺不以此款所涉事项向出卖人主张任何赔偿或补偿要求。

1.3 本条所称特定区域包括：

（1）底层庭院（室外花园）；

（2）地下室；

（3）露台。

具体须以房产开发企业实际构筑或划定的特定空间范围为准。

上述条款中既说明"取得专有使用权的买受人不拥有所有权，可能会引发其他业主的纠纷"，也说明"买受人作为其他业主有义务同意其他买受人的专有使用权"，因为合同的买受人往往是同时具备"其他业主＋买受人"两个身份。

七、无法批贷、为买受人承担阶段性担保时的解除条件及相关约定

一般商品房买卖合同政府示范文本中并没有对买受人在贷款时"无法批贷"或者怠于办理贷款手续和开发商替逾期还贷的买受人承担了阶段性担保时，约定相应的违约责任，更不用说赋予开发商单方解除合同的权利，但实践中这种情况却很常见，对开发商的保护是缺失的。因此从开发商的角度，需要在补充协议中专门约定下述条款：

一、若买受人采取银行按揭付款方式的，则买受人应在本合同签订后____日交齐按揭所需资料并与出卖人指定的按揭银行签订相关按揭借款文件。如买受人申请的是商业贷款，则买受人应保证出卖人在本合同签订后____日内收到全部剩余房款；如买受人申请的是公积金或公积金组合贷款，则买受人应保证出卖人在本合同签订后____日内收到全部剩余房款。买受人逾期支付的，则买受人应承担违约责任。

二、买受人保证其条件符合政府关于房屋贷款政策的规定，同时符合银行关于商品房按揭贷款的申请资格和申请条件。如由于下列原因造成银行批准发放的贷款额度不足本合同中双方约定的贷款额度或银行不批准贷款等原因致使出卖人无法在上款约定的期限内收到剩余房款的，差额部分买受人应自主合同及本补充

协议约定的最迟付款日起____日内向出卖人补足。

（1）因国家政策调整、买受人自身原因或银行政策调整，致使申请的按揭银行批准并发放的贷款额度不足本合同中双方约定的贷款额度。

（2）由于申请的按揭银行方面不受理买受人的按揭贷款申请或买受人自身方面原因导致申请的按揭银行不批准发放按揭贷款。

（3）在按揭贷款的抵押登记手续办妥前，若按揭贷款银行提前发放按揭款而后又因房产抵押登记手续问题而收回贷款的。

（4）若买受人在银行批准并最终发放按揭贷款前，因另行购买其他房屋等原因造成按揭贷款的申请资格和申请条件发生变化，导致银行不予批准按揭贷款或批准按揭贷款的额度不符合《商品房买卖合同》约定的。

（5）其他非出卖人原因造成的银行不予贷款或不足额贷款的情形。

买受人逾期补足的，自主合同及本补充协议约定的最迟付款之日起每逾期一日，按全部剩余房款的____‰向出卖人支付违约金。若买受人未在____日内补足或不同意补足差额部分，出卖人有权单方面解除合同，收回买受人购买的房产，同时买受人应按总房价款的____%向出卖人支付违约金，出卖人有权从买受人已经支付的购房款中直接扣除上述违约金及已发生的相关费用（包括但不限于代收并已向有关部门缴付的税费、合同备案登记注销费等）。在本合同登记备案注销手续生效后____日内，出卖人将买受人已付购房款余额（包括代收但尚未向有关部门缴付的税费）扣除应扣款项后不计利息退还买受人。

三、如买受人申请按揭贷款并由出卖人提供担保的，买受人承诺，如买受人未按照按揭贷款合同的约定偿还贷款本息及其他应付款项，致使贷款银行向出卖人要求承担担保责任的，则买受人应于____日内按贷款银行要求向贷款银行偿还欠款（若出卖人承担担保责任的，则买受人应在出卖人承担担保责任之日起5日内将出卖人代偿款项支付给出卖人，并自出卖人代偿款项之日起每日按代偿金额的____‰向出卖人支付利息）。买受人逾期支付的，出卖人有权与买受人解除本合同（协议），买受人应于收到出卖人书面通知后____日内与出卖人签订相关解除合同的手续并配合完成主合同登记备案的注销手续，买受人应赔偿出卖人因解除本合同（协议）而遭受的损失（包括但不限于本套商品房可能的市价跌价损失），出卖人还有权要求买受人按总房价款的____%向出卖人承担违约责任。合同解除后，出卖人有权在买受人已支付的房价款中扣除买受人上述应向出卖人支付的款项（包括但不限于违约金、出卖人因解除本合同遭受的损失、出卖人履行担保责任代替买受人偿还的贷款本息及其他应付款项），若有剩余，由出卖人无息返还给买受人，如买受人已支付的房价款不足偿付对出卖人的欠款，出卖人有权另行向买受人追索，买受人应于合同解除之日起____日内补足。

八、面积误差条款

1. 实务中的面积误差条款。

原《商品房买卖合同司法解释》（法释〔2003〕7号）第14条有交付面积与约定面积不符的处理规定：

出卖人交付使用的房屋套内建筑面积或者建筑面积与商品房买卖合同约定面积不符，合同有约定的，按照约定处理；合同没有约定或者约定不明确的，按照以下原则处理：

（一）面积误差比绝对值在3%以内（含3%），按照合同约定的价格据实结算，买受人请求解除合同的，不予支持；

（二）面积误差比绝对值超出3%，买受人请求解除合同、返还已付购房款及利息的，应予支持。买受人同意继续履行合同，房屋实际面积大于合同约定面积的，面积误差比在3%以内（含3%）部分的房价款由买受人按照约定的价格补足，面积误差比超出3%部分的房价款由出卖人承担，所有权归买受人；房屋实际面积小于合同约定面积的，面积误差比在3%以内（含3%）部分的房价款及利息由出卖人返还买受人，面积误差比超过3%部分的房价款由出卖人双倍返还买受人。

这一规定在现行《商品房买卖合同司法解释》中已经删除，但《商品房销售管理办法》中仍有类似条款，各地出台的商品房买卖合同示范文本也大多遵循原司法解释的该条规定。不过开发商是可以自行采取不一样的约定的，例如尽量避免约定买受人可以退房。

2. 现房别墅可以采取"排除面积补差、不允许解除"的约定。

别墅现房销售时，买受人已经可以看到房屋现状，而别墅的测量面积又不像一般商品房那样有必要"斤斤计较"。因此开发商可以在合同中直接约定总价款，在户型明确后约定不再有面积补差，买受人也不能以户型及面积误差为事由要求退房。

4.2 特殊房屋销售类合同

以下仅简要介绍一下特殊房屋销售类合同在起草审查上的特殊之处。对于没有提到的，仍然参考"一般商品房买卖合同"的要点。

4.2.1 经济适用房买卖合同

从合同文本的角度，经济适用房买卖合同与一般的商品房买卖合同没有什么区别，卖方仍然是开发商，只不过房子是根据政府部门的要求建成，销售给政府部门批准的买受人。这里仅说明一下合同的特殊之处：

一、宏观—合同主体

作为政策性住房，需要政府审核批准才能成为买受人。

二、宏观—合同标的

经济适用房买卖合同的标的不同于普通商品住宅（也就是不属于日常所说的"商品房"），办理不动产权证登记时，就会注明，其产权性质为"经济适用住房"，其土地使用权为"划拨用地"。达到上市交易条件时，需要向政府交纳"转商费用"取得完全产权，由经济适用房变为商品房之后才能转让、交易。

三、微观—合同条款

《经济适用住房管理办法》第 30 条有 5 年内不得直接上市交易、政府优先回购的规定，这些规定也应写在买卖合同中：

《经济适用住房管理办法》第 30 条

经济适用住房购房人拥有有限产权。

购买经济适用住房不满 5 年，不得直接上市交易，购房人因特殊原因确需转让经济适用住房的，由政府按照原价格并考虑折旧和物价水平等因素进行回购。

购买经济适用住房满 5 年，购房人上市转让经济适用住房的，应按照届时同地段普通商品住房与经济适用住房差价的一定比例向政府交纳土地收益等相关价款，具体交纳比例由市、县人民政府确定，政府可优先回购；购房人也可以按照政府所定的标准向政府交纳土地收益等相关价款后，取得完全产权。

上述规定应在经济适用住房购买合同中予以载明，并明确相关违约责任。

4.2.2 共有产权住房买卖合同

共有产权住房，是指政府提供政策支持，由建设单位开发建设，销售价格低于同地段、同品质商品住房价格水平，并限定使用和处分权利，实行政府与购房人按份共有产权的政策性商品住房。

> 相关模板：20021 北京市共有产权住房现房买卖合同（北京市 2022 版）

一、宏观—合同主体：三方主体

共有产权住房的买卖合同由三方主体构成，多了一个"丙方—代持机构"。所谓"代持机构"，是政府确定的代表政府集中持有本区共有产权住房政府产权份额的保障性住房专业运营管理企业。在共有产权住房买受人转让所购房屋产权份额时，代持机构有权优先回购并代持。

代持机构仅在办理房屋产权预告登记（共有）、产权登记（共有）、解除合同、回购房屋产权份额时，行使共有产权住房的共同买受人权利，履行共同买受人义务。而其他条款的权利义务还是由购房者（乙方）履行。

作为政策性住房，同样需要政府审核批准才能成为购房者（乙方）。

二、"宏观—合同标的"以及"中观—合同形式"

共有产权住房的产权性质还是商品房，其土地使用权应为"出让土地"并不是"划拨土地"。这就导致，如果要限制购房者转让，必须通过专门安排，不像经济适用住房那样因为产权证书本身就已经限制了它的转让。

限制购房者转让就是通过"代持机构共有份额＋特别约定"实现的。因此在共有住房买卖合同中，会有一个购房者签订的承诺书（如"共有产权住房使用承诺书"）或者购房者与代持机构共同签订的协议（如"共有产权住房使用协议"），限制购房者的转让、出租等处分行为。

4.2.3 产权式酒店销售下的合同

一、产权式酒店的主要特点

产权式酒店，就是将每间客房进行产权分割的酒店，每间酒店客户都能办理独立产权证，就像一套商品房一样，但整体又是作为一个酒店项目设计、开发的。

强调一下：必须整体运营，不允许单间客房自行运营（虽然有分别的产权）！正因如此，买受人就必须与酒店方深度绑定，这使得买受人要在签订一般商品房买卖合同的同时，签订一些特殊的协议。

二、产权式酒店销售下的四方法律关系

实务中，多数情况下，每一家酒店会是一个单独的酒店公司，持有这个酒店的资产，以这个公司名义对外经营酒店，这里称为"酒店方"。同时酒店方还经常会委托专门的酒店运营管理公司（这里称为"酒店管理方"）来运营。再加上开发商、买受人，就形成了图 4.2-1 中的四方关系。

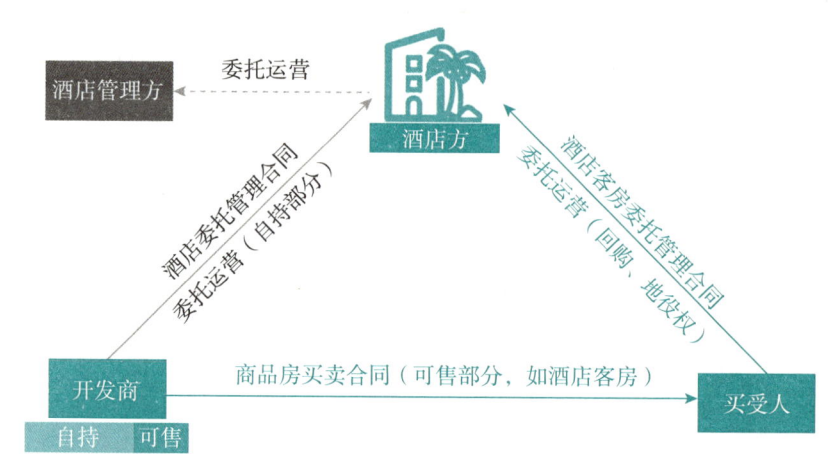

图 4.2-1　产权式酒店相关法律关系

上面这个四方关系中，开发商、酒店方、酒店管理方这三方（也可能没有酒店管理方）之间的合同与房屋销售合同没有必然联系，已经超出了本课程主题，这里不再详细说明。

三、买受人要签订的特殊协议

买受人购买产权式酒店时，除了签订正常的商品房买卖以外，还会签订以下协议：

1. 委托酒店方运营的协议。

协议不仅会要求买受人必须委托经营，而且对买受人转让房产有约束，例如，要求买受人对外转让产权时，出卖人有权优先回购；如果出卖人放弃优先回购权、买受人向第三方转让，那么买受人有义务要求第三方也签署协议，同意履行"回购+委托经营"的义务，否则即应承担较重的违约责任。总之，开发商通过如此约定，得以保证无论第几手的产权所有人都必须将该酒店客房交由其或指定酒店管理方统一管理。这是与一般商品房买卖合同最大的区别。

根据协议，买受人虽然享有产权式酒店客房的所有权，买受人的权利受到较大限制，只能有条件地处分所购买的单间客房，也不能擅自对房屋进行装饰装修。

2. 地役权设立协议。

为了保障酒店运营，买受人要同意在购买的房屋上设立用于酒店经营的地役权。

在实务中，上述协议可能由买受人与开发商签订（如果酒店方还没有设立的话；酒店方设立后再承接相关权利义务），也可能由买受人与酒店方签订（如果酒店方已经设立的话）。

4.2.4 车位销售类合同

简单地说，如果是有产权的车位，那么车位就是商品房的一种，使用一般商品房销售合同即可。

如果是没有产权的车位，那么一般是用"长期租赁"或"车位使用权转让"的方式替代出售。可以参考后文"使用权转让、以租代售下的合同"。

> 相关模板：16776 商品房车位使用权转让合同

4.3 特殊销售方式类合同

本节中销售的房屋，仍然是正常的商品房，只是在销售模式上有特殊，一般都是采取"一般商品房买卖合同＋专门协议"的方式处理。这里仅简要介绍一下起草审查上的特殊要点。对于没有提到的，仍然参考"一般商品房买卖合同"的要点。

另外，在第三单元介绍了"定制开发类合同"，这实际上也可以理解为一种特殊销售方式类合同，只不过是买方在开发阶段就介入了。——对此，请参考第三单元知识，这里不再分析。

4.3.1 房屋整售下的合同

房屋整售是指整栋或整层建筑（对应着多个产权）的整体、打包销售。这与团购（买多套房产）的不同在于：这么多套房产构成一个整体（如整个大厦）来购买，因此公有部分也全部属于买方所有了。

这在实务中都是通过"成套合同"来处理，即"针对每个产权的商品房买卖合同＋整体销售的专门协议"来处理。针对每个产权的商品房买卖合同类似于一般商品房买卖合同，整体销售的专门协议（下称整售协议）则就房屋整售进行特别的专门约定。起草审查上的特点是：

1. 宏观—合同主体：买受人一般是一个主体，特殊情况下也可能是多个主体。

在多个主体的情况下，因为整售协议涉及所有的买受人的权利义务，因此必须所有的买受人均作为整售协议的合同主体，或者专门书面确认接受部分买受人代表代为签署的整售协议中的权利义务。

2. 宏观—合同标的：往往会对共有部分的权利归属进行特别约定。

如大堂及屋顶层的房屋所有权、建筑物内的全部设备设施的所有权、该建筑物所占用、分摊土地的使用权，该建筑物相应的人民防空工程的使用权、该建筑物屋面命名权及使用权等。

3. 中观—合同形式及微观—合同条款：注意成套合同的协同。

《合同起草审查指南：三观四步法》"中观—合同形式篇"中"成套合同"的起草审查要点提到，既然是多份协议构成的整体，就必须考虑多份协议文本之间的协同问题。这包括：

（1）明确整售协议与单个商品房买卖合同不一致的，应以整售协议为准。

（2）在买受人只有一个主体的情况下，整售协议与所有单个商品房买卖合同同时生效、同时解除。

（3）在买受人有多个主体的情况下，如部分单个商品房买卖合同解除，并不会导致所有单个商品房买卖合同解除，但是开发商一般是因为整售才给予优惠房价、优惠政策，因此需要在整售协议中约定部分商品房买卖合同解除时，剩余继续履行的商品房买卖合同的价格要调整。如果没有约定，就会产生争议。

> 相关模板：19119 房屋整售合同

4.3.2　房产定制销售 / 租赁下的合同

（这种情况下，销售与租赁相通，因此一并讨论）

房产定制，顾名思义就是：在房子建好之前，开发商与定制方就签好合同，让定制方得到自己想要的房子。如果要得到产权，就是定制销售，如果要得到使用权，那就是定制租赁。

"让定制方得到自己想要的房子"，第三单元中的"定制开发类合同"也是这个目的。不过"定制开发类合同"是深度的、大型的定制开发，例如，定制一个"红星美凯龙家居市场"这样的大型商业体，定制方要投入大量资金，深度介入开发。

"让定制方得到自己想要的房子"还有一些小额的场景，作为本单元"房地产销售阶段的合同"更为合适。例如：

1. 别墅定制销售下的合同。

这种情况下，装饰装修的标准乃至入户花园、车库、户型的设计，都可以按照别墅买受人的特殊需求。

如果还不具备签订预售合同的条件，那么开发商与别墅买受人可以签订一份"房屋（别墅）定制销售预约协议"。相较于一般的房屋认购书，违约责任要更强一些。

如果已经具备签订预售合同的条件，那么开发商与别墅买受人可以在签订一般的预售合同之外，另外签订"房屋（别墅）定制补充协议"。

上述协议都会通过附件（如"建筑设计、装修交付标准"）说明具体定制需求，协议中明确约定违约责任。

> 相关模板：20554 房屋（别墅）定制合同

2. 普通住宅定制销售下的合同。

房地产开发行业中所说的定制销售一般并不包括这种。买受人并不参与房屋报规报建、建筑及户型设计的过程，只是给买受人菜单式装修标准选择。

这种情况下，其实就是使用一般的商品房买卖合同，通过附件"装饰装修及相关设备标准"明确房产交付的要求即可。

3. 房屋定制租赁合同。

其实就是房屋租赁预约合同，同时在合同中约定将来交付的房屋的建筑、装修要求，约定违约责任，承租方先期支付一部分定金或预付款。

4.3.3 房屋团购下的合同

实务中的房屋团购合同可能实际对应多种场景。下面简要介绍几种：

一、一个主体团购住房

此时应由买受人与开发商签订一份关于团购的预约合同，在符合签订正式销售合同或预售合同的条件时，再签署一系列的单个商品房买卖合同（买受人为同一主体）。

二、多个主体团购住房，以单位为其员工团购住房为典型

此时应该由单位作为买受人与开发商签订一份关于团购的预约合同，在符合签订正式销售合同或预售合同的条件时，再签署一系列的单个商品房买卖合同（买受人为单位指定的一系列个人）。

三、中间方为客户团购住房

此时存在开发商、中间方（某个公司）、买受人三方，三方大致的合同关系是：买受人与开发商之间为商品房买卖合同关系；开发商与中间方之间为服务合同关系（开发商委托中间方提供推广服务）或者是房产销售委托代理合同关系（开发商委托中间方提供代理销售服务）；买受人与中间方之间是团购服务合同关系。

对于后面两类合同关系，如果是房产销售委托代理合同，可以参照后文"房地产销售代理合同"进行起草审查，如果是服务合同，则可参考一般的服务（包括中介服务）合同进行起草审查，合同文本也不会很复杂。这里仅提示一下在房屋团购模式下特有的风险。

1. 团购服务合同：团购费的收取存在违规，买受人有可能主张退还。

《商品房销售管理办法》第 28 条规定，"受托房地产中介服务机构在代理销售商品房时不得收取佣金以外的其他费用。"某些省、市也规定了地方部门规章或规范性文件层级的法律文件，明确规定不得收取"其他任何形式的费用"加价出售商品住房，不得在双方签订的"商品房买卖合同（预售）"所约定的价格之外再收取买受人团购费或咨询费，更不能在房屋备案销售价格之外另行收取团购咨询费，开发商与电商平台销售代理合作应支付的佣金，不能转嫁到购房者身上。[1]

在这种背景下，法院有可能认为：团购费违规不能收取，应予退还（甚至要求开发商与中间方对退还负连带责任）[2]；商品房买卖合同解除时，团购费应予退还[3]。当然，也有不支持退还团购费的判例，特别是在商品房买卖合同未解除的情况下[4]。总之，这种团购费还是存在一定法律风险的。

因此，从中间方的角度，团购服务合同应尽量体现为"中介合同"，约定中介服务费以及支出的必要费用（不使用"团购费"的表述），并约定提供了房源信息，而不能仅体现为是提供房价优惠政策。这样有利于认为是中介合同关系，从而驳回买受人退费的请求。

2. 开发商与中间方签订的合同。

最好按照一般的房产销售代理合同约定支付代理销售佣金，不要把代理销售佣金转嫁到买受人身上，实践中，开发商为中间方收取团购费提供了便利及配合，极有可能使买受人相信此与开发商有关联，开发商可能会产生连带偿还的责任。

---

[1] 例如 2018 年 12 月 5 日江西省住房和城乡建设厅发布的《关于进一步规范商品住房销售行为的通知》规定："房地产开发企业实行商品房代理销售的，应当委托具有企业法人资格、按规定办理备案的房地产经纪机构代理，代理费用按'谁委托谁支付'原则执行，不得将代理费用转嫁给购房人。不得委托个人或者没有经过备案的机构进行销售代理；不得采取通过'电商'、'服务商'、'科技公司'等第三方，收取'团购费'、'会员费'、'信息咨询费'、'茶水费'等加价出售商品住房……"
[2] 潘某等买受人与九江瑞鼎地产经纪咨询有限公司、九江京马置业有限公司商品房预售合同纠纷案，江西省九江市柴桑区人民法院（原江西省九江县人民法院）（2021）赣 0404 民初 1167 号等。
[3] 逯春萍、荣天（廊坊）房地产经纪有限公司商品房销售合同纠纷案，河北省廊坊市中级人民法院（2020）冀 10 民终 517 号。
[4] 黄杜全、伍月珍与广州杰桑房地产顾问有限公司、肇庆亨昌实业投资有限公司房屋买卖合同纠纷案，广东省肇庆市中级人民法院（2020）粤 12 民终 1072 号。

假使为了市场推广效果等考虑，开发商不得已要与中间方如此合作，也应在合同中约定中间方的"团购费"返还责任，如其不返还，即可从其交纳保证金里相应抵扣。

4.3.4 售后返租、售后包租下的合同

售后返租、售后包租是商业、产业地产开发商常用的一种开发经营模式或者叫营销模式，由开发商整体运营并承诺向投资者固定每月返还一定比例的租金，返租年限多为3年至10年。

如果采取售后返租、售后包租模式，就需要签订租赁协议或者资产委托管理协议（也可能叫"委托经营协议"）。租赁协议是买受人出租房屋收取租金，后者是买受人将房屋委托经营管理，约定收益。租赁协议的承租方和资产委托管理协议的受托方，可能是出卖人，但多数是出卖人的关联公司。

对期房的售后返租、售后包租模式是违规的。《商品房销售管理办法》第11条规定："房地产开发商不得采取售后包租或者变相售后包租的方式销售未竣工商品房"（没有明文禁止现房销售售后返租、售后包租）[1]。那么售后返租、售后包租下的租赁协议、资产委托管理协议效力如何？一般认为，住房城乡建设部所发布的《商品房销售管理办法》只是部门规章，不足以导致合同无效。

随着商业和产业动荡和萧条，这种营销模式逐渐暴雷，开发商采用第三方经营管理公司与买受人签署"租赁协议"或者"委托租赁、经营协议"，实际上是以"返还租金"来吸引投资者购买商铺房屋的行为，经过一段时间后，并没有持续向买受人返还租金，导致买受人主张退房，或者向出卖人主张租金损失，出卖人利用空壳的"第三方经营管理公司"承诺向买受人返还租金，试图摆脱"不返租"的风险，但由于在广告营销时，宣传"售后返租"承诺，"第三方经营管理公司"被认为与出卖人有关联，出卖人也会陷入"退房风波"。再者，根据《最高人民法院关于审理非法集资刑事案件具体应用法律若干问题的解释》第2条之规定，不具有房产销售的真实内容或者不以房产销售为主要目的，以返本销售、售后包租、约定回购、销售房产份额等方式非法吸收资金的，符合本解释第1条第1款规定

---

[1] 住房城乡建设部2010年发布的《关于进一步加强房地产市场监管完善商品住房预售制度有关问题的通知》第1条也有类似要求。

的条件的，应当依照《刑法》第 176 条的规定，以非法吸收公众存款罪定罪处罚，开发商还有构成犯罪的风险。

因此对于开发商而言，这类租赁协议或者资产委托管理协议的起草审查主要不是"微观—合同条款"层面的问题（与正常的租赁合同、资产委托管理协议类似），主要是"宏观—交易结构"上是否可行、风险大不大的问题。

相关模板：16990 房产委托经营管理合同

4.3.5 以房抵债（"工抵房"）下的合同

以房抵债在商品房一手买卖中时有发生，从商品房销售的角度，也是一种特殊的销售方式，因为房款的来源不同于常规。其中最常见的情形就是"工抵房"，也就是工程款抵房款，当然也可以理解为用购房款来抵工程款。工程款抵房款，跟其他欠款抵房款没有什么区别（除了后面提到的"优先受偿权问题"），因此我们这里一并讨论各种用开发商开发中的一手房来抵各种债务的合同。

一、整体框架："五种角色"

1. 五方角色。

开发商：本节中，特指提供可抵债房屋的主体。

债权人：有债权（应收款项）可用于抵购房款的一方。如施工单位。

债务人：可能是开发商、也可能是开发商的关联公司。

买受人：就抵债房屋签署购房合同并备案的主体，可能已经确定，也可能尚未确定需要后续指定。

上游债权人：债权人的债权人，债权人要在以房抵债中清偿对上游债权人的债务。

注意，同一个主体可能同时是两种角色，例如开发商就是债务人，债权人就是买受人，上游债权人也可能就是买受人。

这五方角色彼此间签订多个合同，达到以房抵债的目的。

2. 基本模式与衍生模式。

本课程把"开发商即为债务人，买受人已经确定，无上游债权人"的典型三方模式作为基本模式，说明基本模式下的合同处理。

然后再介绍其他衍生模式下合同的不同之处。

二、基本模式

"开发商即为债务人,买受人已经确定"下,合同大致如下处理:

1. 以房抵债协议:这算是以房抵债这个复杂交易结构下的主交易合同。

开发商(债务人)与债权人之间签署"以房抵债合同"。用以解决债务人(开发商)与债权人之间关于债务抵偿的问题,约定由债权人未来指定买受人,债务人(开发商)与买受人办理抵债房屋的买卖手续,债务人(开发商)应偿还给债权人的欠款同时转变为购房款,不足的部分由买受人补充。

此时形成了两个相对独立的合同关系,一是"以房抵债合同"是按照债权人与债务人的意愿对原债务进行清理的约定;二是债务人(开发商)与买受人的商品房买卖合同独立于原债权债务关系存在,对于双方的权利义务关系依据商品房买卖合同的约定,比如关于房屋质量、逾期付款、逾期交房、解除合同退还房款等约定,就不再适用"以房抵债合同"的约定。

关于工程款抵房协议的特殊约定,注意约定签订以房抵债合同目的是以折价方式实现建设工程优先受偿权,具体可以参考 306 优先受偿权及起草审查问题"协议折价"与"以房抵债协议"中的优先受偿权问题。

2. 债务结算协议:开发商(债务人)与债权人之间签署的对原债权债务关系的清理协议,对原债务的金额及清偿方式、是否清偿予以确认。

如果债权人是施工单位,那么这就是工程价款结算协议。

3. 购房合同及配套协议。

买受人与开发商(债务人)签订正常的商品房买卖合同。

配套协议:与购房合同同时签订买受人、开发商、债权人的三方协议,用以补充说明购房款与债务的抵偿、购房合同的独立履行。

4. 债权人与买受人之间的协议:

通常买受人可能是债权人的法定代表人或其亲属、朋友、也可能是市场上的普通购房者,还可能是债权人的债权人,双方相应配套签署房屋代持协议、抵账房转让合同、抵账房转让抵债合同,来处理债权人与买受人的关系。

如买受人与开发商(债务人)解除购房合同,开发商(债务人)向买受人返还购房款而不是向债权人支付欠款,这时就需要在债权人与买受人签署的协议中约定"买受人收到这笔退款后的处理方式",是返还给债权人还是抵账。

三、对抵债类合同处理的处理技巧

所谓抵债，无非就是：用 A 合同下的债权（应收款），与 B 合同下的债务（应付款）相抵销。再延伸到三方、四方、更多的债权债务彼此抵销。

不难看出，抵债一定是基于基础交易合同（就是上述 A 合同、B 合同）。律师在处理合同时，要这样去解构：

- 基础交易合同

按正常的基础交易合同去起草审查。如施工合同、买卖合同、服务合同。

- 对于已经履行的基础交易合同，考虑配备结算类协议

用于确定基础交易合同项下的债权债务金额。一旦签订结算类协议，基本上就等于取代了基础交易合同。

- 在此基础上，再配备抵债类合同

先说明两个基础交易合同（或者对应的结算类协议）的债权、债务，再说明抵销安排。

律师不要将上面这几类协议混在一起，三类文件"各管一摊"。

四、衍生模式之一：买受人未确定

在买受人尚未确定需要后续再行指定的情形下，则无法同时签署购房合同，需要配套指定买受人确认书，指令开发商（债务人）根据该确认书，与该买受人签订购房合同。

债务人或开发商后面可能拒绝签订购房合同，为此债权人可以约定较重的违约责任。

五、衍生模式之一：开发商非债务人的四方模式

债务人可能让债权人在几个开发项目（非债务人开发项目）中选择抵账房屋；在地产金服频频暴雷的情况下，债务人也可能是互联网金融平台（债权人是大众投资者），那么债务人与"提供抵账房源的开发商"并非同一主体。

这就衍生出债务人、开发商、债权人、买受人四方模式。

与基础模式相比，主交易合同、购房合同补充协议则需要债务人、开发商、债权人、买受人四方签署，或者债务人、开发商、债权人三方签署（假设买受人尚不确定）。同时因为多出来一层债务人与开发商的关系，是抵债还是转让需要另

行签署其他配套协议；也可能债务人与开发商就是同一个集团内的子公司，协议可以随时补办。

六、衍生模式之一：增加上游债权人

此时，需要在上述模式之上，增加上游债权人与债权人之间的协议，或者是上游债权人、债权人、买受人（如果买受人已经确定的话）的三方协议。

七、特殊模式

在承包人垫资施工的情况下，债务人（开发商）也可能通过以房抵债的方式来抵销垫资款/工程欠款。与一般的以房抵债情形不太一样的是，这种情况下，尚未进行最终结算，那么抵账房价款，对应一定节点的工程进度款，需要以此修订原施工合同付款方式，同时在签订商品房买卖合同时一定会搭配结算协议来使用。

相关模板：20977 工程款抵房款的补充协议（承包方承诺购房）

八、以房抵债合同中的其他一些要点

1. 开票问题。

律师处理抵债类合同时，可以将抵债理解为一种付款方式。抵债类合同肯定是配合基础交易合同（如施工合同、采购合同、商品房买卖合同）的补充协议，抵债并没有改变基础交易合同的法律关系，没有改变开发票的主体。

例如，债权人指定开发商（债务人）与买受人签署购房合同之后，视为已经收到抵账款，债权人应向开发商（债务人）开具相应合法发票；买受人与开发商（债务人）签署购房合同之后，视为买受人已经交齐抵账金额同等的房款，开发商（债务人）应向买受人开具购房发票。

2. 参考"和解类文件"的起草审查。

工抵房协议也是《合同起草审查指南：三观四步法》"中观—合同形式篇"中"和解类文件"的一种，可以参考其起草审查要点，包括从债权人的角度，要明确开发商未按工抵房协议处理时，仍有权按原债权金额主张债权。

3. 参考"工程价款结算协议"的起草审查。

工抵房协议从开发商销售房产的角度，可以理解为是"特殊销售方式"，但其中必然涉及工程价款的结算，因此要参考"结算协议"的起草审查，可参考《合同起草审查指南：建设工程合同卷》中工程价款结算协议的相关知识，例如，明确

是"大结算"还是"小结算";如属于"行使优先受偿权",应予明确。

📚 相关模板:20978 工程抵付购房款两方及三方合同
📚 相关模板:21001 确认行使建设工程价款优先受偿权的协议

4.3.6 使用权转让、以租代售下的合同

正常的商品房买卖,就是正常的产权转让,受让方取得房产证。如果正常的产权转让有障碍,就会采取长期使用权(超过 20 年)转让、以租代售的形式,这里简要介绍一下。

一、宏观—合同标的:实务中产权转让有障碍的情形

1. 因土地性质限制无法办理像一般商品房的产权证。

例如,利用集体建设用地开发的项目(俗称的"小产权房")、利用工业用地开发的住宅、公寓等项目。也包括车位、地下储藏室之类不能单独办理产权证的"非正规房产"。

2. 因分割销售导致不能办理产权证。

例如,实务中的"虚拟产权式商铺",是将具有产权的一个正常房屋"化整为零"来销售。有的是概念分割形态,"该种商铺不划分四至区域,只是进行面积概念上的虚拟分割",有的进行物理分割形态,"此种商铺虽也是开放式空间,却以透明玻璃、模板等实体分隔物隔开或者虽没有间隔但采取点式地标来确定四至"。[1]这些"零散商铺"都不能取得房产登记证书,但整个房屋是有产权的。

实务中还有酒店客房、机械车位的类似分割销售。

3. 土地出让条件或规划限制出售。

例如,政府出让土地时要求开发商配建的配套设施,或者一定比例的自持物业,并要求自持满一定年限。

4. 物业性质不允许销售。

例如,结建人防工程(常见如人防车位或商铺),或者引入社会力量参与保护利用的历史文物建筑。

5. 物业因建设审批手续不全无法办理不动产权证。

---

[1] 陈晓雷:《统一经营模式下的产权式商铺的法律问题》,载《黑龙江省政法管理干部学院学报》2007 年第 5 期。

例如，开发商"五证不全"违章建设，或未经验收或验收不合格的项目。

二、宏观—交易结构：存在违法风险，需权衡风险收益后决定是否交易

1. 禁止买卖、出租的违规建筑，合同可能无效，中途可能无法履行。

例如，体现为各种使用权转让、合作建房之类协议的小产权房买卖，还有缺乏规划许可的违规建筑。

合同履行中，违规建筑可能被查封、被拆除。如果转让方（出租方）毁约，受让方（承租方）也难以通过法律渠道取得有效救济（虽然适当的退款应该得到支持）。

2. 其他情形下，超过 20 年的使用权转让不一定能有法律保障。

如果明确说明是租赁合同，那么肯定超过 20 年的部分是无效的。

如果名为"使用权转让合同"，法院仍有可能认为"实为租赁"，仍然可能认定超过 20 年的部分无效。

因此到 20 年后，如果转让方（出租方）反悔，法律上有可能不会支持受让方（承租方）继续履行。不过，实务中也有认为"使用权转让不等于租赁，应属有效"的判例。

但正如违法、无效的小产权房买卖仍然有人参与一样，这类交易需要当事人权衡风险收益来决定是否进行。

三、微观—合同条款：受让方（承租方）的风险防范

这包括：

1. 转让方中途解约的较强违约责任。

2. 因为查封、拆除等原因导致不能履行时的退款说明。

一般是根据实际使用的年限，适当折算退款。

3. 拆迁安置补偿归属于受让方。

4. 能够办理产权登记时，转让方必须配合办理。

5. 分笔付款。

4.3.7 让与担保式房产买卖下的合同

《合同起草审查指南：三观四步法》"宏观—交易结构篇"中有各类担保措施的介绍，其中包括让与担保。该书中关于让与担保的模式、效力等也适用于以房产作为让与担保的标的。

> 相关课程：《三观四步法》交易结构设计（一）：担保措施

房产让与担保可以简单分为两类：债权人取得产权的模式和债权人不取得产权的模式。

1. 对债权人来说，债权人不取得产权的模式效力有限。

这种情况下，双方一般只做网签备案，最多也就是办理了预告登记，不可能把房产真的过户到债权人名下。按照双方的合同约定（一般情况下）：等债务清偿了之后，就做网签备案的撤销手续；如果债务不能得到清偿，债权人应要求按房屋买卖合同得到房产。但是因为债权人还没有真正取得房屋产权，对债权人来说风险还是很大：

（1）房产有可能烂尾，导致债权人得不到有价值的房产。

（2）开发商的其他债权人申请强制执行时，债权人很可能丧失优先受偿的权利。

（3）债务不能得到清偿时，债权人要求按房屋买卖合同得到房产时，有可能不被支持，只能支持归还欠款。因为法院有理由认为双方"名为买卖，实为借贷"[1]。

2. 债权人取得产权的模式具有不低于房产抵押的担保物权效力[2]。

开发商手中还有没有出售、没有变现的房产时，可能通过"房产买卖+回购"（也可能是"房产买卖+回租"）去融资。此时债权人作为买受人实际取得房屋产权证，将来开发商再回购，这会产生两次买卖的税费成本。

> 相关模板：19223 房屋让与担保合同

4.3.8 附选择权、转售权的房产销售下的合同

实务中有下列情形：

1. 买受人支付一笔认购款，约定在符合条件时，有权转为正式的商品房买卖，也有权解除认购，要求开发商退还认购款并支付约定利息。

2. 买受人支付部分购房款，并办理网签、备案，但在正式办理产权登记前，

---

[1] 可参考《民间借贷司法解释》（2020年修订）第23条以及《九民纪要》第45条。
[2] 《民法典担保制度司法解释》第68条。

仍有权解除买房合同并要求退还购房款,并要求支付约定利息。

3. 用员工名义、以员工集资或者扣发员工的工资、奖金来买房,并办理网签、备案手续,但并不实际买卖、交付,允许员工以办理商品房买卖合同更名的方式转售,如员工没转售出去也不想真的购买,在一定期限内可以解除合同,公司退还本金和一定收益(如有)。这样做是一种融资、营销和业绩的需求,同时也可能给员工一个赚钱的机会(房价上涨而且能转售出去的话)。

注意在上述第 1、2 种情况下,都有可能涉嫌"非法吸收公众存款罪"(尤其是第 1 种),如果有该风险则不应进行。

除此之外,其实这些模式从合同的角度也都不复杂,无非是双方签订一份专门的协议,把买受人解除合同并要求退款支付利息、转售他人的权利约定清楚。上面第 3 种用员工名义买房的情况下,双方常常没有专门的协议,而是按公司统一的政策处理,或者只是口头说好。

> 相关模板:20508 商品房售后回购合同

4.3.9 "卖方信贷支持"房产销售下的合同

为进一步减轻买受人支付首付款的压力,出卖人还可能提供"卖方信贷支持",达到类似于"零首付购房"的效果。例如:

1. 出卖人为买受人提供"首付贷"或"首付分期",其无非就是出卖人提供一个第三方为买受人提供购房首付款借款,买受人分期偿还,双方签署《借款协议》。

2. 开发商贴息贷款以促进销售,开发商通过商业银行向买受人提供委托贷款,买受人向开发商还本付息(开发商补贴一定比例或一定时间的利息)。

注意这种做法是违反了金融管理法规,不建议采取,只是说实务中存在这种模式。

4.3.10 归纳:专门协议 + 正常商品房买卖合同

特殊销售方式类合同不仅限于上面这些类型,"买卖 + 租赁"的售后返租等也可以理解为是特殊的销售模式,而且可能根据实际交易的需要不断有新的做法。但从上面的分析中也不难看出,其实律师在处理这类交易时,大体都可以采取"专门协议 + 正常商品房买卖合同"的做法。

其中的正常商品房买卖合同用于网签备案，而专门协议可能是在商品房买卖合同之前签订的预约性质的合同，也可能是与商品房买卖合同同时签订的配套协议。无论是哪一种，都需要考虑专门协议与商品房买卖合同之间的协调问题：明确有冲突时，以哪份协议为准；明确提前解除时的善后处理，一般商品房买卖合同需要一并解除；预约性质的合同要明确违约责任。

4.4 房地产销售委托代理类合同

房地产销售委托代理是指开发商委托代理方提供房产销售策划、推广、中介服务，向代理方支付佣金。在实务中，可以细分为这几种模式：

（1）房地产全案销售委托代理合同：对应"全案代理模式"。

代理方负责项目规划、营销定位到清盘的整个营销过程，由代理方组建、培训销售团队并入驻房地产售楼处（以下简称"驻场"）提供服务。

（2）渠道销售委托代理合同：对应"渠道代理模式"。

代理方调动分公司、房产中介门店、老客户等资源，将潜在意向客户引流到房地产售楼处。开发商一般会同时委托多家代理方，代理方一般不驻场。

（3）房地产包销合同：对应"包销模式"，包销方要负责将未销售出去的房屋按约定包销价格自行买入。

这是一种特殊的房地产销售代理合同，也可以认为不属于房地产销售代理合同。因为与上面这些委托代理销售一样，都是房地产销售环节的一种常见模式，因此这里一并介绍。

4.4.1 房地产全案销售委托代理合同

（合同类型简称：全案代理合同；合同主体简称：开发商、代理方）

总体来说，全案代理合同无非也是一种委托服务合同，在法律上并没有太多特殊之处，在宏观上的要点很少，主要是"微观—合同条款"层面的问题。这里主要介绍全案代理合同相较于一般的委托服务合同的特殊起草审查要点，其他方面请参考《合同起草审查指南：常用合同卷》"服务类合同"的起草审查要点。

下面这些要点主要是从开发商的角度考虑。

一、宏观—合同主体：代理方必须是具备房地产经纪资质

《商品房销售管理办法》第 25 条规定："房地产开发企业委托中介服务机构

销售商品房的，受托机构应当是依法设立并取得工商营业执照的房地产中介服务机构。"

因此，开发商一方在审查房地产销售委托代理类合同时，需要审查代理方资质。但这一资质问题不会影响合同效力，实务中在渠道代理和包销模式下，一般不太强求资质了。

二、微观—合同条款

1. 购房客户归属条款。

多个房地产销售代理机构并存的情况下，在所有的销售代理合同条款中，统一加入一条"购房客户的归属条款"，以明确购房客户归属于哪个代理机构。

2. 营销费用负担条款。

营销费用包括：代理方产生的广告费用、人员成本、管理成本、物料成本的负担；"驻场"费用（水电费等办公成本、人员食宿成本等）的负担。

一般约定由开发商承担，并约定费用支出的流程、报销标准等。

3. 成交定义条款。

例如这样约定：

一次性支付购房全款模式时，买房人实际支付全款视为"成交"；

分期付款模式时，买房人实际支付第一期购房款视为"成交"；

按揭贷款支付时，买房人支付首付款并提交完整的、符合银行要求的贷款材料，视为"成交"。

这些定义是可以协商调整的，例如按揭贷款支付时可以改为：买房人支付首付款并取得银行的批贷函视为"成交"。这对开发商更有利。

4. 佣金结算条款。

"成交"不代表全额按合同佣金比例结算代理佣金，因为在分期付款和贷款的情况下，"成交"并没有支付全部购房款，而佣金的结算与"到款额"直接挂钩。也就是说，"成交"代表着销售代理机构有获取佣金的资格了，而佣金结算的多少，与成交后的"到款额"成正比。佣金结算条款通常约定，本月结算上月"到款额"对应的佣金。

5. 解除合同扣佣条款。

有"成交"就有"退房"，在合同解除时，结合不同的合同解除原因，以及是否将购房客户的定金或者违约金没收为区别，区分不同情况，销售代理机构相应向开发商进行"退佣"或者"扣佣"。"退佣"发生佣金已经支付，但在本月及以后没有佣金结算时；"扣佣"指佣金已经支付，退回的佣金可在当月结算佣金时抵扣。

扣佣条款，也可能有时效约定，如约定：销售代理期已经到期满一段时间之后发生退佣事宜时，开发商不得再要求退佣或扣佣。

6. 销售指标条款。

全案销售代理，对代理方的销售指标要求很重要。销售指标的达成率作为代理佣金支付的重要指标，合同中应有明确的、有激励机制的销售指标条款（配套销售期限条款），按照销售指标的达成率，设定代理佣金的支付比例、支付时间。也可以设置跳点的销售指标，达成率越高，代理佣金计提比例越高，以激励销售代理机构努力完成较高的销售指标。

销售指标只是与"成交率"这个定义相挂钩，销售效果是否好，还同时与"回款率"相挂钩，可以考虑增加这个约定，由销售代理机构负责向购房客户催款，"回款率"作为销售指标的一部分。

7. 广告策划推广条款。

全案销售代理也负责全案广告推广策划，因此也要相应约定相应要求，例如，原创未侵犯第三方知识产权条款，房地产广告符合《广告法》及《房地产广告发布规定》等。

8. 排他竞争条款。

销售指标达成的效果如何，与销售代理机构是否勤勉与尽职息息相关。如项目周边同期有竞品，那么销售代理机构的策划推广思路、销售代理机构的忠诚度则十分重要，可能直接决定项目的成败。例如，项目与竞品之间策划推广思路相似、抄袭或者不及竞品，销售代理机构私下将购房客户引导至竞品项目成交，这都是销售代理实务中的禁忌。

因此，开发商有必要在合同中约定排他竞争条款，例如"在项目周边五公里范围内，乙方不再与其他项目形成销售代理关系，乙方用于本项目的策划推广创意，不得再用于其他项目。乙方及乙方销售人员不能向购房客户推荐、带看其他项目，或者通过比较项目优劣引导购房客户与其他项目成交。"（乙方指代理方）并相应配套保证金、违约责任、解除条件等约定。

9. 不放弃项目条款。

全案销售代理最早从项目定位阶段就介入，项目整体营销风格、营销策划都是与全案销售代理机构共同制定，有项目自己的风格和特点，如果轻易更换，可能会影响整个项目的销售。因此合同会约定：除非开发商单方解除合同，或者开发商有严重拖欠佣金等严重违约外，销售代理机构不能随意解除合同，也不能采取懈怠、消极做法。

10. 代理行为条款。

销售代理既然叫代理，被代理方（开发商）就要承担代理方的销售人员的行为后果。销售人员的不当承诺、过度承诺以及欺诈行为，都会导致开发商向买房人承担责任。因此合同中会约定：代理方需要对其销售人员进行培训和考核，拟定并使用经开发商审定统一的销售说词，使用开发商审定统一的商品房买卖合同文本，任何房款都由开发商统一收取开票；如销售人员有夸大项目事实，违规过度承诺，或者违规收款的，代理方应赔偿违约金及被代理方损失。

11. 从代理方的角度，考虑合同提前解除相关约定。

全案代理下，代理方会要投入较多资源进行宣传、推广，如果开发商提前解除，代理方损失会较大。《民法典》第933条继续保留了委托合同的任意解除权，同时修改为"有偿委托合同的解除方应当赔偿对方的直接损失和可以获得的利益。"即使如此，实务中"可得利益"究竟如何计算？仍然存在争议。

因此从代理方的角度，如果前期投入较多，担心开发商"过河拆桥"、中途解除，就需要约定开发商解除的情况下应如何赔偿代理方损失。

4.4.2　渠道销售代理合同的"微观—合同条款"

渠道销售委托代理合同（以下简称"渠道代理合同"）相较于全案销售委托代理合同会简单一些，主要是在"微观—合同条款"层面有些特殊，其他方面请参考全案销售委托代理合同。同时，这两种合同都属于委托服务合同，请同时参考《合同起草审查指南：常用合同卷》"服务类合同"的起草审查要点。

1. 营销费用负担条款。

渠道代理方一般不安排人员"驻场"，不全面负责销售、策划，因此一般是由代理方自行承担全部营销费用。

2. 不拦截客户条款。

这可以与全案代理下的排他竞争条款与不放弃项目条款比较。渠道代理方一般为多家开发商提供渠道服务，可以选择将客户推介给其代理的任何项目，因此合同中一般不会约定排他竞争条款与不放弃项目条款,但会约定"禁止拦截客户",避免"本就是看到了房地产广告而来的购房客户,被渠道代理方拦截,成为渠道代理方的客户,代理方取得佣金"的不合理情形。

3. 代理行为条款。

与全案代理不同,渠道代理只是将意向购房客户带至售楼案场做客户信息登记,由案场的开发商销售人员或者全案代理方的驻场销售人员做接待,介绍项目并组织签约等。因此渠道代理合同的代理行为条款会简单一些,但仍然会有。

4.4.3 房地产包销合同的特殊起草审查要点

(合同类型简称:包销合同;合同主体简称:开发商、包销方)

注意这里的包销合同不包括第三单元中的"项目转让型联建合同"。这里的包销合同适用于"房子已经基本建成,包销方基本不介入开发",而后者相当于"房地产项目转让,包销方深度定制开发或者自行负责开发"。

这里也主要是说明房地产包销合同与全案销售委托代理合同的不同之处,其他方面则可参照全案销售委托代理合同的起草审查要点。

▶ 相关模板:20472 房地产项目包销合同(非预付购房款)

1. 宏观——合同类型。

(1)包销合同 = 独家全案销售代理合同 + 附条件商品房买卖合同。

通常的包销模式,其实就是在独家全案代理的基础上,要求代理方必须把没有销售出去的房子按约定价格买下来。因此可以理解为一个组合式的法律关系。

▶ 相关课程:《三观四步法》交易结构设计(三):两种模式

(2)包销模式合法有效。

《商品房买卖合同司法解释》第 16 条也认可了这种模式。

2. 中观——合同形式:一套房屋价款就已经不低,而包销合同意味着"非常多套房屋的总价款"的利益分配,利益巨大,因此合同相对较为复杂,内容详细。

3. 微观——合同条款:包销基价与包销佣金。

实务中常见的包销模式是:

(1)约定一个包销基价。

包销基价可以约定一房一价,也就是一套房屋对应一套包销基价;也可以约定按建筑面积计价(如每平方米 1 万元),根据当地政府部门测绘的面积计算每套房屋的包销总基价。

（2）包销方自行定价对外销售，高于包销基价的差额部分（一般还要扣除该部分对应税费）作为包销佣金。

（3）包销期届满未销售出的房屋，由包销人按包销基价购买。

可见，双方是以包销基价为核心，同时约定了计算包销方佣金的方式。对于开发商来说，包销模式实际上就是保证了能够按照包销基价将包销范围内的全部房屋销售出去。

4. 微观—合同条款：包销范围。

非常重要，至少应约定房屋套数、总建筑面积、包销房屋房号、分户面积及分户平面图（可做附件）。

如果是预售房屋，应约定如预测面积与实际测定的面积有差异的，以实际测定面积为准。

对于包销范围以外的房屋，开发商仍可以自行或委托第三方进行销售。

5. 微观—合同条款：包销期。

包销期长短由双方协商、博弈。包销期的截止时间（或者是截止时间后的多少天内），实际上就是开发商能够收到全部房款的最晚时间。包销期越长，则包销方风险越小，开发商风险越大。

包销期的起始时间，一般应从商品房具备销售条件时起算。

6. 微观—合同条款：包销保证金。

一般来说，开发商肯定会要求包销方交纳包销范围内全部房屋价款（按包销基价计算）的一定比例的保证金，才会同意包销。

7. 微观—合同条款：共管账户安排。

因为利益巨大，开发商先收到房款后再将溢价部分（也就是佣金）结算返还给包销方，因此从包销方的角度，往往会要求采取共管账户的安排。

4.5 物业服务合同（含前期物业服务合同）

《民法典》出台后，物业服务合同"升格"成了"有名合同"。《民法典》第937条规定，物业服务合同是物业服务人在物业服务区域内，为业主提供建筑物及其附属设施的维修养护、环境卫生和相关秩序的管理维护等物业服务，业主支付物业费的合同。

4.5.1 物业服务类合同的几种典型场景

1. 自持自用物业的物业服务合同。

政府大楼、医院、幼儿园等机关事业单位或者企业自用的写字楼、产业园、物流园等没有分割销售的物业，由业主与物业服务人直接签署《物业服务合同》，约定服务人为整个物业提供服务。这种情况下不存在《前期物业服务合同》。

2. 承租物业的物业服务合同。

出租经营的写字楼、商场、产业园、物流园等，这些物业若不进行分割销售，只整体或者分割进行出租经营。这种情况下对承租物业的物业服务合同有以下几种处理方式：

（1）出租方与承租方签订租赁合同，同时承租方与物业服务人签订《物业服务合同》，承租方向出租方支付租金，向物业服务人支付物业服务费。

理论上这也可以整合成为三方合同，但不如两份合同更为清楚。

物业服务合同中应该约定如租赁解除终止，则物业服务相应解除终止。

（2）出租方与承租方签订租赁合同，由出租方收取物业服务费，并说明由出租方委托物业服务企业提供物业服务。物业服务与物业管理的具体要求可作为租赁合同附件。

出租方再另外与物业服务企业签订物业服务合同，约定物业服务费用的结算。

3. "分割销售的住宅小区、商办、公寓、写字楼"等物业的物业服务合同，本节中称为"住宅类物业服务合同"。

这类物业需要成立业主委员会，涉及众多小业主的利益，法律上的要求多一些。

总体来说，自持自用物业的物业服务合同、承租物业的物业服务合同在法律上的限制较少，合同较为自由，接近一般的服务类合同。住宅类物业服务合同则有一些特殊之处，值得专门说明。

4.5.2 住宅类物业服务合同的起草审查

1. 宏观—合同主体：物业服务人没有资质要求，业主委员会乃至个人都可以提供物业服务了。

《物业服务企业资质管理办法》已于 2018 年废止，《民法典》中也特意使用"物业服务人"而不是"物业服务公司"。因此从法律上，业主委员会自行组织服务、聘请个人提供服务、个人直接提供物业服务等，都是合规的。

这一点也适用于其他所有物业服务合同。

2. 宏观—合同主体：业主委员会成立前的前期物业服务由开发商与物业服务人签订合同，但能约束买房人；业主委员会成立后则由业主委员会作为委托方与物业服务人签订合同。

> 相关模板：11043 前期物业服务合同

3. 宏观—合同程序：住宅物业的开发商应通过招投标选聘前期物业服务企业。

《物业管理条例》第 24 条规定："住宅物业的建设单位，应当通过招投标的方式选聘物业服务企业；投标人少于 3 个或者住宅规模较小的，经物业所在地的区、县人民政府房地产行政主管部门批准，可以采用协议方式选聘物业服务企业。"第 56 条规定对此违法行为可处 10 万元以下的罚款。

那么，未经招投标或招投标程序瑕疵会不会导致前期物业服务合同无效？存在争议，认定有效或无效的判例都有。[1]

---

[1] 毛楚铭与北京达尔文国际酒店物业管理有限公司、北京侨新房地产开发有限公司物业服务合同纠纷案，北京市第一中级人民法院（2017）京 01 民终 4490 号民事判决书，该案中法院认为，上述规定是管理性规范，不影响前期物业服务合同的效力；在（2020）鲁民申 5097 号案件中，山东省高级人民法院认定，《物业管理条例》第 24 条第 2 款属于效力性强制性规定，违反该规定订立的前期物业服务合同无效。

4. 宏观——合同程序：合同备案。

住宅物业通过招投标程序选聘的物业服务企业，签署的《前期物业服务合同》《物业服务合同》都需要去所在地房地产行政主管部门办理备案手续，与招投标程序一样均为管理性规范，虽不影响合同效力，但是经过备案的合同，物业服务企业想要随便去解除，一般会受到行政主管部门的监管和干预，同时物业服务企业需要妥善处理物业交接过程中的工作。

第29条规定，"物业服务企业应当自物业交接后30日内，持下列文件向物业所在地的区、县（市）房地产行政主管部门办理备案手续：（一）前期物业服务合同；（二）临时管理规约；（三）物业承接查验协议；……"

《北京市物业管理条例》第63条规定，"物业服务合同签订或者变更之日起十五日内，物业服务人应当将物业服务合同报街道办事处、乡镇人民政府、区住房和城乡建设或者房屋主管部门备案。"

5. 中观——合同形式：复杂成套合同。

前期物业服务合同是《商品房买卖合同》附件。

《物业承接查验办法》第8条规定，"建设单位与物业服务企业签订的前期物业服务合同，应当包含物业承接查验的内容。"第23条规定，"物业承接查验协议作为前期物业服务合同的补充协议，与前期物业服务合同具有同等法律效力。"

《前期物业服务合同》配套的文件包括：

- 临时管理规约
- 物业承接查验协议

在成立业主大会、业主委员会之后，《物业服务合同》配套的文件包括：

- 管理规约
- 业主大会议事规则、业委会章程等

6. 中观——合同形式：特殊承诺视为合同内容。

《民法典》第938条新增规定，物业服务人公开作出的有利于业主的服务承诺作为物业服务合同的组成部分。实务中的例子包括物业服务企业承诺增加小区的运动设施、器材等。可见物业服务企业应注意内部类似公告、通知方面的审批管理，避免员工未经授权即作出该类承诺。

但是，开发商在售楼时，对个别买受人的承诺，例如"免两年物业费"或者是"送20年车位管理费"，实则是变相地降价，不能视为物业服务企业作出的承诺，也不能由物业服务企业承担，更不能由其他业主交纳物业费来承担。如果可以认为该承诺构成商品房买卖合同的内容，应该由开发商来承担违约责任。

7. 微观—合同条款：合同备案使用各地区物业服务合同示范文本。

正因为分割销售类物业服务合同（含前期物业服务合同）需要经过备案程序，那么从微观—合同条款上，物业服务合同（含前期物业服务合同）通常使用各地区出台的示范文本，或以示范文本为基础进行个别条款等修订，以便做备案手续。

之前所说的自用类物业以及出租经营类物业的物业服务合同，则并不必然使用示范文本；但如分割销售类物业与自持自用类物业同归属于一个物业管理区域的，因《物业管理条例》第33条规定，"一个物业管理区域由一个物业服务企业实施物业管理"，所以为了备案的需要，应作为一个整体的物业服务合同，通常使用示范文本。

8. 微观—合同条款：服务期限及解除条件。

《民法典》第946条增加了"业主单方任意解除权"的新规："业主依照法定程序共同决定解聘物业服务人的，可以解除物业服务合同。"第950条规定："物业服务合同终止后，在业主或者业主大会选聘的新物业服务人或者决定自行管理的业主接管之前，原物业服务人应当继续处理物业服务事项，并可以请求业主支付该期间的物业费。"

从物业服务人的角度：因为业主提前解除合同会产生损失，可对业主提前解除合同下的费用、赔偿作出特别约定。

如物业服务人可能提前解除合同，也可以约定提前解除合同的权利以及退出物业服务区域的最晚时间（以督促业主委员会尽快交接）。

9. 微观—合同条款：物业服务收费方式。

物业服务收费模式大致可分为包干制和酬金制两种。

所谓包干制，就是固定物业服务费用标准，由物业服务人按照物业服务标准履行，盈余或者亏损均由物业服务人承担。

所谓酬金制，在预收的物业服务资金中，按约定比例（如实际物业服务成本的10%）或者约定数额（如20万元），提取酬金支付给物业服务人，其余全部用于物业服务合同约定的支出，结余或者不足均由业主承担。

包干制下，必然要明确物业服务标准，一般可以通过专门的"物业服务标准"附件来明确。酬金制下则需要约定：物业服务人向业主大会或全体业主公示物业服务资金年度预决算，公布物业服务资金的收支情况，答复业主对物业服务资金年度预决算和收支的质询，配合审计等。

10. 微观—合同条款：利用业主的共有部分产生收入分配条款。

业主的共有部分会产生停车、广告之类收益。《民法典》第282条规定："建设单位、物业服务企业或者其他管理人等利用业主的共有部分产生的收入，在扣除合理成本之后，属于业主共有。"因此物业服务人可以收取"合理成本"。为避免争议，从合同起草审查的角度，有必要在合同中直接约定一个"合理成本"的计算方式，例如按收入的30%计算（实务中多为30%左右），这对物业服务人也是一种激励。

05
第五单元

专题讨论：集体土地 + 城市更新

前面单元中,我们讨论的都是"国有建设用地房地产开发类合同",即对出让的国有建设用地进行房地产开发下的合同,这是房地产开发的主流、常规操作。而在本单元中,我们将以专题的形式,对房地产开发中的一些非主流或专门的做法及其合同进行简要介绍。

5.1 专题一：集体建设用地类合同

农村土地制度特别是建设用地的"入市"制度一直在改革之中，各地都在不断进行试点，相关政策不断出台，目前还远没有到"尘埃落定"之时[1]因此，这一专题只能是根据目前（2022年）的法规与实务情况，对集体建设用地的交易模式与合同的大致梳理。落实到具体交易时，还需要参考当地法规、政策与实务进行处理。

总体来说，目前集体建设用地在房地产开发中的"市场份额"很小，大的房地产公司几乎不太参与，但随着集体建设用地"入市"的不断放开，应该会有更大的发展空间。

5.1.1 农村集体土地主要类型

我国的土地分为国有与集体所有两大类。而集体所有的土地从规划用途的角度，又可以分为以下几类：

- 集体所有土地
  - 集体农用地
  - 集体建设用地
    - 宅基地
    - 公益性公共设施用地
    - 集体经营性建设用地
  - 集体未利用地

下面简要说明一下与建设开发关系不大的几类土地的交易及合同情况，后面

---

[1] 参见唐健、谭荣、魏西云：《农村土地制度改革的中国故事》，北京大学出版社2021年版；杜伟、赵华、黄善明：《深化农村集体经营性建设用地流转改革研究》，科学出版社2020年版。

再说明一下与建设开发关系较密切的宅基地、集体经营性建设用地的交易及合同情况。

1. 集体农用地：以耕地、林地、草地、养殖水面（如鱼塘）等为典型。

这一类土地，依据《农村土地承包法》等，可以进行承包经营，取得土地承包经营权之后，还可以进行转包、出租或流转土地经营权。

对于荒山、荒沟、荒丘、荒滩等[1]，可以发包或租赁给集体组织以外的成员。

因此，对于集体农用地，主要是承包经营合同及土地经营权的各类流转合同。

2. 集体公益性公共设施用地：学校、医疗机构、公共体育设施、幼儿园等场所用地。

这些用地只能用于满足集体成员的公共需求，本身无法用于房地产建设开发，只是说由于利用的需要，可能存在土地租赁、房屋租赁这些合同类型（一般金额也不大）。

3. 集体未利用地：农用地和建设用地以外的土地。

未利用地也无法用于建设开发，只是可能存在土地租赁、承包经营这些合同类型（一般金额也不大）。

当然，集体农用地、公益性公共设施用地、未利用地都可能通过审批手续转为集体经营性建设用地或者被征收为国有土地，那就可以按照相应土地的交易模式处理了。

5.1.2 宅基地的交易模式与相应合同介绍

宅基地以及宅基地上所建房屋（以下简称宅基地房屋）的入市政策同样仍在改革之中。目前大致情况是：宅基地房屋在集体经济组织内部转让有效，对外转让无效（少数试点地区除外）；对外租赁、委托经营等应属有效。

相关的合同大致可以这样认识：

1. 单个宅基地房屋处分的情形。

就是农民自行在集体经济组织内部或对外转让农村的房屋（连同宅基地使用权）的合同。

（1）集体经济组织内部转让：宅基地房屋买卖合同。

---

[1] 四荒地属于农用地还是未利用地存在争议，这里不再探讨。

📄 **相关模板**：15272 农村旧房买卖合同（贵州省 2018 版）

如上所述，集体经济组织成员内部转让有效。从"宏观—合同程序"的角度，该转让最好取得所在集体经济组织、乡镇政府的同意或取得当地政府发放的权利证书。

（2）对外转让：宅基地房屋买卖合同或宅基地使用权转让合同。

对外转让一般认为是无效的（少数试点地区除外，以当地特别政策为准）。但是在实务中，当事人权衡风险与收益，仍然可能进行此类交易。从"宏观—合同程序"的角度，为降低风险，"买受人"应尽量要求村民委员会（以下简称村委会）、乡镇政府（有些地方的乡镇政府有可能表示同意）、相关方表示同意或批准。

📄 **相关模板**：20209 宅基地房屋买卖合同

（3）宅基地房屋出租、委托运营等：租赁合同、委托运营合同（或者叫"资产委托管理合同"）等。这类交易的合同是合法有效的（如果没有违规经营等其他违法情形的话），可使用一般房地产租赁合同、委托运营合同。

2. 类似于房地产开发的情形。

即农民或集体经济组织自行或合作建设房地产项目，向农民进行分配，而且可能有对外出售、租赁行为。

这一过程中，可能涉及多类合同：

（请注意，房屋建设本身同时涉及规划许可等多方面批准，这些在此未作讨论，以这些方面没有问题为前提）

（1）村民或集体经济组织与合作方合作建设房地产项目的合作开发合同。

常见模式是：村民将闲置的宅基地入股集体经济组织来提供土地，合作方负责出钱、负责开发建设，对于建成的房产，一部分归集体经济组织（往往是向村民分配），另一部分归合作方使用、取得收益。

这种模式原则上说是合法有效的，但是在产权上：土地的所有权、使用权都仍然是集体经济组织及村民的，合作方并不能将房产登记在自身名下，只能是依据合同享有权利。[1]

📄 **相关模板**：15868 新农村建设合作三方合同

---

[1] 也可以认为合作方根据合同约定，仍享有对房产实际上的所有权，只是对土地不享有物权。这种理论上的分析与合同起草审查本身关系不大，这里不再赘述。

（2）"小产权房"销售类合同：合作建房合同或使用权转让合同。

由集体经济组织单独开发或者与合作方合作开发建成的房产，除了向村民分配、自用之外，就有了对外出售的需要。但是，在宅基地上开发的房产，无法分割登记及转让产权，只能叫作"小产权房"[1]一般认为，这种"小产权房"的买卖合同是违法的，但是使用权的转让及租赁则难说违法，只是说超过20年的租赁或使用权转让有无效风险。

实务中，小产权房的交易仍常常以"合作建房、联合投资建设、使用权转让、以租代售"之类名义进行。一方面，"买受人"权衡收益与风险（小产权房价格较低）仍觉得可行；另一方面，很多乡镇基层政府也默许这种做法。

相关模板：15866 合作建房合同

（3）城市更新项目类合同。

此时宅基地会作为城市更新项目，整体进行改造。相关模式及合同请见另一专题"城市更新项目类合同"的知识。

（4）房屋出租、委托运营等：与前面说的宅基地房屋出租、委托运营一样，是合法有效的（如果没有违规经营等其他违法情形的话），可使用一般房地产租赁合同、委托运营合同。

5.1.3　集体经营性建设用地的交易模式与相应合同介绍

1. 目前的法规政策情况。

（1）《土地管理法》的原则性规定：

第60条第1款

农村集体经济组织使用乡（镇）土地利用总体规划确定的建设用地兴办企业或者与其他单位、个人以土地使用权入股、联营等形式共同举办企业的，应当持有关批准文件，向县级以上地方人民政府自然资源主管部门提出申请，按照省、自治区、直辖市规定的批准权限，由县级以上地方人民政府批准；其中，涉及占用农用地的，依照本法第四十四条的规定办理审批手续。

第63条第1款

土地利用总体规划、城乡规划确定为工业、商业等经营性用途，并经依法登

---

[1]　"小产权房"的概念有多种含义，这里不再具体分析。

记的集体经营性建设用地，土地所有权人可以通过出让、出租等方式交由单位或者个人使用，并应当签订书面合同，载明土地界址、面积、动工期限、使用期限、土地用途、规划条件和双方其他权利义务。

第 63 条第 4 款

集体经营性建设用地的出租，集体建设用地使用权的出让及其最高年限、转让、互换、出资、赠与、抵押等，参照同类用途的国有建设用地执行。具体办法由国务院制定。

从上述法条中可看出，集体经营性建设用地是可以出让、出租、转让的，同时土地用途限于"工业、商业等经营性用途"而没有住宅、房地产开发。

（2）中央、地方都出台了不少试点政策，仍在探索、调整之中。

例如，原国土资源部印发《〈关于完善建设用地使用权转让、出租、抵押二级市场的试点方案〉的通知》《广东省集体建设用地使用权流转管理办法》等。

2021 年国务院办公厅出台《关于加快发展保障性租赁住房的意见》，提出："人口净流入的大城市和省级人民政府确定的城市，在尊重农民集体意愿的基础上，经城市人民政府同意，可探索利用集体经营性建设用地建设保障性租赁住房；应支持利用城区、靠近产业园区或交通便利区域的集体经营性建设用地建设保障性租赁住房；农村集体经济组织可通过自建或联营、入股等方式建设运营保障性租赁住房……"就此中央与地方还有一些配套政策，也就是说，如果是将集体经营性建设用地用于建设保障性租赁住房，有一些专门的"入市"政策。这里的保障性租赁住房，并不是供本村农民居住的，而是可以对外提供的保障性住房。

2. 集体经营性建设用地"入市"的交易模式较为复杂。

国有建设用地"入市"的交易模式是相对简单、明确的，就是以土地招拍挂出让模式为主，受让人取得国有土地使用权之后再转让、合作开发等。国家直接将国有土地出租、用于出资的模式很少见，房地产开发企业几乎不用考虑；国家与企业对土地进行联营、合作开发的模式也是不存在的。

集体经营性建设用地"入市"的交易模式就相对复杂。除了法规政策还在探索、调整的原因之外，还有以下几个方面原因：

（1）在主体上，集体土地属于不同的集体经济组织、村委会所有。

这些主体不是政府部门，有各自不同的利益、交易需求考虑，会有出让、用于出资、与其他公司联营或合作开发等各种模式。

如果进一步分析，还可能存在不同主体的地块联合开发、基层政府参与开发等复杂的模式。

（2）集体土地入市可能需要转为国有土地，也可能直接以集体土地的性质入市。而国有土地入市就没有这个问题。

3. 集体经营性建设用地"入市"交易模式与相应合同简介。

需要说明的是，这里的"入市"是一个宽泛的概念，包含各种利用集体经营性建设用地来建设开发的模式；这些模式更多是从合同类型的角度进行的分类，而且不能涵盖实务中的全部交易模式；下面以"集体经济组织"作为代表土地所有权人的主体，但法律及实务上，其实还可能是村委会甚至基层政府等主体来代表土地所有权人来参与交易。

（1）出让模式：受让人通过公开招拍挂程序取得集体建设用地使用权。

这种情况下，双方会签订类似土地使用权出让合同，除了约定受让人应缴纳的出让金之外，也会约定目标地块的开发要求。合同整体其实类似于国有建设用地使用权出让合同。

> 相关模板：19136 集体建设用地使用权出让合同（佛山市 2022 版）

（2）出资入股模式：将土地使用权登记在目标公司名下，集体经济组织取得目标公司的股权或类似权益。

这又包括出资设立乡镇企业、出资入股其他企业等。

其实这种模式在法律关系上，类似于"出资＋土地使用权出让"，因为这就等于是将土地使用权出让给目标公司，目标公司向集体经济组织提供股权或类似权益作为对价。

在合同起草上，应该签订出资协议，同时可以将"土地使用权出让合同"作为配套协议（约定将土地使用权出让给目标公司，约定目标地块的开发要求等）。

"出资＋土地使用权出让"是基础。对于较大的、复杂的建设项目，可能基于融资、长期运营管理等需要，设计成了包含"出资、土地使用权出让、合作开发、股权转让、委托运营、物业服务"等多重法律关系在内的复杂交易结构。

（3）联合体开发模式：集体经济组织与合作方组成联合体，最终双方各取得一部分集体建设用地使用权。

这种模式在合同上有些类似前面单元所讲的"一级市场联合拿地类"合同。

（4）合作开发模式：没有发生土地使用权的出让，只是集体经济组织与其他主体合作开发目标地块。

合作开发的具体模式可能是多种多样的，总体来说就是：集体经济组织提供土地，合作方提供资金、负责建设开发，双方共享收益。但需要注意的是，由于合作方并没有取得土地使用权，因此合作方最终只能取得开发形成的房地产的使用权及收益权利，并不能取得登记在合作方名下的房屋产权。实务中双方可能约定合作方取得的使用权是超过 20 年的、长期的，这应该是合法有效的，但这些房屋产权仍只能登记在集体经济组织名下，对合作方来说仍然是有风险的。

例如，双方可以约定开发完成的房地产项目，除应交付给集体经济组织使用的部分外，剩余部分由合作方自行使用、出租并取得全部收益。

这种模式在合同上有些类似前面单元所讲的"房地产合作开发类合同"，在性质上与前面说的"在宅基地上合作开发"类似。

（5）租赁模式：集体经济组织将土地出租给使用人。

租赁模式下，集体经济组织不承担开发风险，只享受固定或最低的租金收益。

实务中，有些名为"合作开发"的合同，实际上属于这里所说的租赁模式。

这种模式下双方使用的合同类似于国有土地租赁合同或一般房地产租赁合同。这种情况下的租赁能否超过 20 年，存在争议，承租人有必要约定合同被提前终止时的处理。

（6）转国有土地出让的模式：需要将集体土地转为国有土地进行出让，由集体经济组织、合作方、项目公司等主体取得国有土地使用权进行开发建设。

这一般见于城市更新项目的旧村改造中，可参见"城市更新项目类合同"的知识。

（7）其他特殊土地的模式：如留用地的流转、合作开发模式。

可参考《广东省征收农村集体土地留用地管理办法（试行）》《广东省人民政府办公厅关于加强征收农村集体土地留用地安置管理工作的意见》的规定。

（8）取得土地使用权的权利人的再次转让、出租、合作开发等模式。

前面的所有模式都可以说是"一级市场"，而这已经是"二级市场"了。

如果此时权利人取得的是国有土地使用权，那么自然就按照第三单元"土地二级市场类合同"进行处理。

如果此时权利人取得的是集体土地使用权，那么可以参照第三单元"土地二级市场类合同"进行处理。集体土地使用权的流转限制，与国有土地使用权的流转限制有相通之处，也有不同。目前法律上并没有明确对集体土地使用权转让像国有土地使用权那样有"完成开发投资总额的 25% 以上"等才能转让（《城市房地产管理法》第 39 条）的限制。但这并不排除在集体土地使用权出让合同中有类似约定，如果受让人违约，仍有可能导致集体经济组织根据约定要求解除集体土地使用权出让合同、收回土地。

4.集体经营性建设用地"入市"类合同的起草审查要点。

这里仅提示一些宏观层面的要点。如属于城市更新中的旧村改造，可参考"城市更新项目类合同"的知识。

（1）宏观—合同类型：选择适当的交易模式。

这些模式应与当地的法规、政策相符，一般来说，应该与政府部门协调、沟通，取得其支持。

确定交易模式后，相应的合同文本与类似的国有土地一级市场、二级市场、"一级市场联合拿地类合同"其实基本相似。

（2）宏观—合同主体：行使土地所有权权利的多种主体。

农村土地集体所有，但还需要落实到具体哪个主体作为经营管理的主体。根据《土地管理法》第11条规定，涉及乡（镇）农村集体经济组织、村集体经济组织、村民小组、村委会四类主体。常见的是由村集体经济组织或者村委会经营管理。

根据《民法典》第99条规定，农村集体经济组织是特别法人。农村集体经济组织的正式名称是××经济合作社、经济联合社、经济联合总社、股份经济合作社、股份经济合作联合社等（如"××省××市××乡××村经济合作社"）。如果已经设立了集体经济组织，按理说就应该由集体经济组织作为集体土地的经营管理主体，没有设立集体经济组织的，根据《民法典》第101条规定，由村委会代行集体经济组织职能。不过在当前，仍然大量存在村集体经济组织与村委会"两套班子，一套人马"、没有严格区分的情况。实务中，也可能这两个机构同时作为合同主体，对合同相对方来说更保险。

> 相关知识点：合同主体：集体经济组织、村委会、农民专业合作社

在实务中，根据各地政策与做法的不同，集体土地"入市"的主体除了村委会、村集体经济组织之外，还存在下列特殊情形：

特殊情形1："委托—代理"机制。由代理方作为主体。这些代理方可能是农村股份经济合作社、合社联社、乡镇资产经营公司等。

特殊情形2：街道办事处、镇政府等，严格而言，这些政府机构其实也是作为集体经济组织的授权代理方而列为合同主体。

上面这些情形下，合同相对方都需要审核授权代理手续，或进一步由村委会、

村集体经济组织予以确认。

（3）宏观——合同标的：需要考虑目标地块能否用于预期的开发、经营。

无论哪种交易模式，所开发建设的房产肯定是用于某种经营目的，这需要符合目标地块的规划用途。

目前仅有少数试点地区可以将集体建设用地用于住宅商品房开发[1]，一般只能用于工矿仓储、商业服务等项目开发。也就是说，开发商想将建成的房产分割产权（像城市的住宅、商铺一样）对外出售，是不可行的（买方无法取得正式产权证）。

（4）宏观——合同程序：政府审批+集体经济组织内部程序+特殊交易程序。

凡涉及集体建设用地的出让、出资入股、转为国有土地等，都涉及政府部门的批准。例如《土地管理法》第60条第1款规定，集体建设用地用于兴办企业，应由县级以上政府批准。而在实务中还不仅限于这些法律明确规定的批准，一般应与乡镇政府、国土资源部门、税务部门等密切沟通，取得其批准或认可。

集体经济组织内部程序是指村民会议讨论等《村民委员会组织法》规定的民主程序，而且还可能需要村党委讨论通过[2]。如果没有履行《村民委员会组织法》规定的民主程序，可能导致合同无效。

特殊交易程序是指各地对集体土地入市设置的类似招拍挂或进场交易的程序，有些交易模式下还可能包括合同备案程序。

由于涉及诸多程序，时间长、结果难以预期，因此合同起草审查方面，往往要注意：

- 分阶段签订文本。

前期签订前期合作协议，约定前期的投入与费用，对后期合作进行框架性约定。在交易模式得到批准、确定可行之后，签订正式的、详细的合作协议。

- 合同中要约定解除条件及善后处理。

这样，在交易模式走不通、拖延时间过长、无法实现预期时，己方可以解除合同，按约定进行善后处理，避免不必要的争议。

---

[1] 参见岳永兵、刘向敏：《集体经营性建设用地开发商品住宅试验考察与推进建议》，载微信公众号"房地产政策研究室"，2022年9月9日发布。

[2] 参见魏济民：《城市更新法律实务与政策研究》，中国法制出版社2021年版，第48~49页。

5.2 专题二：城市更新项目类合同

5.2.1 城市更新概述

一、城市更新与三旧改造

2006年，广东省佛山市自发开展了"三旧改造"试点，也就是旧城镇、旧厂房、旧村居改造；2007年，佛山市制定了《佛山市人民政府关于加快推进旧城镇旧厂房旧村居改造的决定》，正式出现"三旧改造"的概念；2008年12月，原国土资源部与广东省政府联合签署协议，"三旧改造"是其中一项重要内容。2008年12月，国务院出台了《珠江三角洲地区改革发展规划纲要》，提出了"三旧改造"这一口号；2010年，广东首次把"三旧改造"写入广东省政府的工作报告。

随着"三旧改造"的实施推进，又逐步上升到了全国层面"城市更新"概念的诞生。从2016年《关于进一步加强城市规划建设管理工作的若干意见》（中发〔2016〕6号）、《关于深入推进新型城镇化建设的若干意见》（国发〔2016〕8号）、2018年《关于进一步做好城市既有建筑保留利用和更新改造的通知》，到2019年中央经济工作会议首次强调了"城市更新"这一概念，再到2020年国务院办公厅《关于全面推进城镇老旧小区改造工作的指导意见》（国办发〔2020〕23号）、2021年《关于在实施城市更新行动中防止大拆大建问题的通知》等文件，"城市更新"的概念逐步清晰。

到现在，各地已经出台了多部城市更新地方性法规。例如《广州城市更新办法》（2015年发布）、《深圳经济特区城市更新条例》（2020年发布）、《上海市城市更新条例》（2021年发布）、《辽宁省城市更新条例》（2021年发布）。

这些地方性法规中的城市更新是一个相对较宽泛的概念，例如《深圳经济特区城市更新条例》第2条规定：

本条例所称城市更新，是指对城市建成区内具有下列情形之一的区域，根据本条例规定进行拆除重建或者综合整治的活动：

（一）城市基础设施和公共服务设施急需完善；

（二）环境恶劣或者存在重大安全隐患；

（三）现有土地用途、建筑物使用功能或者资源、能源利用明显不符合经济社会发展要求，影响城市规划实施；

（四）经市人民政府批准进行城市更新的其他情形。

不难看出，城市更新的含义很广，不仅限于"三旧改造"，也不限于"拆除重建"型的改造。

但基于本课程的目的，本课程所讲的"城市更新项目类合同"，更强调包含现有房产的拆除重建、土地使用权的转移、房地产项目建设开发等内容的较大型的、复杂的城市更新项目所使用的复杂成套合同。例如后文所讲的"以广州旧村改造（合作改造）模式为例的合同文本"。如果是相对简单的土地使用权出让合同、房地产合作开发合同、建设工程施工合同等单项合同，可以参照本课程以及《合同起草审查指南：建设工程合同卷》中相应合同类型的起草审查知识。

二、城市更新项目合同的一些特点

从合同起草审查的角度，需要注意"城市更新"项目有以下特点：

1. 试点性。

这既是指各地、各部门还在试点摸索，也是指"城市更新"能够在当地政策允许的情况下采取一些不同于一般房地产开发的特殊做法，例如，往往采取"一二级联动、毛地出让、协议出让"的做法，不像一般房地产开发只能"净地"出让，只能走招拍挂程序出让，也就无法"一二级联动"。

2. 地方性：各地有很多地方政策，有不同的做法。

上面这两个特点意味着，目前还不好就城市更新总结出较为通用的、模式化的合同文本和起草审查要点，只能根据当地最新政策来具体操作。因此本课程也只能作为专题予以简要介绍。

3. 目标地块有集体土地，也有国有土地。

旧城镇、旧厂房是国有土地，旧村居是集体土地。旧村居可能以集体土地的性质来开发，也可能转为国有土地再进行开发。不同的土地性质显然对应着不同的处理方式，也对应着不同的合同类型、合同程序。

4.签约主体较复杂。

无论是城市更新还是三旧改造，实施项目的市场主体都必须与项目范围内的全部权利主体签约。旧村居改造中的权利主体则包括集体经济组织、集体经济组织成员等全部土地或建筑物（包括构筑物、附属物）的权利人。

旧村居、旧城镇、旧厂房改造，都有可能是将属于多个权利人的多个目标地块一并纳入改造，必然要求所有权利人参与签约。为此，有些地方政府还创设了专门的交易模式，例如东莞的"单一主体挂牌招商"模式、中山市的"单一主体归宗改造"模式[1]。

实务中，乡镇政府或街道办事处往往也要作为部分合同的主体参与签约。

5.多个阶段联动，周期长、风险大。

城市更新作为一个整体的、大型、长期的开发项目，需要把设立项目公司、拆迁安置补偿、拿地、合作开发等多个阶段一并考虑。

周期越长，后续履行过程中可能出现的风险就越大，对合同起草审查的要求就越高。

在多个阶段联动、周期长的情况下，合同往往是分阶段签订，前期可能签订相对原则性、框架性的协议，根据项目的进展再签订更具体、正式的协议。

6.合同起草审查只是律师服务中的少部分内容。

对于城市更新项目，律师除了法律咨询、提供法律意见和合同起草审查之外，还需要在整个项目过程中提供方案设计、可行性论证、参与政府报批手续、参与村民表决程序、参与拆迁安置程序等，合同文本是配合整个项目的法律服务而提供的。

5.2.2 城市更新及其合同的类型

城市更新的模式可以从多个角度划分。

从目标对象的角度，可以分为旧城镇改造、旧厂房改造、旧村居改造等；从改造力度的角度，可以分为整治类、改建类和拆建类，整治和改建基本不需要拆迁重建。

---

[1] 请注意，东莞市2019年发布的《东莞市城市更新单一主体挂牌招商操作规范（试行）》已经失效，中山市2022年发布的《"三旧"改造单一主体归宗改造指引（征求意见稿）》还仅是征求意见稿。但这些模式本身值得借鉴。

从交易结构的角度，可以从以下角度认识城市更新的模式：

- 目标地块为国有土地
  - 政府收储：政府征收拆迁，并组织公开出让
  - 自行改造：土地权利人自行组织开发建设
  - 合作改造：土地权利人引入合作方合作开发
  - 其他模式：例如在整治类、改建类模式下，不需要征地、拆迁等，可通过委托改建、委托经营等模式处理，合同关系较为简单
- 目标地块为集体土地
  - 政府收储：政府征收拆迁，并组织公开出让
  - 自行改造
    - ∅ 作为集体建设用地出让：土地权利人自行组织开发建设，项目主体取得集体建设用地使用权
    - ∅ 转为国有建设用地出让：土地权利人自行组织开发建设，项目主体取得国有建设用地使用权
  - 合作改造
    - ∅ 作为集体建设用地出让：土地权利人引入合作方合作开发，项目主体取得集体建设用地使用权
    - ∅ 转为国有建设用地出让：土地权利人引入合作方合作开发，项目主体取得国有建设用地使用权
  - 其他模式：例如在整治类、改建类模式下，不需要征地、拆迁等，可通过委托改建、委托经营等模式处理，合同关系较为简单

总体来说：

1.如果是政府收储，那么政府通过拆迁安置补偿协议将土地收为国有之后，后续即按土地一级市场、土地二级市场相关交易及合同处理即可。

这种模式其实就是正常的国有土地出让、房地产项目开发模式，也可以认为不属于城市更新的模式。

2.如果是自行改造，因为不涉及与第三方合作开发的安排，就是由土地权利人（如工厂、村集体）自行开发，只需要按规定办理相应审批手续，取得相应产权证书，合同上会简单很多。

当然，集体土地的自行改造也需要与全部村民签订拆迁补偿类协议，需要将村民的宅基地等土地收归集体来统一处置。

3. 如果是合作改造，则等于是将类似于"土地一级开发、土地一级市场、土地二级市场"的几类交易集成在一次交易中来整体考虑，合同比较复杂。

5.2.3　以广州旧村改造（合作改造）模式为例的合同文本介绍

> 相关模板：20392 广州旧村改造（合作改造）模式合同成套文本

如前所述，城市更新还是一个在摸索、试点中的做法，不好归纳出全国层面较为通用的合同与起草审查要点。这里以广州旧村改造（合作改造）模式下的合同为例进行介绍。

广州的城市更新在全国是走在前列的，也颁布了《广州市城市更新办法》（2015年发布）等一系列法规政策。

这里的广州旧村改造（合作改造），是指针对集体土地，通过公开招商途径引入合作企业参与旧村改造，地块转为国有土地协议出让给项目公司，项目公司实施项目，包括编制方案、实施拆迁、建设施工，最终竣工验收，各类房产取得相关产权证书。这一过程可分为十几个环节。[1]

下面简要介绍一下旧村改造（合作改造）过程中可能用到的合同文本。

为行文方便，几类主体简称为：

- 村集体：指集体经济组织，行使集体土地所有权权利的主体
- 前期服务公司：为城市更新项目提供方案编制、政府审批、村民表决等辅助、咨询服务的公司
- 合作企业：村集体引进的房地产开发商，参与城市更新项目；在没有正式签约成为合作企业前，称为"开发商"
- 村民：村集体经济组织成员
- 乡镇政府：配合城市更新的基础政府

一、前期服务阶段（确定合作企业之前）的合同

1. 城市更新项目前期服务合同。

合同主体：村集体 + 前期服务公司。

合同要点：

---

[1] 参见何怡：《旧村改造专项法律顾问实务指引与文书范本》，法律出版社2022年版，第5~6页。

（1）村集体委托前期服务公司就本村城市更新项目提供服务，包括村民组织表决、政府申报、土地测量、方案编制以及项目招商准备工作等。

（2）前期服务公司常常要缴纳保证金。

（3）约定服务费用标准，但是该服务费用并非由村集体支付，而是约定由后续中选的合作企业负责支付服务费用。

有的项目中，前期服务公司还需要向村集体支付费用，这些费用也都纳入前期服务费用，由后续合作企业来支付。

（4）独家合作。前期服务公司一般要求村集体不能再找其他前期服务公司合作。

2. 城市更新项目合作合同。

合同主体：开发商＋前期服务公司。

合同要点：开发商委托前期服务公司为开发商参与城市更新项目提供服务。如开发商顺利成为合作企业，则向前期服务公司支付服务费用；如开发商未能成为合作企业，则按约定支付一定费用或不支付费用。

3. 城市更新项目合作合同（股权合作）。

合同主体：开发商＋前期服务公司。

合同要点：与上面第2份合同不同的一种合作模式，双方约定设立项目公司，共同参与城市更新项目，约定股权比例、投资比例、利益分配模式。这其实类似于"一级市场联合拿地类合同"。

4. 城市更新项目意向合作协议。

合同主体：村集体＋意向合作企业。

合同要点：公开招商程序之前，双方建立意向合作关系，意向合作企业向村集体缴纳一笔履约保证金。如果意向合作企业最终未能成为合作企业，则退还该保证金。本协议内容较为简单，但仍属于合同而非意向书类文件。

二、正式项目合同

1. 城市更新项目合作合同。

合同主体：村集体＋合作企业。

合同要点：经过公开招商程序，合作企业中选，双方签订正式合作合同，对各方的投入、利益分配进行具体约定。该合同类似于"房地产合作开发合同"，但具体内容上有很多不同。

2. 配套协议：资金监管协议。

城市更新项目中，一般会要求合作企业缴纳一笔资金，由乡镇政府、银行进行监管，确保该资金用于拆迁安置、项目建设等。

三、拆迁安置补偿协议

与本课程第一单元中的"拆迁安置补偿协议"不同，这里的合同主体是"项目公司＋村民"（有时也会涉及其他被拆迁、被安置的对象），但内容类似，都是约定拆迁安置补偿方案，包括货币补偿与产权置换。

另外，村集体本身也是一个被拆迁安置的权利主体，项目公司也会要与村集体签订有关拆迁安置补偿的协议。

四、实施主体监管协议

由政府城市更新主管部门与项目公司就城市更新项目的实施签署。政府更新主管部门将相关的监管落实到协议条款中，由项目公司负责履行，涉及的内容包括项目拆除用地情况、项目建设用地情况、项目配建的保障房、产业用房情况、公共用地的移交、公共服务设施的建设和移交、安置补偿义务的履行、资金监管金额、监管方式、违约责任等。

合同起草审查指南
建设工程卷

第一单元 01

建设工程合同概述

1.1 建设工程合同概览

一、施工总承包模式下的建设工程合同与相关合同

建设单位将建设工程全部施工内容发包给总承包人，再由总承包人将分包工程分包给各分包人，这是最常见的模式。这种模式下的各个主体和合同，可参考图 1.1–1。

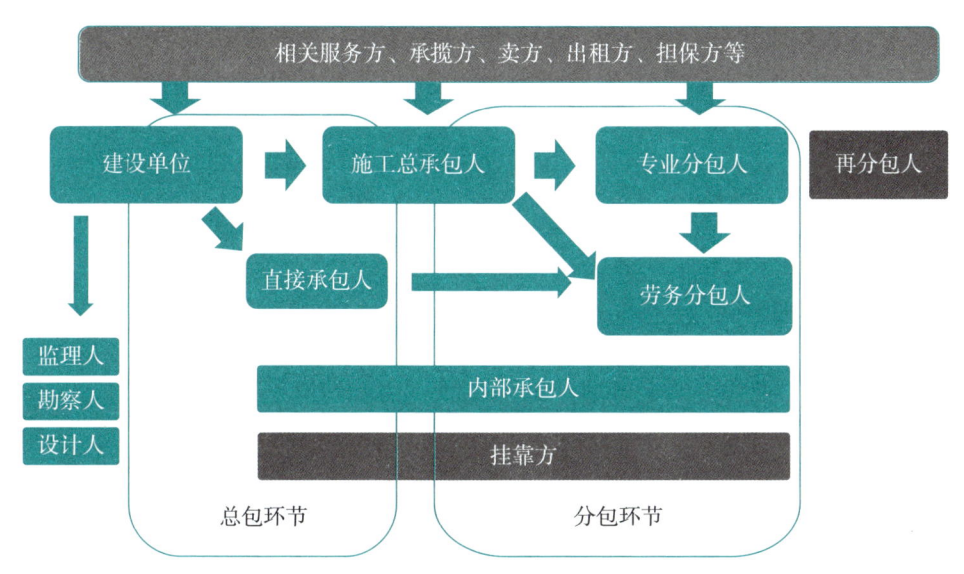

图 1.1-1 施工总承包模式下的建设工程合同示意图

图 1.1–1 中，所有的方块都表示一类主体。一类主体可能是多个，如多个专业分包人、劳务分包人，还可能是联合体。上述主体之间会产生各类合同关系。

1. 施工类合同。

建设工程施工合同：建设单位与施工总包人签订，也可能叫作"建设工程施工总承包合同"。

专业分包合同：施工总包人与专业分包人签订，将专业工程交由后者承包。

劳务分包合同：施工总包人、专业分包人、直接承包人等都有可能将劳务作业分包给劳务分包人。

上述专业分包合同与劳务分包合同合称"分包合同"。与再分包人签订的再分包合同可以认为是一类特殊的分包合同，因为违法，因此图1.1-1中再分包人标示颜色较浅。

独立发包合同：在常规的总承包合同、分包合同之外，建设单位还可能将总承包范围之外的部分工程交由直接承包人承包。实务中这类合同标题可能叫作"工程承包合同"，为了与其他施工合同相区分，这里命名为独立发包合同。

2.建设工程勘察合同、建设工程设计合同。

这两类其实都是建设单位委托提供某类服务，也可称为勘察服务合同、设计服务合同。

上述第1、2类就是《民法典》第788条定义的"建设工程合同"，可称为狭义的建设工程合同。

3.建设工程合同配套安排合同。

这些合同是与施工类合同、建设工程勘察合同、建设工程设计合同配套使用的，可能体现为补充协议、配套协议或建设工程合同中的特殊条款。这些配套安排合同包括但不限于以下几种：

联合体协议：当多个单位以联合体方式承包工程时，多个单位之间需要签订联合体协议。

内部承包合同：无论是总包环节还是分包环节，无论是总包人还是分包人，均有可能采取内部承包，与内部承包人签订内部承包合同。

挂靠合同：无论是总包环节还是分包环节，无论是总包人还是分包人，均有可能采取挂靠方式，与挂靠方签订挂靠类合同。这是违法行为，因此图1.1-1中挂靠方标示颜色较浅。

这些合同与施工类合同的关系尤其密切，是建设工程领域的常见安排，具有建设工程领域的特色，值得专门了解。

上述第1、2、3类可称为广义的建设工程合同。

4.建设工程合同相关合同。

建设工程监理合同：《民法典》中的建设工程合同不含监理合同，且明确属于委托合同（《民法典》第796条），因此只能算是建设工程密切相关的一类合同。

与此同时，整个建设工程过程中，建设单位、总包人、分包人等都可能需要向外采购各类物资、服务、委托担保等，从而与相关服务方、承揽方、卖方、出租方、担保方建立合同关系。这些合同性质上都不是建设工程合同，起草审查方面应参考该类型合同的起草审查要点，并没有太多建设工程领域的特点。

二、工程总承包模式下的建设工程合同

工程总承包，是指总承包人对工程设计、采购、施工或者设计、施工等阶段实行总承包，再由总承包人将分包工程分包给各分包人。（见图 1.1-2）

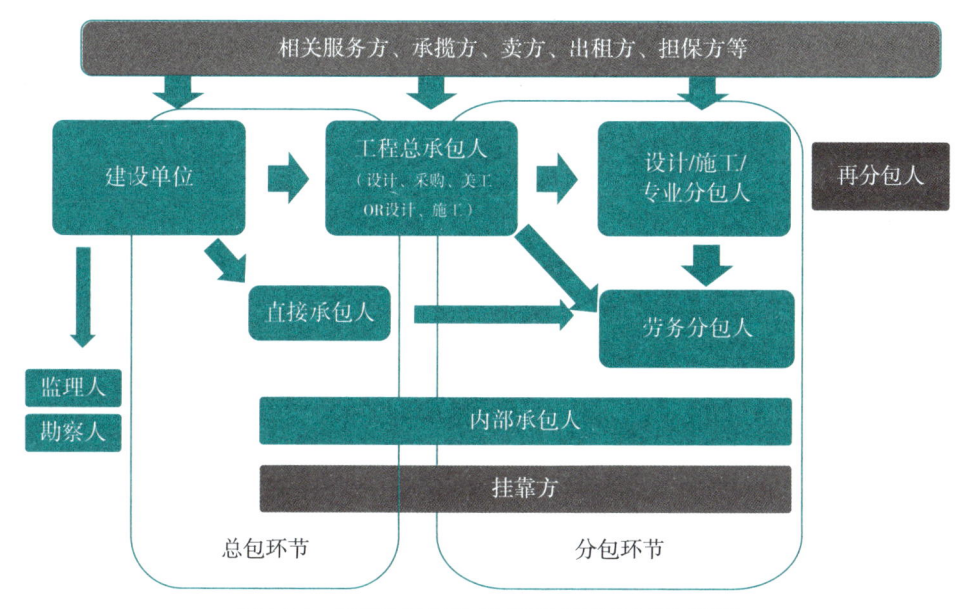

图 1.1-2　工程总承包模式下的建设工程合同示意图

与施工总承包模式相比，工程总承包模式下的建设工程合同多了工程总承包合同、建设工程设计分包合同、建设工程施工分包合同（如果设计、施工需要分包），少了施工总承包合同、建设工程设计合同，其他合同类型一样。

工程总承包合同：建设单位将设计、采购、施工或者设计、施工都交由一个总承包人承包签订的合同。更细分的类型说明见后文说明。

建设工程设计分包合同、建设工程施工分包合同：工程总承包人将设计或施工分包给分包人。

上文仅说明的是合同类型的区别，工程总承包模式下的合同起草审查要点与施工总承包模式肯定还有诸多不同，本课程中会专门说明。

1.2 本课程讲建设工程合同的什么，没有讲什么

1.本课程重点讲解建设工程合同起草审查所需要运用的法律知识，或者说，本课程是面向法律工作者讲解建设工程合同的起草审查。

建设工程法律业务，涉及很多行业专门知识，要成为优秀的建设工程业务律师，法律知识、行业专门知识两方面的学习都必不可少。

要做好建设工程合同的起草审查同样如此。这就像是一个买卖合同要起草审查好，除知道法律知识之外，还要知道买的这个东西有什么性能、质量要求，这样才能把这些要求写在合同里，使合同满足我方的需要。

建设工程法律知识、行业专门知识这两方面的书籍很多，没有任何一本书可以涵盖这两方面知识，甚至说某一本书也很难涵盖其中一个方面的全部知识。而本书作为"法天使—中国合同库"出品的《合同起草审查指南》系列内容之一，主要讲解建设工程合同起草审查所需要运用的法律知识。

与工程合同有关的下列内容均在本课程中基本没有涉及：工程合同相关争议解决；工程合同履行中的监督、管理、签证等（工程签证在法律上可以理解为双方代表签订的补充协议）。

因此，如果读者需要深入研究建设工程合同及建设工程法律业务的其他知识，还需要进一步学习其他课程与知识。

2.本课程是对建设工程合同的整体把握，尤其是在宏观的合同类型、违法风险等方面，但在"微观—合同条款"方面，没有逐个条款详细分析。

这里因为"微观—合同条款"已经有很多关于示范文本（包括 FIDIC 合同）的使用指南和讲解书籍；合同条款的掌握需要读者自己去认真阅读理解条款原文；合同条款的讲解比较琐碎无趣。

本课程中仅针对一些主要条款进行了讲解。因此，通过本课程的学习，可以应对建设工程合同的选择、一般运用，但还不足以让读者达到对建设工程的细节

条款都非常熟悉、能够自行从头起草建设工程合同模板的地步，这需要读者进一步熟悉、掌握建设工程合同的细节条款。

3.本课程仅讨论适用中国法律的建设工程合同。

这一般也就对应境内的工程项目（虽然特殊情况下，但境外的工程项目也可约定适用中国法律）。

这意味着：（1）本课程讨论的建设工程合同不是以 FIDIC 等境外合同示范文本为基础。（2）没有考虑适用外国法律、外币支付、境外争议管辖等国际工程下的诸多问题。

1.3 本课程的讲授方法

1. 运用"三观分析法"进行讲授。

在本课程前面的"'中国合同标准'是什么"中,已经介绍过《合同起草审查指南》标准和系列书籍、课程的知识体系,也介绍过作为典型合同卷的《建设工程合同卷》就是利用《合同起草审查指南:三观四步法》中"三观分析法"的框架,对建设工程类合同的起草审查要点进行介绍、分析。

2. 先讲通用,再讲特殊。

前面已经介绍过建设工程合同的含义,其中包括总包合同、分包合同、工程直接承包合同、工程总承包合同等多类合同。

本课程会先讲解包含多类合同在内的建设工程合同的通用起草审查要点,然后再对比讲解施工总承包合同、工程总承包合同、分包合同、独立发包合同的特殊之处。

建设工程配套安排合同,可以理解为配合建设工程合同的特殊安排,放在所有建设工程合同讲解完之后进行讲解。

3. 以施工类合同为重点,施工类合同中又以施工总承包合同为重点。

因为这是建设工程合同中最主要、内容最多的合同。能处理好施工总承包合同及施工类合同,其他建设工程合同相应就好处理了。

1.4 建设工程合同示范文本概述

之所以要在本课程的开头对建设工程合同示范文本进行整体介绍，是因为：（1）建设工程合同示范文本较多，在实务中也很重要。以我国的情况来说，政府部门制定的各类合同示范文本很多（"法天使—中国合同库"中收录有 2000 多个示范文本），但很多领域的示范文本的实际使用率并不高，在相关业务领域没那么重要。而建设工程合同示范文本的实际使用率（虽然还有必要进一步提高）和重要性则高得多。（2）本课程后面很多地方会提到示范文本，如果不提前说明，会造成阅读困难。（3）因为存在示范文本，很多合同形式、合同条款的问题，可以在示范文本的基础上进行讨论。

建设工程合同类的示范文本常被称为"合同条件"，例如，"土木工程施工合同条件"。而且不少示范文本是作为"标准招标文件"的一部分而发布的，并非单独的一份合同文本。但为了与其他领域的合同示范文本叫法一致，这里仍称为"示范文本"，也没有专门讨论"标准招标文件"中合同示范文本之外的内容。

请注意，本节中说明的示范文本，在本节以后都将统一使用其简称。

> 相关知识点：国内建设工程合同示范文本汇总

一、国内现行的工程合同范本

1. 发改委序列的工程合同。

这又可以分为发改委合同和"发改委衍生合同"两类。

（1）发改委合同。

这是指国家发展改革委员会同相关主管部门直接发布的工程合同，包括：

● 《标准施工招标文件》合同条件，以下称"标准施工合同（2007 版）"。

这个文件于 2007 年发布，2008 年 5 月 1 日施行，但在实务中常被称为 2007 版合同。由国家发展改革委员会同财政部、建设部、铁道部、交通部、信息产业部、水利部、民用航空总局、广播电影电视总局等制定。

- 《标准设计施工总承包招标文件》合同条件，以下称"设计施工合同（2012版）"。

- 《简明标准施工招标文件》合同条件，以下称"简明施工合同（2012版）"。

上述两个文件经《关于印发简明标准施工招标文件和标准设计施工总承包招标文件的通知》（发改法规〔2011〕3018号）发布，由国家发展改革委员会同工业和信息化部、财政部、住房和城乡建设部、交通运输部、铁道部、水利部、广电总局、中国民用航空局等制定，自2012年5月1日起实施。

（2）"发改委衍生合同"。

这是指在上述国家发展改革委员会直接发布的工程合同的基础上，由各行业主管部门制定发布的示范文本。这些文本一般是在全文引用发改委合同条款的基础上，根据特定工程类型的特点补充了一些条款。

这包括（非全部）：

- 《水利水电工程标准施工招标文件》（2009版）中的水利水电工程施工合同条款，以下称"水利水电工程施工合同（2009版）"。

下面是其中的部分内容：

2.发包人义务

本条全文引用《标准施工招标文件》（2007年版）相应条款，并补充以下内容：

2.3 提供施工场地

2.3.1 发包人应在合同双方签订合同协议书后的14天内……

上面的内容上就是修改、替换掉了发改委合同中的对应条款。

- 《房屋建筑和市政工程标准施工招标文件》（2010年版）中的施工合同条款，以下称"房屋建筑和市政工程施工合同（2010版）"。

这是住建部发布的，但是基于标准施工招标文件合同条件，其中的通用合同条款完全采用标准施工合同（2007版）的"通用合同条款"。

- 《公路工程标准施工招标文件》（2018年版）中的施工合同条款，以下称"公路工程施工合同（2018版）"。

其中，通用合同条款完全采用标准施工合同（2007版）的"通用合同条款"，而在专用合同条款中增加了"A.公路工程专用合同条款、B.项目专用合同条款"以及"合同协议书、廉政合同、安全生产合同"等附件。

2. 住建部序列的工程合同。

原建设部最早在1991年已经制定和推广工程合同示范文本，之后又不断颁布、更新合同范本。目前住建部制定使用的工程合同包括：

- 《建设项目工程总承包合同》（GF-2020-0216），以下称"工程总承包合同（2020版）"。
- 《建设工程施工合同》（GF-2017-0201），以下称"施工合同（2017版）"。

2017版是该文本自1991年发布以来的第四次修订。

- 《园林绿化工程施工合同示范文本（试行）》（GF-2020-2605），以下称"园林绿化工程施工合同（2020试行版）"。
- 《建设工程施工专业分包合同（示范文本）》（征求意见稿，2014年版），以下称"专业分包合同（2014征求意见版）"。

在此之前，还有《建设工程施工专业分包合同（示范文本）》（GF-2003-0213），已经比较久远。

- 《建设工程施工劳务分包合同（示范文本）》（征求意见稿，2014年版），以下称"劳务分包合同（2014征求意见版）"。

在此之前，有《建设工程施工劳务分包合同》（GF-2003-0214），已经比较久远。

以上为施工类合同，以下为其他工程合同：

- 《建设工程设计合同示范文本（房屋建筑工程）》（GF-2015-0209），以下称"工程设计合同（2015版）"。
- 《建设工程设计合同示范文本（专业建设工程）》（GF-2015-0210），以下称"专业工程设计合同（2015版）"。
- 《建设工程勘察合同（示范文本）》（GF-2016-0203），以下称"工程勘察合同（2016版）"。

以下几类不是工程合同，是建设工程相关服务合同的示范文本：

- 《建设工程造价咨询合同（示范文本）》（GF-2015-0212），以下称"专业工程设计合同（2015版）"。
- 《建设工程监理合同（示范文本）》（GF-2012-0202），以下称"工程监理合同（2012版）"。
- 《建设工程咨询服务合同示范文本》（征求意见稿，2018年版），以下称"工程咨询服务合同（2018征求意见版）"。

3. 上述两个序列的工程合同还有"地方衍生序列"。

上述两个序列都是国家部委一级制定发布的，与之相应的有以下几种。

（1）各地建委牵头，还制定了各类工程合同示范文本。

这里又分为以下两种做法：

第一种做法：整本合同文本。例如，《天津市建设工程施工合同》（天津市2017版）、《建设工程施工（总价）合同》（深圳市2018版）。相当于在住建部序列合同的基础上修改，整个重新发布的示范文本。

第二种做法：仅提供合同协议书、专用条款等示范文本。例如，《建设工程施工合同专用条款（工程量清单计价）》（台州市2020版）。

（2）各地行业主管机构牵头，在发改委序列文本的基础上制定的工程合同文本。

这里采取的都是完全引用发改委合同通用条款，仅提供专用条款、附件等方式发布。这是因为国家发展改革委员会的文件已经明确说明必须"不加修改的引用《标准文件》的内容"。例如，《湖南省公路工程标准施工招标文件》（湖南省2019版）的合同文本。

4. 这两个序列工程合同的区别。

（1）适用的项目性质不同。

发改委序列主要适用于政府投资项目。住建部序列既可适用于政府投资项目，也可适用于非政府投资项目。

（2）是否强制使用不同。

发改委序列属于强制使用的合同文件。《招标投标法实施条例》第15条第4款规定：

编制依法必须进行招标的项目的资格预审文件和招标文件，应当使用国务院发展改革部门会同有关行政监督部门制定的标准文本。

正是基于上述规定，发改委序列合同的使用说明中也要求必须使用。例如，在《关于印发简明标准施工招标文件和标准设计施工总承包招标文件的通知》（发改法规〔2011〕3018号）提到：

二、应当不加修改地引用《标准文件》的内容

《标准文件》中的"投标人须知"（投标人须知前附表和其他附表除外）、"评标办法"（评标办法前附表除外）、"通用合同条款"，应当不加修改地引用。

三、行业主管部门可以作出的补充规定

国务院有关行业主管部门可根据本行业招标特点和管理需要，对《简明标准施工招标文件》中的"专用合同条款"、"工程量清单"、"图纸"、"技术标准和要求"，《标准设计施工总承包招标文件》中的"专用合同条款"、"发包人要求"、"发包人提供的资料和条件"作出具体规定。其中，"专用合同条款"可对"通用合同条款"进行补充、细化，但除"通用合同条款"明确规定可以作出不同约定外，"专用合同条款"补充和细化的内容不得与"通用合同条款"相抵触，否则抵触内容无效。

不过未使用或者未按要求使用发改委序列的文本本身，不足以导致中标无效及合同无效。根据《招标投标法实施条例》第81条，只有"对中标结果造成实质性影响、且不能采取补救措施予以纠正的"，才会导致招标、投标、中标无效。

住建部序列的文本则没有上述要求，也不存在相应强制使用的法律依据。

（3）条款自行约定的灵活性不同。

这也是基于上述强制性要求而来的。

住建部序列的合同允许当事人对通用条款进行修改和自行约定，而发改委序列的合同如上所述"除通用合同条款明确规定可以作出不同约定外，专用合同条款补充和细化的内容不得与通用合同条款相抵触，否则抵触内容无效"。

（当然，是否确实会导致"抵触内容无效"在法律上需具体分析，但至少是存在无效风险，且在国家发展改革委员会等机关的监管之下，也不得不遵守）

（4）具体合同适用的具体工程类型不同。

发改委序列的合同更多的是公路、铁路、港口、水利等基础设施项目，因为这些项目需要国家发展改革委员会的立项和审批。

5. 住建部文本作为交易惯例的意义。

《2008江苏高院意见》（已失效）第8条规定："建设工程合同生效后，当事人对有关内容没有约定或者约定不明确的，可以协议补充；不能达成补充协议的，按照合同有关条款或者参照国家建设部和国家工商总局联合推行的《建设工程施工合同（示范文本）》的通用条款确定。"

6. 对国内工程合同示范文本的整体评价。

总体来说，主管部门编制示范文本时出于公平、适当保护弱势方的考虑，在整体上保持公平的情况下，有一些对发包人并非很有利的条款。对于实务中处于强势地位的发包人来说，往往会觉得示范文本还不够强调发包人利益，于是不太愿意使用示范文本，常常"自起炉灶"起草自己的合同模板。

二、中国对外承包工程商会的分包合同范本

为改变过去和当前中国企业之间分包合同不规范的现象，解决中国企业总包商与分包商之间缺乏权威机构编制的标准分包合同文本的问题，2017年12月，商务部立项批准中国对外承包工程商会作为起草和编制国际工程分包合同格式的主体，成立编制委员会，邀请业内专家、学者和律师等组成起草委员会，起草和编制适用于中国企业之间的系列工程分包合同格式，并已经在2019年制定发布。

中国对外承包工程商会的发布信息称：

为规范国际承包工程项目中国企业间分包合同，合理分配风险，维护当事人的合法权益，商会组织行业领军企业代表、业内权威专家、学者和律师等成立编写委员会，制定了《国际工程分包合同示范文本（2019年第1版）》，包括《施工分包合同条件（适用于单价分包合同）》《施工分包合同条件（适用于总价分包合同）》《安装分包合同条件》《设计分包合同条件》《采购合同条件》等五份示范文本，供中国总承包工程企业与中国分包工程施工企业、设计咨询公司、安装工程企业、设备和材料供货商在国际承包工程项目中使用。2021年9月，经承包商会行业规则委员会审议，一致同意将上述合同示范文本作为行业标准予以发布。[1]

可见，该系列合同范本，主要供中国总承包工程企业与中国分包工程施工企业、设计咨询公司、安装工程企业、设备和材料供货商在国际承包工程项目中使用，换言之，该工程项目是适用境外法律、在FIDIC或其他境外工程合同总承包合同框架下的分包工程。因为本课程主要针对境内适用中国法律的工程承包，因此不再对这一系列合同范本进行说明。

三、国际上及中国香港特别行政区的工程合同示范文本

1. 简要介绍。

因为本课程仅讲解适用中国法律的境内工程的合同，因此对这一块仅作简单介绍。

---

[1] 参见《国际工程分包合同示范文本》，载中国对外承包工程商会网2022年7月7日，https://www.chinca.org/CICA/PublicationsList/TP/22011214321711。

1.4 · 建设工程合同示范文本概述

（1）FIDIC合同序列。

FIDIC合同即国际咨询工程师联合会（Fédération Internationale Des Ingénieurs-Conseils，FIDIC）出台的工程合同，因为体现为红皮书、黄皮书、银皮书等，又被称为"彩虹系列"。FIDIC合同最新的合同文本情况如图1.4-1所示。

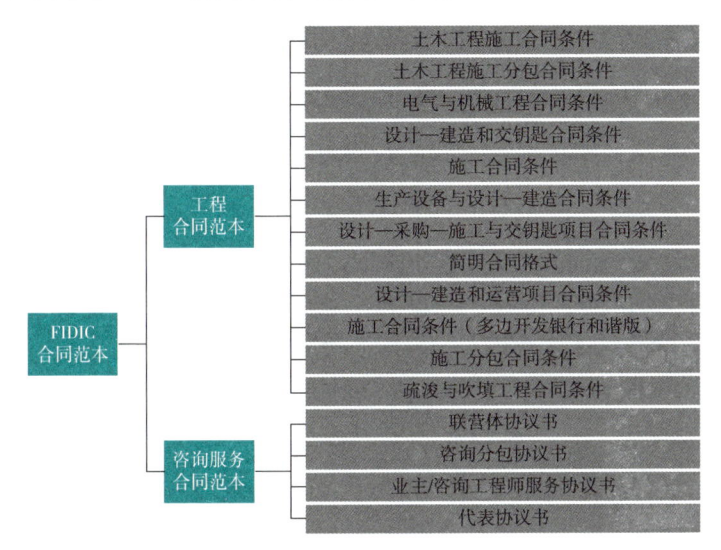

```
                              ┌─ 土木工程施工合同条件
                              ├─ 土木工程施工分包合同条件
                              ├─ 电气与机械工程合同条件
                              ├─ 设计—建造和交钥匙合同条件
                              ├─ 施工合同条件
                   ┌─工程     ├─ 生产设备与设计—建造合同条件
                   │ 合同范本 ├─ 设计—采购—施工与交钥匙项目合同条件
                   │         ├─ 简明合同格式
    FIDIC          │         ├─ 设计—建造和运营项目合同条件
    合同范本 ──────┤         ├─ 施工合同条件（多边开发银行和谐版）
                   │         ├─ 施工分包合同条件
                   │         └─ 疏浚与吹填工程合同条件
                   │
                   │         ┌─ 联营体协议书
                   └─咨询服务├─ 咨询分包协议书
                     合同范本├─ 业主/咨询工程师服务协议书
                             └─ 代表协议书
```

图 1.4-1　FIDIC 最新的合同文本

图1.4-2展示了FIDIC合同的主要发展历程，其最新版为2017版（银皮书、黄皮书、白皮书、红皮书）。

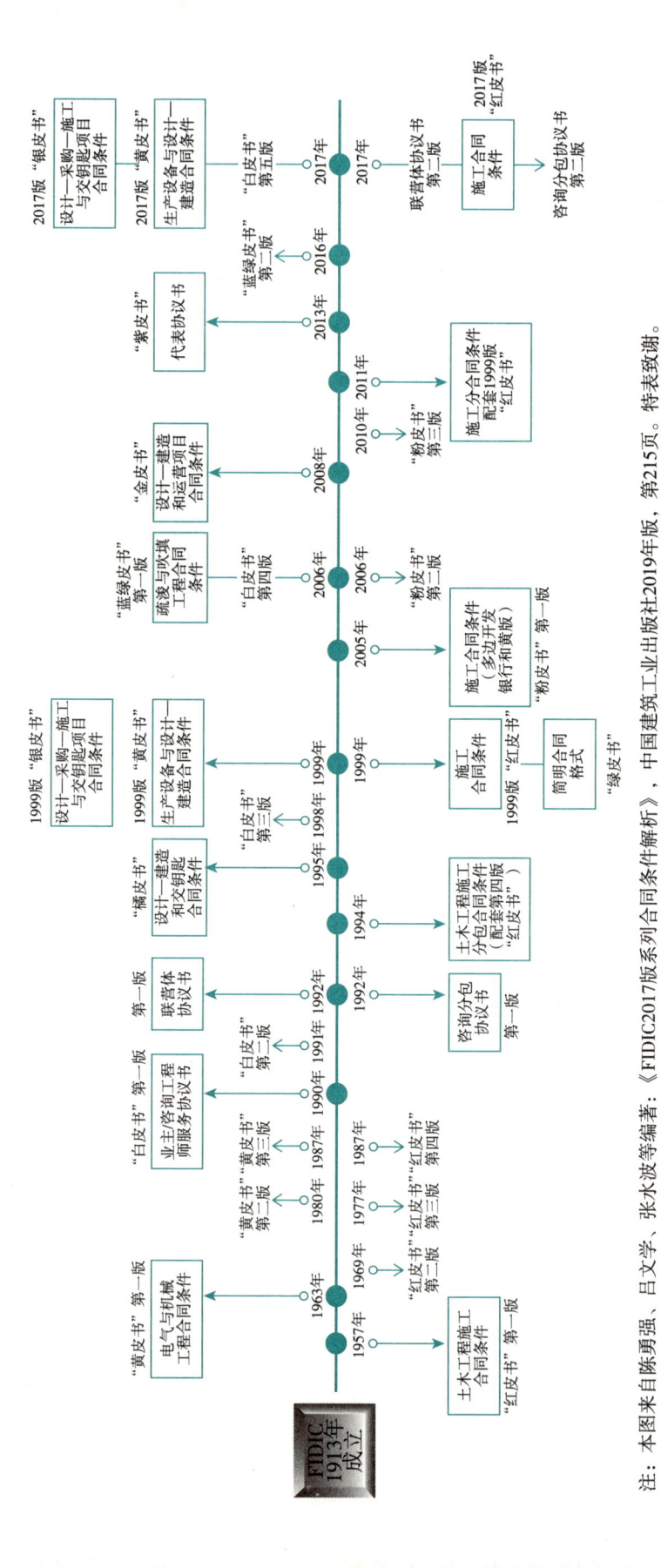

图 1.4-2 FIDIC 合同体系 60 年发展历程

注：本图来自陈勇强、吕文学、张水波等编著：《FIDIC2017版系列合同条件解析》，中国建筑工业出版社2019年版，第215页。特表致谢。

但是合同文本并非一般科学技术或产品，并不是说最新的版本就是最好的，实务中之前版本的合同文本仍在使用，只要当事人明确说明所使用的版本即可。

FIDIC合同是国际上最负盛名、应用最广的工程合同条件。据统计，自1990年以来，中国企业在国际工程承包市场中使用最多的是FIDIC合同，据不完全统计，约60%的项目使用的是FIDIC合同。[1]

国内发布的工程合同范本如施工合同（2017版）等，都参考、吸收了FIDIC合同的不少内容。

（2）ICE合同。

ICE合同即英国土木工程师学会制定的标准化合同。FIDIC合同是在ICE合同的基础上制定的。

（3）AIA系列。

由美国建筑师协会编制的合同条件。

（4）中国香港特别行政区工程合同范本。

在过去若干年，在内地的港资工程中，香港版工程合同的使用频率也较高。

2. 境内工程使用国际上及中国香港特别行政区的合同范本是否有效

合同是意思自治的文件，当事人使用什么样的条款、表述，遵循契约自由的原则。国际上的合同文件如果被当事人使用，纳入签署的合同文件中，自然也是有效的，也就是说，这里的问题在于"合适不合适"，并不在于"有效或无效"。[2] 当然，因为FIDIC合同、ICE合同都属于普通法（common law）体系，[3] 而境内工程又只能适用中国法律，[4] 自然就会导致境内工程适用菲迪克合同或其他国际上的合同时，有一些条款可能因违法而无效，还存在境内工程施工实务与FIDIC合同对应的工程实务不同（例如，国内的工程监理就与FIDIC合同下的咨询工程师有不同）导致条款的解释、适用出现问题。

在实务中，确实有国内工程适用"菲迪克"合同的例子。不过因为以上原因，并不推荐这样做。

---

[1] 参见崔军：《FIDIC分包合同原理与实务》，机械工业出版社2018年版，第175页。
[2] 参见朱树英：《国内使用国际通用的FIDIC（菲迪克）合同文本有效——首例工程项目全文采用菲迪克合同文本引起的诉讼案》，载微信公众号"建纬律师"，2016年3月14日发布。
[3] 参见田威：《FIDIC合同条件应用实务》（第2版），中国建筑工业出版社2009年版，第19页。
[4] 《涉外民事关系法律适用法司法解释（一）》第4条规定："中华人民共和国法律没有明确规定当事人可以选择涉外民事关系适用的法律，当事人选择适用法律的，人民法院应认定该选择无效。"

四、延伸讨论：对示范文本通用条款进行修改，是否有效

示范文本的正常使用方法，应该是在合同协议书、专用条款等部分填充内容，包括对通用条款进行修改、删除，而不应该直接对通用条款内容进行修改、删除。但在实务中，也存在修改通用条款然后签署的行为（一般是发包人进行的修改）。

1. 如果合同本身并没有体现这就是示范文本（通过示范文本编号、前言、监制机关等体现），只是事实上是在示范文本的基础上修改使用，那么这应该是有效的，就像当事人自己起草签订一份普通的合同一样。

示范文本本身并非法律，而且也没有法律要求强制使用该示范文本，只是一个参考，当事人自然是可以修改的。

2. 如果合同本身体现这是示范文本，但实际上通用条款又被修改（通用条款与官方发布的通用条款不符）。而另一方不认可这些被修改的条款，主张自己不知道这些修改，那么这可能会产生一些争议。此时有可能认为是修改通用条款的一方存在欺诈，或不知情方有重大误解。——但这是个有争议的问题，需要在具体案件中结合证据来判断，不好一概而论。

五、延伸讨论：建设工程合同标准文本的建设与推广

境内的工程完全采用菲迪克合同文本，显然是不现实的。但国内的工程示范文本又没有像国际上的菲迪克合同那样系统、成熟，各界认可、运用程度也不够。因此，国内的工程合同示范文本仍有可改进之处。

"法天使—中国合同库"致力于为中国社会所有交易提供优质合同范本，而建设工程类合同显然也是其中重要又类型较多的类别。即使房地产在社会经济生活中的重要性有所下降，但长期来看仍然会占据重要地位。换个角度，房地产行业相对成熟、稳健了，才能更好地推动示范文本的运用。因此，建设工程合同的示范文本的推广与运用，是具有长期社会意义的事业。

"法天使—中国合同库"在建设工程类合同示范文本方面的总体思路如下。

1. 努力制定、推广统一的、优质的示范文本，改变目前示范文本既有重复、部分类型又没有，尤其是实际适用上不统一、五花八门的局面。这是"法天使—中国合同库"的一贯思路，也是整个社会降低交易成本的需求。

2. 基于政府示范文本来建设、推广示范文本。虽然实务中对住建部序列文本、发改委序列文本都有诸多想法，但是抛开这两个国家级的示范文本序列，"另起炉

灶"来制定示范文本,既不太现实,也没有必要(因为这两个文本仍然可以通过专用条款、附件来调整其内容)。

"法天使—中国合同库"在具体文本建设方面的思路,就是基于这两个系列的示范文本,通过合同协议书、专用条款、附件的填写示范,推出各类具体场景下的工程合同供社会采用。

3. 长期的推广与坚持。FIDIC 合同第 1 版出版于 1957 年(作为其基础的 ICE 合同 1945 年出版第 1 版),至今已有 60 多年的历史。

不难理解,要想标准文本被各市场主体、各相关人员接受,需要长达数十年以上的努力、坚持。这其中既要有一个机构来长期推广、不断优化,也需要建设工程市场更加成熟、规范,更趋向公平,这样才更有利于示范文本的运用。

"法天使—中国合同库"愿意作为这样一个推广机构,也欢迎更多相关企事业单位、律师事务所等加入。

1.5 建设工程合同卷有关术语

本课程中所使用的建设工程合同有关术语，其含义基本上与建设工程实务一致；法规缩略语请见附录，不在此处说明。

表 1.5-1　建设工程合同卷有关术语

术语	含义
主体相关	
建设单位	建设单位是与施工单位相对应的概念，通常是指建设工程项目的投资主体或投资者，也是建设项目管理的主体
业主	在建设工程类合同中，业主通常与建设单位一致。 但业主强调的是建筑物的所有权，即谁拥有这个建筑物。 在同一项目中，业主是可能发生变化的；在代建模式下，业主和建设单位可能并不一致
发包人	发包人是与承包人相对应的概念，系建设工程合同的合同主体。有时也被称为发包单位、建设单位、业主、项目法人。 通常是指具有工程发包主体资格和支付工程价款能力的当事人以及取得该当事人资格的合法继承人。 从合同角度来看，发包人的主要义务是支付工程款，并不以建设单位身份或所有权为前提。 建设单位、业主、发包人的身份不一定全部重合
承包人	是指被发包人接受的具有工程承包主体资格的当事人以及取得该当事人资格的合法继承人
工程总承包人	是指按照工程总承包合同的约定，负责组织完成工程勘察、设计、采购、施工等多个阶段，完成全部工程建设的单位。 对工程的质量、安全、工期和造价等全面负责
施工总承包人	是指从业主或工程总承包人处接受并负责整个工程所有分项、各个专业工程的全部施工任务的建筑企业。 直接对业主或工程总承包人负责
专业分包人	是指具有相应资质的，从业主或施工总承包人处承包工程中部分专业工程的建筑企业。 此处的专业工程指《建筑业企业资质标准》中专业承包序列的类别

续表

术语	含义
劳务分包人	是指具有施工劳务资质（或专业作业资质）的，从施工总承包人或专业承包人处承包某工序劳务作业的建筑劳务企业
直接承包人	独立发包模式下的承包人
实际施工人	一般指无效合同的承包人、转承包人、违法分包合同的承包人、没有资质借用有资质的建筑施工企业的名义与他人签订建筑工程施工合同的承包人。通俗地讲，实际施工人就是在上述违法情形中实际完成了施工义务的单位或者个人。 建设工程层层多手转包的，实际施工人一般指最终投入资金、人工、材料、机械设备实际进行施工的施工人
内部承包人	内部承包合同中的承包人。通常是与建筑企业有隶属关系的分支机构、职能部门，或在册项目经理等与本企业具有合法的劳动关系及社会保险关系的员工。 内部承包人与发包人之间存在管理与被管理的隶属关系
挂靠方	是指缺乏相应资质而借用其他有资质的企业名义承揽工程的单位或个人
被挂靠方	与挂靠方相对应，通常是指被借用资质的建筑企业
合同标的相关	
建设工程	是指为人类生活、生产提供物质技术基础的各类建（构）筑物和工程设施。建设工程按自然属性可分为建筑工程、土木工程和机电工程三大类；按使用功能可分为房屋建筑工程、铁路工程、公路工程、水利工程、市政工程、煤炭矿山工程、水运工程、海洋工程、民航工程、商业与物资工程、农业工程、林业工程、粮食工程、石油天然气工程、海洋石油工程、火电工程、水电工程、核工业工程、建材工程、冶金工程、有色金属工程、石化工程、化工工程、医药工程、机械工程、航天与航空工程、兵器与船舶工程、轻工业工程、纺织工程、电子与通信工程和广播电影电视工程等。各行业建设工程可按自然属性进行分类和组合
建筑工程	是指供人们进行生产、生活或其他活动的房屋或场所。 按照使用性质可分为民用建筑工程、工业建筑工程、构筑物工程及其他建筑工程等
合同类型、模式相关	
建设工程合同	建设工程合同是承包人进行工程建设，发包人支付价款的合同。 建设工程合同包括工程勘察、设计、施工合同
工程总承包	是指工程总承包企业按照合同约定，对工程项目的勘察、设计、采购、施工、试运行（竣工验收）等实行全过程或若干阶段的承包，并对工程的质量、安全、工期、造价全面负责的承包方式。 根据项目规模、类型和业主实际需求的不同，工程总承包存在多种形式，如EPC、DB、PC、EPCM等

续表

术语	含义
EPC总承包	即"工程设计+采购+施工总承包"模式，又称交钥匙总承包。 是指工程总承包企业按照合同约定，承担工程项目的设计、采购、施工、试运行服务等工作，并对承包工程的质量、安全、工期、造价全面负责的承包方式。 交钥匙总承包最终是向业主提交一个满足使用功能、具备使用条件的工程项目
DB总承包	即"工程设计+施工总承包"模式。 是指工程总承包企业按照合同约定，承担工程项目的设计和施工，并对承包工程的质量、安全、工期、造价全面负责的承包方式
施工总承包	是指发包人按照施工总承包合同约定，将工程项目的施工发包给具有施工总承包资质条件的承包人，由发包人支付工程价款，承包人可将所承包工程的非主体部分分包给具有相应资质的专业承包企业、将劳务分包给具有劳务分包资质的企业的一种工程承包方式
独立发包	是指发包人将部分工作直接发包，发包人与承包人直接签订施工承包合同；又称为平行发包。广义的独立发包是相对于工程总承包而言，是将项目的设计、采购、施工等分别发包给不同的承包人。但本课程中的独立发包是使用狭义的概念，是相对于施工总承包、支解分包而言，将部分工程直接发包给承包人
支解发包	是指发包人将应当由一个承包人完成的建设工程分解成若干部分发包给数个承包人的行为
甲指分包	是指在实行施工总承包的工程中，对于列入总承包合同内某项专业工程，由业主指定专项（专业）分包单位施工的行为。 实践中常见的甲指分包项目一般为专业性较强的项目，比如，智能化系统、配电工程、消防工程等；直接影响建筑物使用功能、建筑风格和形象、建筑品质和水准的项目，比如，精装修；一些特种设备的采购和安装工程，如电梯、空调系统等
专业分包	是指工程总承包人或施工总承包人依据专业分包合同的约定，将承包的工程中的专业工程分包给具有相应资质条件的专业分包人完成，并支付分包工程款，对分包工程承担连带责任的工程承包方式
劳务分包	是指工程总承包人、施工总承包人或专业分包人将所承包工程中的施工劳务作业分包给具有相应资质条件的劳务分包人完成，并由发包人支付劳务报酬的承包方式。 劳务分包人只承担某个工序的劳务作业，一般只包工不包料，最多包含小型工具和辅材，不得包含大型机械设备及主要建筑材料
内部承包	是指建筑企业作为发包人与其内部的生产职能部门、分支机构、职工之间为实现一定的经济目的，而就特定的生产资料及相关的经营管理权所达成的双方权利和义务的约定，属于企业的内部经营方式和激励机制。 内部承包合同实际上是为明确公司与员工权利和义务关系而进行的分工，这种内部分工形式并不为法律和行政法规所禁止

续表

术语	含义
挂靠承包	是指缺乏相应资质的个人或单位以其他有资质的施工单位的名义承揽工程的行为。所称承揽工程，包括参与投标、订立合同、办理有关施工手续、从事施工等活动
示范文本	
FIDIC合同	又称"菲迪克"合同条件，是由国际咨询工程师联合会编写的一系列规范标准的合同条件，分别适用于不同形式的工程承包项目。"菲迪克"合同条件涵盖融资、设计、采购、施工、竣工试验、竣工后试验和缺陷修复等建设全过程，涉及法律、贸易、国际运输、国际保险规则等，以其术语一致、结构统一、措辞精准、适用法律广泛等原则在全球工程承包中广泛应用
示范文本	可能由政府出台，也可能由行业协会等出台； 包括境外机构、组织出台的示范文本，如FIDIC合同
施工合同2017版	2017年由住建部、工商总局发布的非强制性使用文本。主要适用于房屋建筑工程、土木工程、线路管道和设备安装工程、装修工程等建设工程的施工承发包活动
工程总承包合同2020版	2020年由住建部、市场监管总局发布的非强制性使用文本。主要适用于房屋建筑和市政设施项目工程总承包承发包活动
标准施工招标文件合同条款及格式（发改委2007版）	2007年由国家发展改革委员会牵头，财政部、建设部、铁道部等九部委联合编制的供招标人参考的格式文件。《标准施工招标文件》主要在政府投资项目中试行，招标人在编制招标文件时应不加修改地引用其中的"通用合同条款"
简明标准施工施工招标文件合同条款及格式（发改委2012版）	2011年年底由国家发展改革委员会同工业和信息化部、财政部、住建部、交通运输部等九部委联合编制的供招标人参考的格式文件。适用于依法必须进行招标的，工期不超过12个月、技术相对简单且设计和施工不是由同一承包人承担的小型项目。《标准文件》中的"通用合同条款"应当不加修改地引用

02
第二单元

建设工程合同"宏观—交易结构"通用起草审查要点

本单元我们就开始讲解"建设工程合同"的通用起草审查要点。"通用"的意思是，施工类合同、建设工程勘察合同、建设工程设计合同、配套安排合同，都要考虑这些审查要点（除非专门说明了不适用于某些场景）。

2.1 宏观—合同标的＋合同类型：建设工程合同与非建设工程合同

一、标的是否建设工程，决定是否建设工程类合同，决定了合同性质和适用法律

建设工程合同当然是以"建设工程"为标的的合同。如果不是，那么就不适用《民法典》"建设工程合同"这一章的法律规定，也就不会适用《建设工程质量管理条例》等诸多建设工程特别法规。

对于"非建设工程类合同"，如果是小型的定作、安装等，则完全可以参照一般的定作承揽类合同、买卖合同、委托服务类合同来处理，不能够也不需要参照本课程所讨论的建设工程合同的起草审查知识。

因此，处理建设工程类合同时，首先要根据标的是否建设工程来判断起草审查的是不是建设工程合同。

二、建设工程的含义

《建设工程质量管理条例》第 2 条第 2 款规定，"本条例所称建设工程，是指土木工程、建筑工程、线路管道和设备安装工程及装修工程"；《招标投标法实施条例》第 2 条规定，"前款所称工程，是指建设工程，包括建筑物和构筑物的新建、改建、扩建及其相关的装修、拆除、修缮等"。作为一个不够严谨、仅帮助理解的说法，我们可以认为，只要交付的成果属于不动产或者不动产的一部分，就属于建设工程了。

《建设工程分类标准》（GB/T 50841—2013）将建设工程分为建筑工程（包括地基与基础工程、主体结构工程、建筑屋面工程、建筑装饰装修工程等）、土木工程（包括道路、轨道、桥梁、隧道等工程）、机电工程（机械设备工程、通风与空调工程、电子与通信工程等）三类。

《建筑法》第 2 条第 2 款规定的建筑活动的适用范围为"各类房屋建筑及其

附属设施的建造和与其配套的线路、管道、设备的安装活动"，即以房屋建筑活动为主。同时第 81 条规定，"本法关于施工许可、建筑施工企业资质审查和建筑工程发包、承包、禁止转包，以及建筑工程监理、建筑工程安全和质量管理的规定，适用于其他专业建筑工程的建筑活动，具体办法由国务院规定"，也就是说，《建筑法》也能适用于其他建筑活动，但并非适用于所有的"建设工程"。

总之，建设工程比建筑工程范围要广。不属于"建筑工程"、不适用《建筑法》但属于"建设工程"的勘察、设计、施工项目仍然对应"建设工程合同"。

不过，由于建筑工程的典型性、常见性，除另有说明外，本课程中的建设工程合同默认以建筑工程项目为标的。

三、实务中部分特殊标的说明

1. 装饰装修工程。

《住宅室内装饰装修管理办法》规定如下：

第 2 条第 2 款　本办法所称住宅室内装饰装修，是指住宅竣工验收合格后，业主或者住宅使用人（以下简称装修人）对住宅室内进行装饰装修的建筑活动。

第 44 条　工程投资额在 30 万元以下或者建筑面积在 300 平方米以下，可以不申请办理施工许可证的非住宅装饰装修活动参照本办法执行。

换言之，上面所说的住宅室内装饰装修活动、小型的非住宅装饰装修活动（法条中特意未使用"建筑工程、装修工程"表述）不作为建设工程，相关合同一般视为承揽合同，不属于建设工程合同。

2. 农村自建房。

《建筑法》第 83 条第 3 款规定："抢险救灾及其他临时性房屋建筑和农民自建低层住宅的建筑活动，不适用本法。"

什么是农民自建低层住宅？《建设部关于加强村镇建设工程质量安全管理的若干意见》中规定为"两层（含两层）以下住宅的建设活动"。实务中在两层之上还有人字屋顶之类的"两层半"建筑的，仍认定为两层。

另外，确实在实务中还有不少农民自建房远超过两层，仍然没有交由有资质的建筑公司施工，产生一些纠纷。

3. 信号发射塔、纪念塔（碑）、大型室外雕塑、大型室外广告牌等建造属于建设工程。

4. 船舶建造不属于建设工程。但如果涉及码头、船坞等不动产的建造，则仍属于建设工程。

5. 公墓建造属于建设工程。

6. 对竣工后的房屋进行测绘，不属于建设工程勘察。

建设工程勘察是在设计、施工之前，编制建设工程勘察文件的活动。实务中有的当事人会把一般的测绘活动承揽误按建设工程勘察合同处理。

名为工程承包、分包，实为承揽类合同。

四、实务中常见"误按非建设工程合同处理"的合同

与"合同标的属于建设工程"相关的较容易产生误解的主要是：

1. 设备买卖加安装类合同，例如，中央空调、电气工程、钢结构工程等，容易被当事人误按非建设工程合同处理。

2. 定作加安装类合同。与设备买卖加安装类合同类似，如果合同标的（成果）是不动产或不动产的一部分，其实也是建设工程类合同。

3. 建设工程有关设备租赁合同。如果不仅是租赁，还包括施工，例如，脚手架器件出租加上搭设、拆除脚手架的服务，其实就已经是建设工程合同（一般是建设工程分包合同）。

注意上面说的这些并不一定就是建设工程合同，也可能是一般买卖合同、承揽合同、租赁合同，还要根据合同标的（工作成果）是否建设工程来判断。

五、"非建设工程类承揽合同"的起草审查

这是指不属于建设工程而又属于某种建筑活动承揽类合同的起草审查。例如，装修工程合同、农民自建房施工承揽合同等。这里简要用"三观分析法"说明几点起草审查要点。

1. 宏观—合同类型：既然不是建设工程合同，就应该使用"××承揽合同"的名称，且不要使用"根据《建筑法》"等表述。

如果可能存在争议，或者较大型的非建设工程合同，合同中可以直接说明"双方确认本合同标的不属于建设工程，本合同不适用《建筑法》以及建设工程合同相关法律法规，应适用承揽合同相关法规"。

从发包人的角度，考虑到承揽合同的任意解除权、任意变更权、雇主责任风险小等好处，名为"××承揽合同"比名为"××施工合同、××劳务合同、××承包合同"要更有利一些。

2.宏观—合同主体、合同类型：如果交由个人包工头承揽，对于发包人来说，除质量风险以外，还可能会对施工过程中出现的人身损害事故承担雇主责任。因此还是要考虑避免交由个人承揽。

关于雇主责任的更进一步分析参考相关课程：《合同起草审查指南：劳动用工卷》203 延伸讨论：《民法典》下的雇主责任与应对。

3.微观—合同条款：可以较自由地对转包、分包、付款方式等进行约定。

这种情况下没有建设工程合同相关禁止转包、限制分包的约定，各方可以自由约定。在没有专门约定的情况下，承揽人不能转包或分包主要工作。[1]

---

[1]《民法典》第 772 条第 1 款规定：承揽人应当以自己的设备、技术和劳力，完成主要工作，但是当事人另有约定的除外。

2.2 宏观—合同类型：建设工程合同与 PPP 相关合同

一、建设工程类合同是 PPP 项目合同框架下履约过程中使用的一类合同

PPP（Public-Private Partnership），在我国现行法规中称为"政府和社会资本合作"，是指政府与社会资本通过建立合作关系来提供公共产品或服务。

PPP 的模式包括很多种，其中，比较典型的 BOT（Build-Operate-Transfer，建造—运营—移交）模式大概这样操作：就一个基础设施项目（例如，一条公路、一条地铁线、一段地下综合管廊、一个污水处理厂），政府授权私营企业进行融资、设计、建造、运营和维护，在特许期内向该项目的使用者收取适当费用来回收项目建设运营成本，并获得合理回报。特许期满后一般移交给政府。

典型的 BOT 模式下的合同体系如图 2.2-1 所示。

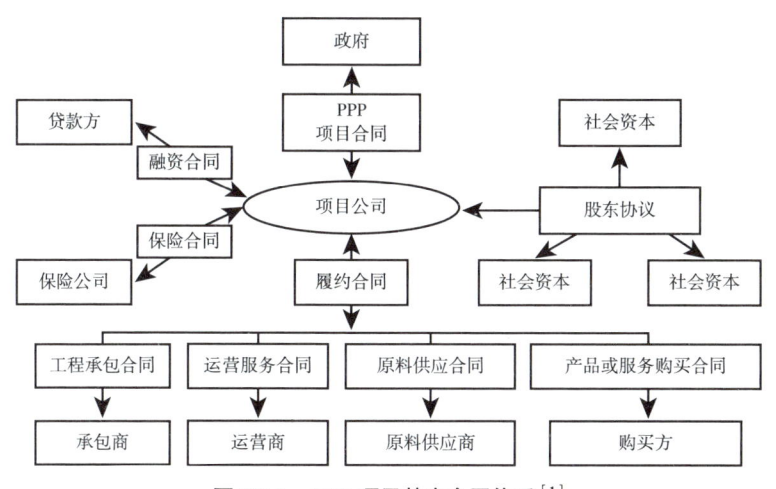

图 2.2-1 PPP 项目基本合同体系[1]

图 2.2-1 中，在 PPP 项目合同的框架上（相当于项目公司已经拿下了 PPP 项

---

[1] 引自财金 156 号文附件：《PPP 项目合同指南（试行）》。

目），需要设计、建造基础设施时，项目公司就需要与施工单位、设计单位等签订相应施工合同、设计合同。所以，建设工程类合同是 PPP 项目履约中要用到的一类合同。

基于 PPP 项目的需要，项目公司通常会要求与承包人签订固定价格、固定工期的工程总承包合同，由承包人承担工期延误、工程质量不合格和成本超支等风险。通常还会强化履约担保、违约金等，进一步约束承包人妥善履行合同义务。

二、BT 模式接近"垫资的施工总承包合同或工程总承包合同"

从 PPP 模式的角度，BT（Build-Transfer，建造—移交）模式可认为是 BOT 模式的一种演变。BT 模式就是企业获得政府的授权后出资和贷款为政府建设项目，在项目建成后交给政府使用，政府则一般在 2 年至 4 年内向企业分期支付（回购）。

不难看出，从建设工程合同的角度来看，这其实就是一个变相的"垫资建设工程合同"。这一模式在 21 世纪初开始应用，2010 年后有大量应用。2012 年 12 月，财政部等四部委出台《关于制止地方政府违法违规融资行为的通知》（财预〔2012〕463 号，已失效）对 BT 模式加以严格监管后，BT 模式自此较少运用。2019 年《政府投资条例》第 22 条进一步明确"政府投资项目不得由施工单位垫资建设"，换言之，如果使用 BT 模式，需要考虑合规性及其风险。

三、FIDIC 合同中的 DBO 合同与 BOT 合同的异同

2008 年 9 月，FIDIC 推出 DBO 合同（Conditions of Contract for Design, Build and Operate Projects），又称 FIDIC 金皮书。DBO 合同主要适用于承包人不仅需要对设施的设计和施工负责，还应在设施移交业主之前，对设施的长期运营（DBO 合同采用 20 年的运营期限）负责的项目。可见 DBO 合同是在 DB 合同（设计—施工合同）的基础上加上了"O"（Operate，运营），仍属于建设工程合同的一种。不过 DBO 合同在国内运用不多，本课程中也没有对此专门讲解。

在某种程度上，作为建设工程合同的 DBO 合同与作为 PPP 合同的 BOT（Build-Operate-Transfer，建造—运营—移交）合同有一定相似性，从表面现象来看，容易混淆。但其实从实质来看，DBO 与 BOT 乃至 PPP 都不属于一类，其实质区别如下。

1. 承包人的融资义务不同。DBO 合同中，承包人并不负责融资，是由业主负责融资，这跟普通的施工合同、工程总承包合同是一致的。而一般的 BOT 合同中，

是由项目公司负责融资，承包人作为项目公司聘用的实施项目的机构，少数情况下承包人也参与融资。

2. 获得回报的途径不同。在 DBO 合同中，业主需向承包人支付设计、建造费用以及运营服务费用，承包人得到的利润是承包工程所得的回报以及运营服务费用。但在 BOT 合同中，项目公司需要从项目运营收费中回收项目的投资、经营和维护成本，并获得合理的回报。

3. 合同主体地位不同。DBO 合同中，业主与承包人签订 DBO 合同，由承包人负责设计、建造和运营项目，承包人处于合同结构的中心地位。在 BOT 项目中，政府或公共机构与项目公司签订特许经营权协议，由项目公司负责项目的融资、建设和运营，而承包人只是项目公司聘用的工程实施的主体，在项目中处于从属地位。

4. 合同本质不同。BOT 项目的本质是项目发起人的一种投资行为，BOT 合同是投资性质的合同。而 DBO 合同的本质是在工程实施阶段承包商负责设计和施工，在运营阶段，业主继续雇用承包人进行项目的运营，是传统的设计和施工模式加上运营服务行为的结合。

5. 项目所有权归属不同。在 BOT 模式下，承包人在运营期结束后将项目资产转让给政府部门或其指定的单位；而在 DBO 模式下，项目所有权始终归业主，承包人在完成建设之后即移交账目资产，运营期仅保留委托运营权。

2.3 宏观—合同类型＋合同主体：挂靠承包（借用资质）

挂靠承包的目的是借用资质，因此既是一种违法的合同类型，也是一个合同主体的资质问题。这里仅作简要介绍，其处理应对见后文"工程合同的违法无效与应对"。

1. 挂靠承包的含义。

挂靠承包是指在建设工程中，不具备承接某项工程任务资质的单位或个人，以具备承接该项工程任务资质的单位的名义，对外去承接该项工程任务。

我们这里不再讨论"资质等级低的借用资质等级高或其他有资质单位之间借用"的"广义的挂靠"。对于资质等级低的借用资质等级高的情形，其实质、危害性与无资质的借用有资质的是一样的，因此基本可以用本节的知识去分析。对于资质等级高的借用资质等级低的、资质等级相同的单位之间借用，从法理上危害性较轻，但在《建筑工程发承包违法认定查处办法》中仍界定为挂靠，这种情形较少见，这里不再具体分析。

2. 挂靠承包既是借用资质，同时也构成"非法转包"，是双重违法。

3. 违法的挂靠承包与合法的内部承包所使用的合同往往很相似，但后者是合法有效的。

具体见后文"内部承包合同"的分析。

2.4 宏观—合同类型：非法转包

这里主要介绍非法转包的含义、表现形式等，对于非法转包的法律效力、起草审查措施等，请见后文"工程合同的违法无效与应对"。

一、转包的含义

依据《建设工程质量管理条例》第78条和《建筑工程发承包违法认定查处办法》第7条的规定，转包是指施工单位承包工程后，不履行合同约定的责任和义务，将其承包的全部工程或者将其承包的全部工程支解后以分包的名义分别转给其他单位或个人施工的行为。

与分包可能合法可能违法不同，所有转包都是法律明确禁止的违法行为（故称"非法转包、违法分包"），《民法典》第791条第2款、《建筑法》第28条等诸多法律规定均禁止转包。

二、实务中非法转包的诸多表现形式

只要承包人不实际履行施工管理责任，把项目交由第三方实施，就是转包，重点在"实际是怎么履行的，而不在于各方名义上签订的合同"。实务中的转包可能会体现为下列形式：

（1）以联合体名义承包，但实际仅由其中部分主体施工。

（2）名为分包，实为整体转包。

（3）名为内部承包，实为转包。

（4）名为支解分包，实为变相转包。

三、不属于非法转包的做法

（1）合法的内部承包。具体见后文关于内部承包的分析。

（2）承包人交由分公司施工。因为分公司仍属于承包人。

实务中也存在"名为分公司施工，实为变相挂靠"的行为。从发包人的角度，为限制这种做法，可与承包人明确约定"不得以设立分公司的形式进行履约"。

2.5　宏观—合同类型：违法分包

这里主要介绍违法分包的表现形式，对于违法分包的法律效力、起草审查措施等，请见后文"工程合同的违法无效与应对"。

不同于一律禁止的转包，工程合同中的分包是有法律依据的、常见的，只有部分情形是法律禁止的违法分包。

1. 主体结构分包。

《民法典》第791条第3款规定，主体结构的施工必须由承包人自行完成。

从法律角度严格来说，工程总承包模式下，总承包人因不具备施工资质而将施工部分进行分包或者因不具备设计资质而将设计部分进行分包并不违法。但随着《房建市政工程总承包管理办法》等规定强调"工程总承包单位应当同时具有与工程规模相适应的工程设计资质和施工资质，或者由具有相应资质的设计单位和施工单位组成联合体"，这种情形也很少见了。住建部在官网互动中也提出"不宜将施工或设计主体部分"进行分包。[1]

2. 分包人没有相应资质。

3. 再分包。

这是为了避免层层分包、层层盘剥，使施工质量无法落实。

需要注意的是，专业分包人将劳务部分交由劳务分包企业完成，这不属于法律禁止的再分包，不违法。《建设工程施工合同司法解释（一）》（2021年施行）第5条对此有规定，最高人民法院民事审判第一庭对此有详细说明："分包人不能将建设工程二次分包，但可以将劳务部分交由第三人完成，劳务分包亦不能将其作业内容再次交由其他人完成。"[2]

---

[1] 参见《是否可以将其中的装修施工（约700万）发包给具有装修专业承包资质的施工单位？》，载住房和城乡建设部网，https://www.mohurd.gov.cn，2022年10月26日访问。

[2] 最高人民法院民事审判第一庭编著：《最高人民法院新建设工程施工合同司法解释（一）理解与适用》，人民法院出版社2021年版，第63页。

4. 专业分包未取得建设方同意。

《建筑法》第 29 条规定,除总承包合同中约定的分包外,分包必须经建设单位认可。

劳务分包无须取得建设方的许可(《建设工程施工合同司法解释(一)》第 5 条),不过实务中存在"名为劳务分包,实为专业分包"的情形,此时也可能构成违法分包。

前面 3 种违法分包会导致分包无效,没有争议。第 4 种违法分包有所不同,是否会导致无效存在争议,但肯定会构成承包人对发包人的严重违约。[1]

---

[1] 参见曹文衔:《未经发包人同意的分包合同效力探究》,载微信公众号"天同诉讼圈",2019 年 8 月 8 日发布。

2.6 宏观—合同类型：支解发包

（《民法典》使用"支解发包"，《建筑法》使用"肢解发包"；本课程中使用"支解发包"的表述）

《民法典》第791条第1款规定，发包人可以与总承包人订立建设工程合同，也可以分别与勘察人、设计人、施工人订立勘察、设计、施工承包合同。发包人不得将应当由一个承包人完成的建设工程支解成若干部分发包给数个承包人。

《建筑法》第24条规定："提倡对建筑工程实行总承包，禁止将建筑工程肢解发包。建筑工程的发包单位可以将建筑工程的勘察、设计、施工、设备采购一并发包给一个工程总承包单位，也可以将建筑工程勘察、设计、施工、设备采购的一项或者多项发包给一个工程总承包单位；但是，不得将应当由一个承包单位完成的建筑工程肢解成若干部分发包给几个承包单位。"《建筑工程发承包违法认定查处办法》第6条进一步明确规定，将一个"单位工程"分解发包归属于支解发包。

如何界定"单位工程"，是非常专业、实务的问题，且存在争议之处。较为明确的是，基坑工程单独发包属于支解发包。[1]这里不再进一步探讨。

实务中还有一种支解发包的特殊表现形式：发包人以指定分包为名，将工程相应的分包给不同承包人，总承包人对指定分包部分不负总承包管理责任，发包人自行对其管理施工、履行敦促、结算等。

---

[1] 参见《住房和城乡建设部建筑市场监管司关于基坑工程单独发包问题的复函》（建市施函〔2017〕35号）。

2.7 宏观—合同主体：合作开发下的发包

房地产开发中，两家以上公司合作开发、共享收益（但并非成立项目公司，不是在股权层面上合作）的情形不少。这种情况下，如果联合开发的几家开发商共同作为工程合同主体（共同作为发包人），当然就需要承担共同的连带责任，但这很少见。

如果仅由其中一家开发商作为合同主体（作为发包人）签订工程合同，那么，承包人有权要求联合开发的几家开发商对工程合同承担连带责任吗？

这一问题在司法实务中存在不少争议。从合同相对性的角度，其他开发商不应承担连带责任；但如果把联合开发理解为一种"民事合伙"关系，则依据《民法典》第973条的规定，未必不能要求联合开发各方承担连带责任。在实务中可能还会考虑是否有"联建手续"（"联建手续"的介绍见《合同起草审查指南：房地产开发卷》第三单元"房地产合作开发类合同"的知识）。《2018江苏高院解答》（已失效）第24条规定，"合作开发房地产合同中的一方当事人作为发包人与承包人签订建设工程施工合同，承包人要求合作各方当事人对欠付的工程款承担连带责任的，应根据合作开发协议等证据查明事实，依法作出裁判"，等于是未下结论。《2012北京高院解答》第39条则支持连带责任的诉求："两个以上的法人、其他组织或个人合作开发房地产项目，其中合作一方以自己名义与承包人签订建设工程施工合同，承包人要求其他合作方对欠付工程款承担连带责任的，应予支持。承包人仅以建设工程施工合同发包人为被告追索工程款的，应依承包人的起诉确定被告。"

从承包人的角度，如果知道是合作开发，要考虑以下措施：

（1）如果能争取其他联合开发商书面承诺对工程合同承担连带责任，或者共同作为施工合同主体，这当然最好不过，但这要取决于各方的谈判结果。

（2）在施工合同鉴于条款或者其他书面材料中说明合作开发的背景。

（3）取得合作方委托发包人签约的授权书或类似材料。

这些措施都有利于承包人要求合作开发商承担连带责任。

2.8 宏观—合同主体：非工程所有人发包

1. 常见非工程所有人发包的情形：

（1）租赁合同关系下，承租人对装饰装修、维修工程进行发包。

（2）委托代建合同下，代建方发包。

（3）BT合同或类似合同中的发包。

2. 非工程所有权人发包不影响合同效力。上面这些情形是实务中不可避免的，也是法律允许的或者说并无违法之处。

即便发包人丧失发包资格也不属于法律规定的导致施工合同无效的情形，不影响施工合同效力。当然，这会导致施工合同实际上无法履行和发包人违约。这其中的法理，与无权处分类似。

3. 非工程所有权人发包的情况下，承包人是否享有优先受偿权存在争议。因此从承包人的角度，需要更加注意工程价款的支付风险问题，更需要考虑各类担保措施。[1]

4. 如果建筑物所有权人实际参与了施工合同的签订、履行，则可能将建筑物所有权人认定为实际发包人，不属于非工程所有权人发包。[2]

5. 根据《民法典》第23章"委托合同"第926条的规定，承包人有可能向委托人主张权利，委托人亦有可能向承包人主张权利。

这会在一定程度上突破合同相对性，同时也存在一定争议。[3]

---

[1] 关于这种情况下承包人优先受偿权的争议，主张有优先受偿权是主流观点。参见最高人民法院民事审判第一庭编著：《最高人民法院新建设工程施工合同司法解释（一）理解与适用》，人民法院出版社2021年版，第388页。

[2] 参见王某华与中国南海研究院、海南省第二建筑工程公司等建设工程施工合同纠纷案，海南省高级人民法院（2018）琼民终546号。

[3] 参见常设中国建设工程法律论坛第十工作组：《建设工程总承包合同纠纷裁判指引》，法律出版社2020年版，第38~43页。

2.9　宏观—合同主体：建设工程相关资质

《建筑法》第13条规定："从事建筑活动的建筑施工企业、勘察单位、设计单位和工程监理单位，按照其拥有的注册资本、专业技术人员、技术装备和已完成的建筑工程业绩等资质条件，划分为不同的资质等级，经资质审查合格，取得相应等级的资质证书后，方可在其资质等级许可的范围内从事建筑活动。"

需要考虑承包人、承揽人的资质是建设工程合同的显著特点之一。施工人、勘察人、设计人、监理人没有资质而签订的建设工程合同和建设工程监理合同，肯定是无效的。

建设工程资质的具体归纳可参考知识点：建筑业相关资质归纳。

2.10 宏观—合同主体：联合体（及相关协议）

一、承包人联合体及一般联合体的一般知识

1. 联合体定义。

承包人联合体是工程承包单位为了承揽不适合自己单独承包的工程项目而与其他单位结合而组成的一种组织形式。工程总承包合同（2020版）第1.1.2.4款定义如下：

联合体：经发包人同意由两个或两个以上法人或者其他组织组成的，作为承包人的临时机构。

相应地，联合体承包就是：

两个或两个以上法人或其他组织组成一个联合体，以一个承包人的身份联合承包（共同承包）某一项目。

上面说的是建设工程中的联合体承包，在《政府采购法》中对联合体表述为"两个以上的自然人、法人或者其他组织可以组成一个联合体，以一个供应商的身份共同参加政府采购"。这是因为建设工程领域肯定是由组织作为承包人，但在其他货物、服务的政府采购中，自然人也可能作为供应商。

2. 联合体承包的适用场景。

联合体的采用，以建设工程领域为典型，适用较多。尤其在工程总承包中，由于同时具备符合项目要求的设计、施工双资质的单位较少，通常会采用联合体形式进行招投标。

但联合体这一定义及做法本身，并不限于建设工程承包领域，不限于政府采购，也不限于招投标。对于非建设工程领域采取联合体形式作为卖方、服务供应商等，相应合同的起草审查，也可以参照本节知识。

3. 承包人联合体内外的法律责任。

联合体是一个临时性的、依据合同约定组成的松散组织，不具有法人资格。联合体承包下的内外关系可以简单概括如下。

（1）联合体对发包人承担连带责任。

这既是法律规定（《建筑法》第 27 条、《招标投标法》第 31 条等），也是合同约定。联合体需要向发包人提供联合体协议，联合体各主体需要在承包协议上共同签名盖章，这些做法明确了联合体的连带责任。

在昆明理工大学与云南 DH 岩土工程有限公司、云南省设计院、云南地质工程勘察设计研究院建设工程施工合同纠纷案中，[1]虽然是联合体投标，但最终签协议时，发包人是与 DH 公司（联合体中一方）签订总包合同，DH 公司再与设计院（联合体中另一方）签订分包合同，最后法院认为事实上已经不是联合体，设计院与 DH 公司不承担连带责任。——这里的前提是认定已经事实上不是联合体。

（2）联合体对其他方是否承担连带责任，存在一定争议。

如果是以联合体名义或者联合体全体主体的名义共同对外签订合同，则应该由联合体对该合同承担连带责任。

如果是以联合体中的某个主体的名义对外签订合同，那么联合体各方是否均需要对外承担连带责任，会存在一定争议，需要结合标的内容、授权情况、披露情况等多方面因素考虑，而且在实务中颇有争议。

（3）联合体内部对责任的分配、追偿等约定，一般是有效的。

二、联合体承包下的相关协议

（这里仅介绍与联合体承包有关的工程承包合同起草审查要点）

1. 宏观—合同类型：联合体承包下的配套联合体协议。

此时可以理解为"建设工程合同 + 联合体协议"的组合，是一个"配套型"关系。不难理解，联合体协议无非就是"联合体之间"就权利和义务分配作出的具体约定，虽然这个约定不能对抗发包人（对发包人一律是连带责任），也不一定能对抗其他第三方，但在联合体内部还是有意义的。从实务来看，这种联合体协议会以下列几种形式出现。

---

[1] 云南省昆明市中级人民法院民事判决书，（2007）昆民一初字第 210 号。

（1）联合体合作框架协议。

如果联合体各方约定长期合作，约定今后所承接工程的分工与利益分配，则属于"框架合同"，这也是有效的。

不过即使有这种约定，因为在具体的工程承包中，联合体的分工仍需发包人同意，因此如果最终因发包人不同意导致联合体合作协议未能完全履行，也未必能追究牵头人的违约责任。[1]

▤ 相关模板：20054 项目合作框架协议

（2）招标人要求提供的联合体投标协议。

根据《招标投标法》第 31 条的规定，联合体投标时应将共同投标协议连同投标文件一并提交招标人。实践中，招标人如果接受联合体投标，通常在发布招标文件时会将联合体协议书的格式文本作为附件供投标人参考使用。

这个投标协议是招标文件中由发包人提供的，联合体要想投标就要按该协议签署并提供给发包人。

发包人提供的这个投标协议通常比较简单，主要是表明组建联合体的意愿，约定联合体牵头人、成员以及内部职责与分工，以满足联合体投标的条件。

▤ 相关模板：20045 联合体协议书（国家发改委 2012 版）

（3）"真"的联合体内部协议或者联合体合作协议。

这个内部协议可能签订在投标前或投标过程中，也可能签订在中标后，还可能在投标前签订一份简单的内部协议，中标后再签订较为详细的合作协议。

这个会比招标人要求提供的联合体投标协议更详细、更复杂，用于约定联合体内部的工程分工、责任分摊以及利益分配。一般牵头人除了所负责范围内的工程价款，还会对整个工程收取一定管理费。

联合体内部的协议如果违反提供给发包人的联合体投标协议、工程承包合同的约定（如分工的要求），则构成联合体对发包人的违约，发包人有权追究联合体的违约责任。

在"微观—合同条款"的"争议解决"条款方面，联合体协议是否属于"不动产纠纷"适用专属管辖，存在争议。[2]为避免争议，建议要么按"不动产纠纷"

---

［1］参见胡丹：《工程总承包单位标前分工合作协议的性质与效力问题》，载微信公众号"建纬律师"，2020 年 9 月 10 日发布。

［2］参见郝运、李玉浩：《联合体协议纠纷是否适用不动产专属管辖》，载微信公众号"建纬律师"，2021 年 9 月 30 日发布。

约定由工程项目所在地法院管辖或约定商事仲裁，要么约定以"工程承包合同约定的管辖机构为准"。

> 📎 **相关模板**：3028 联合体内部协议

联合体内部协议有可能"表面为真，实际是假"，构成"非法转包、挂靠"，见下面第（4）点分析。

（4）"假"的联合体内部协议。

联合体承包是中国法律所允许的（《建筑法》第 27 条、《招标投标法》第 31 条等）。实务中有个别省份在工程总承包中禁止联合体承包，如吉林省住房和城乡建设厅发布的《关于进一步明确工程总承包管理有关事项的通知》（吉建办〔2017〕50 号）第 3 条规定："我省工程总承包项目……不得采用联合体方式承揽。"但是类似规定并非效力性强制性规定，并不能影响相应协议的法律效力。

影响承包合同效力的是"名为联合体，实为非法转包、挂靠"的做法，或者说是"假联合体"的做法。《建筑工程发承包违法认定查处办法》第 8 条第 2 款规定，两个以上的单位组成联合体承包工程，在联合体分工协议中约定或者在项目实际实施过程中，联合体一方不进行施工也未对施工活动进行组织管理的，并且向联合体其他方收取管理费或者其他类似费用的，视为联合体一方将承包的工程转包给联合体其他方。

这种做法首先肯定属于违法转包。如果实际施工的一方并不具备全部资质要求，则同时属于实际施工一方挂靠使用另一方资质，构成挂靠；实务中这是常见情形，否则实际施工一方也就没有必要与另一方组成联合体了。

另一种"假联合体"的做法是：A 公司、B 公司签订类似"联合体合作协议"，约定以 A 公司名义投标（并非以联合体名义投标，联合体协议也没有提交发包人），并将全部或部分工程交由 B 公司施工。显然，这种做法实质就是"A 公司承包工程并转包或分包给 B 公司"，构成非法转包或违法分包，也很可能是挂靠。

无论是非法转包、违法分包还是挂靠，根据《建设工程施工合同司法解释（一）》第 1 条的规定，都会导致建设工程施工合同无效。

因此，在起草审查联合体相关协议时，如发现此类做法，应提示风险，建议调整。

2. 宏观—合同主体：联合体资质的"就低不就高"问题。

《招标投标法》第 31 条规定："联合体各方均应当具备承担招标项目的相应能力；国家有关规定或者招标文件对投标人资格条件有规定的，联合体各方均应当具备规定的相应资格条件。由同一专业的单位组成的联合体，按照资质等级较低的单位确定资质等级。"

这就是联合体资质的"就低不就高"原则。在实务中对此引发了一些争议，例如：

某招标文件要求同时具备建筑工程设计甲级和风景园林设计甲级资质，允许联合体；

A公司只有建筑工程设计甲级资质，于是找了个具有风景园林甲级设计资质的B公司组成联合体去投标，并约定了A公司承担建筑工程设计工作，B公司承担风景园林设计工作。

不料B公司不仅有风景园林设计甲级资质，还有建筑工程设计乙级资质。

试问：按"就低不就高"的原则，是否这个联合体不符合资质要求？

答案是：该联合体符合资质要求。对此《政府采购法实施条例》第22条就规定得比较清楚："联合体中有同类资质的供应商按照联合体分工承担相同工作的，应当按照资质等级较低的供应商确定资质等级"。也就是说，只有在"同一专业且承担相同工作"的前提下，资质才"就低不就高"，如果联合体中的几个主体分工负责不同工作，则不属于"同一专业且承担相同工作"，应该分别确定资质等级。

这个案例中A公司、B公司不属于"同一专业且承担相同工作"，联合体的资质应该是"建筑工程设计甲级"（A公司）和"风景园林设计甲级"（B公司）。但如果他们的分工是A公司承担建筑设计工作，B公司同时承担风景园林设计工作和建筑设计工作，那么联合体的资质就应该是"建筑工程设计乙级"（A公司、B公司同时负责建筑工程设计，就低不就高）和"风景园林设计甲级"（B公司）。

上述分析更多的是从法院是否认定联合体承包、是否符合资质要求的角度（进而判定承包合同是否有效）。实际在投标中，联合体投标方肯定应该尽量符合招标方对联合体的具体要求以免落选。

三、延伸讨论：非建设工程承包领域下的联合体、联营与民事合伙

1. 联合体及相关合同的定性。

从更广泛的意义来看，在规定了"联营"的《民法通则》被《民法典》所代替之后，联合体在法律上的定性大致应该这样认识：

（1）建设工程领域的联合体承包、《政府采购法》中规定的"联合体供应商"有明确法律规定，应向发包人、采购方承担连带责任。

多数认为，联合体之间属于《民法典》"合同编"所规定的"合伙合同"关系。

（2）其他领域的"联合体"缺乏法律依据，可能属于"合伙合同"，也可能是一种无名合同。

《民法典》第967条规定，合伙合同是两个以上合伙人为了共同的事业目的，订立的共享利益、共担风险的协议。如果联合体的安排符合这一定义，自然就属于"合伙合同"了。而《民法典》第973条规定："合伙人对合伙债务承担连带责任。清偿合伙债务超过自己应当承担份额的合伙人，有权向其他合伙人追偿。"

如果联合体的安排并不符合"合伙合同"的定义，自然就不应该对外承担连带责任，换言之，联合体是否对外要承担连带责任，还不太好判断。

> 相关模板：19683 紧密型医疗联合体合作协议

2. 律师对"联合体"相关协议的起草审查。

（1）如果是建设工程承包乃至政府采购方面的"联合体"，参照本节知识处理即可。

（2）对于其他情形下的"联合体"（包括类似的联营、合作等），需要考虑连带责任风险。

合同自由，因此没有法律依据的"联合体"并不违法。但是律师起草审查涉及联合体类协议时，需要考虑：是否要采取更为合适的合同类型，以避免连带责任风险？虽然《民法典》明确规定了"合伙合同"这一类型，但从实务角度，往往是要规避"合伙合同"和相应的"连带责任"风险的。例如，假设一方提供场地，另一方对外经营，从场地提供方的角度，肯定没有必要往"联营、联合体"去靠，定性为租赁合同、约定按提成方式收取租金就能避免不必要的对外连带责任。如果采取联合体方式，则要在协议中尽量明确联合体的分工以及责任分担。

2.11 宏观—合同主体：项目部

总包合同的承包人一般不会以"项目部"作为主体，因为签订总包合同时，工程的项目部还没有成立。但施工企业工程项目部成立以后，各种分包、内部承包、采购都有可能以项目部名义来签订，就需要考虑这一特殊的合同主体问题了。

一、项目部一般知识

项目部不是施工企业的常设内设机构和分支机构，而是根据施工企业授权，委派到工地现场组织施工，对建设工程进行管理的临时性内部机构。实务中的名称可能叫作某工程项目经理部、某工程项目部、某工程某合同段项目部、某工程第几合同部。

少数项目部领取了分支机构的营业执照，那就按分支机构签约处理，此类项目部不是我们这里要讨论的项目部。

项目部随工程项目的产生而产生，随工程施工的完成而被撤销。项目部未经登记成立，不具有独立民事主体资格，也不具有民事法律行为能力，不能作为诉讼或仲裁主体，只能以所属施工企业为当事人。

二、项目部签约的法律效力

之所以要专门讨论施工企业项目部作为合同主体的问题，是因为实务中确实有不少以项目部作为签约主体的情况。究其原因，与施工项目管理本身的特点有关：出于工程管理的需要，项目部有一定的独立自主性，更由于内部承包、挂靠或内部管理松散等原因，项目部负责人很容易自行其是；项目部往往有自己的公章、账号；项目部需要与分包人、供应商、施工人员等签订大量合同、文件。

这些原因可能会导致：合同主体写的是××项目部，签约盖章也是项目部；合同主体写的是施工企业，但签约盖章是项目部；合同主体写的是施工企业或项目部，只有项目经理个人签字。因为项目经理是项目部登记的负责人，有权代表项目部，项目经理个人签名的法律效果基本等于项目部盖章。因此我们把这几种情形统称为项目部签约。

假设项目部签约是经施工企业授权，或者被施工企业认可，那么自然是有效的，无须讨论。我们这里要讨论的是既没有证据证明施工企业有授权、施工企业也不认可的处理。从法理来看，此时项目部签约的问题基本上就是"是否构成表见代理"的问题。

（1）项目部对外签订的施工所需合同，包括分包、采购等，应按符合表见代理处理，一般认为是有效的。但是超出正常施工所需的分包、采购或者不合理的合同，仍有可能认定为无代理权限。

（2）项目部对外提供担保。根据《民法典担保制度司法解释》第11条的规定，"公司的分支机构未经公司股东（大）会或者董事会决议以自己的名义对外提供担保，相对人请求公司或者其分支机构承担担保责任的，人民法院不予支持，但是相对人不知道且不应当知道分支机构对外提供担保未经公司决议程序的除外"。一般来说，项目部对外提供担保无效。不过即使担保无效，债权人仍可以要求施工企业承担一定赔偿责任。按照《民法典担保制度司法解释》第17条的规定，这应该属于债权人与施工企业（项目部的过错就是施工企业的过错）均有过错，施工企业承担的赔偿责任不应超过债务人不能清偿部分的1/2。

（3）项目部对外签订借款合同。项目部以施工企业名义对外借款，一般不予支持，除非另有构成表见代理的事由。《2018江苏高院意见》（已失效）第25条规定："建设工程领域，项目部或者项目经理不具有对外借款的职权，其以施工企业名义对外借款的，出借人要求施工企业承担还款责任的，原则上不予支持。出借人举证证明项目经理获得施工企业授权，或具有款项进入施工企业账户、实际用于工程等情形，导致其有理由相信项目部或项目经理有代理权的，出借人要求施工企业承担还款责任的，可予支持。"

（4）非法转包、违法分包、挂靠的情况下，同样适用上述理论。《河北省高级人民法院建设工程施工合同案件审理指南》第49条规定，非法转包人、违法分包人未经施工企业授权，以施工企业项目部名义对外签订买卖、租赁等合同，施工企业是否承担民事责任适用《合同法》（已失效）第49条（对应《民法典》第172条关于表见代理的规定）的规定。

三、项目部签约的起草审查

对于施工企业一方来说，往往要严格管理项目部签约以控制风险，措施包括：

（1）要求项目部签约使用内部范本，通过内部流程审核要签订的合同。

（2）建立印章管理制度，如由专人管理，审批后方可盖章。

（3）明确印章使用范围与权限。启用项目部印章时，可以对外发布启用公告，通知上下游供应商、合作方，明确印章授权使用范围。

对于与项目部签约的相对方来说，涉及金额较大的合同、借款合同等并非一般施工所需合同，应与施工企业签约，或拿到施工企业书面授权。项目部或者施工企业对外担保，债权人一方还要进一步取得公司股东（大）会或董事会同意担保的决议。

2.12 宏观—合同程序：招投标与"阴阳合同"

"合同程序"是《合同起草审查指南》原创且非常重要的一个概念，是指合同主体签署之外的，对合同成立、生效或履行有重要影响的程序。"合同程序"直接关系当事人交易目的的实现。

"合同程序"有批准、登记、主体内部程序等多种，"招投标"属于其中的"特殊交易程序"。

> 相关课程：《三观四步法》合同程序（一）：批准

招投标程序对法律人来说并不陌生，即招标人向公众发布招标公告或者向特定对象发出招标通知，在诸多投标人中选择最满意的投标人并与之订立合同的市场交易方式。招投标程序并非仅适用于建设工程，但其在建设工程项目中应用最广、影响最大。

基于本课程的目的，本节主要介绍与招投标程序相关的建设工程合同起草审查知识，基本不涉及与合同关系不大的招投标知识。

2.12.1 必须进行招投标程序的工程项目

一、范围标准（基础设施或公用事业）+ 规模标准

根据《招标投标法》与《必须招标的工程项目规定》等法律法规，对是否必须招投标的项目进行归纳，见表2.12-1。

表 2.12-1　是否招标项目情形

必须招标的项目			
项目类别	细分	说明	法律依据
工程建设项目	大型基础设施、公用事业等关系社会公共利益、公众安全的项目	1. 煤炭、石油、天然气、电力、新能源等能源基础设施项目； 2. 铁路、公路、管道、水运，以及公共航空和A1级通用机场等交通运输基础设施项目； 3. 电信枢纽、通信信息网络等通信基础设施项目； 4. 防洪、灌溉、排涝、引（供）水等水利基础设施项目； 5. 城市轨道交通等城建项目	《招标投标法》第3条、《必须招标的工程项目规定》第4条、《必须招标的基础设施和公用事业项目范围规定》（发改法规〔2018〕843号）
	全部或者部分使用国有资金投资或者国家融资的项目	1. 使用预算资金200万元人民币以上，并且该资金占投资额10%以上的项目； 2. 使用国有企业事业单位资金，并且该资金占控股或者主导地位的项目	《招标投标法》第3条、《必须招标的工程项目规定》第2条
	使用国际组织或者外国政府贷款、援助资金的项目	1. 使用世界银行、亚洲开发银行等国际组织贷款、援助资金的项目； 2. 使用外国政府及其机构贷款、援助资金的项目	《招标投标法》第3条、《必须招标的工程项目规定》第3条
	以上项目涉及勘察、设计、施工、监理以及与工程建设有关的重要设备、材料等采购达标的项目	1. 施工单项合同估算价在400万元人民币以上； 2. 重要设备、材料等货物的采购，单项合同估算价在200万元人民币以上； 3. 勘察、设计、监理等服务的采购，单项合同估算价在100万元人民币以上	《必须招标的工程项目规定》第5条
可以邀请招标的项目			
国有资金占控股或者主导地位的、依法必须进行招标的项目	技术复杂、有特殊要求或者受自然环境限制的项目	只有少量潜在投标人可供选择的情形	《招标投标法实施条例》第8条
	公开招标方式费用在合同金额中占比过大的项目	—	《招标投标法实施条例》第8条

续表

可以不招标的项目		
涉及国家安全、国家秘密的项目	国家事务的重大决策中的秘密事项；国防建设和武装力量中的秘密事项；外交和外事活动中的秘密事项，以及对外承担保密义务的事项；国民经济和社会发展中的秘密事项；其他经国家保密部门确定的应当保守秘密的事项	《招标投标法》第66条
涉及抢险救灾的项目	—	《招标投标法》第66条
属于利用扶贫资金实行以工代赈、需要使用农民工的项目	以工代赈资金用于修建县、乡公路（不含省道、国道）和为扶贫开发项目配套的道路，建设基本农田（含畜牧草场、果林地），兴修农田水利，解决人畜饮水问题等项目	《招标投标法》第66条
其他可以不进行招标的情形（满足任一即可）	1. 需要采用不可替代的专利或者专有技术； 2. 采购人依法能够自行建设、生产或者提供； 3. 已通过招标方式选定的特许经营项目投资人依法能够自行建设、生产或者提供； 4. 需要向原中标人采购工程、货物或者服务，否则将影响施工或者功能配套要求； 5. 国家规定的其他特殊情形	《招标投标法实施条例》第9条

从表 2.12-1 可以看出，同时符合"范围标准（基础设施或公用事业）+ 规模标准"就属于"必须招标的项目"。

二、"关系社会公共利益、公众安全的项目"的含义

自 2018 年 6 月 6 日起施行的《必须招标的基础设施和公用事业项目范围规定》第 2 条规定：

不属于《必须招标的工程项目规定》第二条、第三条规定情形的大型基础设施、公用事业等关系社会公共利益、公众安全的项目，必须招标的具体范围包括：

（一）煤炭、石油、天然气、电力、新能源等能源基础设施项目；

（二）铁路、公路、管道、水运，以及公共航空和 A1 级通用机场等交通运输

基础设施项目；

（三）电信枢纽、通信信息网络等通信基础设施项目；

（四）防洪、灌溉、排涝、引（供）水等水利基础设施项目；

（五）城市轨道交通等城建项目。

从该规定来看，写字楼、产业园区等都不属于必须招标的基础设施和公用事业项目范围，也就是说，对于一般民营企业投资建设的、不属于上述范围的项目，都不属于"必须招标的项目"。

三、二次招标投标

1. 总包合同依法经过招投标后，其分包工程不属于必须招投标的项目。

2. 拟分包工程是否需要再次招标，取决于两个条件：

一是分包工程在总包范围内的价格形式；

二是该分包工程是否符合依法必须招标的项目的"范围标准＋规模标准"。

据此又可以分为以下几种情况：

（1）在强制招标范围内的暂估价项目应当招标（同时满足了上述两个条件）。

若拟分包工程在总包合同中是以暂估价形式体现的，则在该工程达到依法必须招标的条件则必须进行招标。

——因为暂估价在招标时是由招标人固定的，所以包含在总承包招标范围之内的暂估价工程事实上并没有经过竞争，如果应当招标而不招标，则在事实上构成规避招标。

此外，需注意劳务分包也属于施工分包，如果该部分是以暂估价形式包括在总承包范围内，那么达到标准的也应当依法进行招标。

（2）非暂估价项目可不经二次招标。

若拟分包工程在总包合同中明确约定了相应工程价款，则该工程即便达到了依法必须招标的条件，也可不经过二次招标。但是应当注意遵守总包合同约定（如在总包合同中约定了对分包的采购方式），或经发包人同意。

这里可能存在这种比较特殊的情况，如果该部分分包工程并非暂估价项目，但是在招标文件或总包合同中对分包的采购方式进行了约定，如果恰好约定通过公开招标的方式，那么总承包人就应当按照总包合同约定的采购方式确定分包单位。

（3）若总承包人自愿将工程分包或者采购工程所需设备、材料进行招标的，尽管不属于强制招标项目，也应当遵循《招标投标法》的规定，规范履行招标投标程序。

3. 暂列金额的使用是否必须招标，法律没有明确规定，各地有一些政策文件要求。

例如，根据河南省住建厅发布的《河南省建设工程工程量清单招标评标办法》第10条的规定，以暂估价、暂列金额形式包括在总承包范围内的工程、货物、服务在依法必须进行招标的项目范围且达到国家规定规模标准的，应当依法进行招标。

为了避免审计风险，以暂列金额形式包括在总承包范围内的工程、货物、服务在依法必须进行招标的项目范围且达到国家规定规模标准的，应当依法进行招标。

2.12.2　招投标中有关文件的法律性质

一、招标公告及招标文件在性质上属于要约邀请，但又不同于一般要约邀请

这体现在招标文件中会附上最后要签署的合同文本全文或合同主要条款。招标文件中所列明的合同条款通常构成投标人对项目提出要约的全部合同基础，因此，招标文件中的合同条款必须尽可能地详细、准确。根据《招标投标法》第46条的规定，招标人和中标人不得再行订立背离合同实质性内容的其他协议。双方的补充协议、备忘录也不能针对合同实质性内容作出补充、更改的意思表示。因此，招标文件中的合同文本应该当作需要签署的合同文本一样认真审查，不可当作一般的要约邀请一样以为可以任意撤销和修改。

二、投标文件为要约，具有要约的法律效力

因此，《招标投标法》第45条规定，中标人放弃中标项目的，应当依法承担法律责任。

三、中标通知属于承诺，中标通知"发出即生效"

根据《招标投标法》第45条的规定，中标通知书发出后，招标人改变中标结果或中标人放弃中标项目的应依法承担法律责任。

《招标投标法》第 46 条规定，招标人和中标人应当自中标通知书发出之日起 30 日内，按照招标文件和中标人的投标文件订立书面合同。

从理论上讲，经要约与承诺，招投标合同即应成立生效，但是对于"招投标方式订立的合同的成立时间"仍存在争议。一种观点认为，招投标合同自中标通知书发出时成立；另一种观点认为，招标人和中标人签订书面合同时招投标合同才成立。实务中不少判例持后一种观点，认为招投标合同自签订书面合同之时成立，书面合同签订前所发生的赔偿属于缔约过失责任而非违约责任。[1]

2.12.3　工程合同违反《招标投标法》的分析

一、未经招投标或者中标无效对合同效力的影响

1. 建设工程必须进行招标而未招标或者中标无效的，合同无效。这是《建设工程施工合同司法解释（一）》第 1 条明确规定的。

2. 非依法招投标的项目，招投标违法对合同效力也有影响。

如果不是依法必须招投标的项目，未经招投标肯定不影响工程合同效力，这毋庸置疑。有争议的只是不是依法必须招投标的项目又进行了招投标，而招投标程序又违法，对工程合同效力有什么影响呢？

首先，《招标投标法》第 55 条以"依法必须进行招标的项目"为前提，非依法必须招投标的项目在中标前与投标人进行实质性谈判的，不会导致中标无效，也就不会影响工程合同效力。[2]

其次，如果中标无效，则工程合同很可能无效，可参考黑龙江新陆建筑工程集团有限公司与林口县华邦房地产开发有限公司建设工程施工合同纠纷案[3]以及《建设工程施工合同司法解释（一）》第 23 条。但这一点在法律上不是非常明确。

3. 可能导致中标无效的情形见表 2.12-2。

---

[1] 参见安徽水利开发股份有限公司与怀远县城市投资发展有限责任公司缔约过失责任纠纷案，安徽省高级人民法院（2014）皖民二终字第 00659 号；北京市同兴昌商贸有限公司与北京延庆经济开发区管理委员会招标投标买卖合同纠纷案，北京市延庆区人民法院（2008）延民初字第 02404 号。

[2] 浙江国泰建设集团有限公司与泰州开泰汽车城发展有限公司建设工程施工合同纠纷案，最高人民法院（2019）最高法民终 314 号。

[3] 最高人民法院民事裁定书，（2019）最高法民申 4527 号。

表 2.12-2 可能导致中标无效的情形

主体	行为	后果	法律依据
招标代理机构	（1）违反《招标投标法》规定泄露应当保密的与招标投标活动有关的情况和资料的；（2）与招标人、投标人串通损害国家利益、社会公共利益或者他人合法权益的	（1）罚款、吊销执照或承担刑事责任。如有损失，则承担赔偿责任。（2）影响中标结果的，中标无效	《招标投标法》第50条
依法必须进行招标的项目的招标人	（1）向他人透露已获取招标文件的潜在投标人的名称、数量；（2）可能影响公平竞争的有关招标投标的其他情况的；（3）泄露标底的	（1）罚款、主管单位人员处分；（2）影响中标结果的，中标无效	《招标投标法》第52条
投标人、招标人	（1）投标人相互串通投标；（2）投标人与招标人串通投标的；（3）投标人以向招标人或者评标委员会成员行贿的手段谋取中标的	（1）中标无效；（2）罚款、没收违法所得、吊销执照或承担刑事责任	《招标投标法》第53条
投标人	以他人名义投标或者以其他方式弄虚作假，骗取中标的	（1）中标无效；（2）造成损失，承担赔偿责任或刑事责任	《招标投标法》第54条
依法必须进行招标的项目的招标人	违反《招标投标法》规定，与投标人就投标价格、投标方案等实质性内容进行谈判的	（1）警告、主管单位人员处分；（2）影响中标结果的，中标无效	《招标投标法》第55条
招标人	（1）在评标委员会依法推荐的中标候选人以外确定中标人的；（2）依法必须进行招标的项目在所有投标被评标委员会否决后自行确定中标人的	（1）中标无效；（2）罚款、主管单位人员处分	《招标投标法》第57条

4. 从合同起草审查的角度，律师必须审查工程合同是否属于依法必须招标的项目，适当审查招投标程序的合法有效性。

对于并非依法必须招标的项目，要么在采用招投标程序时规范操作，要么不采用招投标程序，包括使用类似的竞价机制时明确不属于招投标，不适用《招标投标法》。

二、招标投标中的"阴阳合同"以及合同变更

"阴阳合同""黑白合同"(本课程中统一称"阴阳合同")是建设工程合同中的常见情形,常见到几乎已经不需要解释说明了。"阴阳合同"并非只出现在招投标程序中,但以招投标程序中最为常见,这里讨论的都是招投标程序中的"阴阳合同",即"招投标文件中的'阳合同'+存在实质性背离的'阴合同'"。

这里仅讨论"存在背离合同实质性内容的'阴合同'"的情形,没有实质性变更的协议,那么只要是当事人的真实意思表示又没有其他违法,就是有效的。

1."阴阳合同"的几种处理:按实际履行合同结算,或按招投标文件("阳合同")结算。

(1)如果中标有效,那么应以招投标文件为结算依据。法律依据为《建设工程施工合同司法解释(一)》第22条、第23条。无论是否依法必须招投标的项目,都是这样处理。

(2)对于依法必须招投标的项目,如果先签"阴合同",再进行招投标,那么"阴合同"无效,中标也无效,只能按实际履行合同处理。

少数情况下,之前的"阴合同"可能被认定为不影响中标效力,继续以中标合同为准(前提是法院认定之前的谈判行为对中标结果未产生实质性影响,不影响中标效力)。在浙江环宇建设集团有限公司与唐山市南北房地产开发有限公司建设工程施工合同纠纷案中,[1]招标前当事人签订了《工程补充合同书》,之后通过招投标程序确定案涉工程的中标人又签订了《建设工程施工合同》并备案。最高人民法院认为,"……虽然招标前环宇公司与南北公司签订了《工程补充合同书》,但《工程补充合同书》约定的工程价款及其支付方式、开工和竣工的时间等内容与《建设工程施工合同》中的约定明显不同,故双方投标前的谈判行为对中标结果未产生实质性影响"。

2."阴阳合同"的应对措施。

应该避免此类做法。如果不得已存在此类做法,则应确保一份施工合同作为实际履行的合同。可以考虑:

(1)尽量保证多份合同中主要约定的一致性,或者不一致的地方对我方更有利。

---

[1] 最高人民法院民事判决书,(2015)民一终字第9号。

（2）要求对方出具承诺函，承诺是由于政府备案、报建等原因需签订此份合同，明确该份合同不是双方的真实意思表示，双方实际以其他合同（对我方更为有利的合同）作为实际履行合同。

3. 合同履行中的合同变更。

简单来说，违反《招标投标法》的"实质性背离"无效，合理的合同变更有效。

合理的合同变更包括招标文件或双方的中标合同已对合同变更事项作出了明确规定，现在双方对此进行细化约定的，其实这严格来说不属于合同变更；不可抗力、情势变更等导致合同变更。除此之外，因为履行过程中出现与订立合同时客观情况不同的情形，虽不属于不可抗力、情势变更，但仍属于合理变更，不违背《招标投标法》的立法宗旨，应被认定为有效[1]——当然，这肯定会存在一些认定上的争议。

律师起草审查此类变更、补充协议时，建议在协议中具体说明变更的原因与背景，作为变更合同合理性的依据。

---

[1] 上海汇源建设开发有限公司与泰州华东农副产品物流有限公司建设工程施工合同纠纷案，江苏省高级人民法院（2015）苏民终字第00271号。

2.13 宏观—合同程序：合同备案

按照《合同起草审查指南：三观四步法》的知识，合同备案不影响合同效力，违反合同备案的要求只是可能产生行政处罚责任。工程合同的备案也是同样的。

相关课程：《三观四步法》"合同程序"（三）：其他程序

1. 2019年出台了《住房和城乡建设部关于修改有关文件的通知》（建法规〔2019〕3号），该文件删除了建设工程合同备案的相关规定。

实务中，办理施工许可证等证件时仍可能要求提交施工合同，但这不是严格意义上的合同备案，既不影响合同效力，也不因此导致"阴阳合同"问题。

2. 政府采购中的合同备案。《政府采购法》第47条规定，政府采购项目的采购合同自签订之日起7个工作日内，采购人应当将合同副本报同级政府采购监督管理部门和有关部门备案。

如果是采取招投标程序的政府采购，则招投标程序的问题，按前面的"宏观—合同程序：招投标与'阴阳合同'"的知识处理即可。

如果招投标程序没有问题，或者没有招投标程序，仅是当事人签订的合同与上述按规定备案的合同不同的问题，那可能属于《政府采购法》第50条规定"擅自变更、中止、终止合同"的违法行为。这不会导致当事人签订的合同无效，但可能会导致采购人、供应商的行政责任。[1]

---

[1] 参见《政府采购法实施条例》第67条、第72条。

2.14 宏观—合同程序：建设工程项目的许可

这里是指针对具体某个建设工程项目的开工、建设、竣工交付、运营所涉及的许可。

这里仅列举了比较重要的资质、许可，没有列出全部的。对于各种各样的建设工程，还可能有专门的许可；同时一个大型建筑物要想正常运营、使用，里面的各个细节、部分项目，都可能需要专门的许可才能投入运营。

一、开工前的"四证"

"四证"即建设用地规划许可证、土地使用权证（不动产权证）、建设工程规划许可证和建筑工程施工许可证。通常来说，"四证"齐全才能正常开工。

（1）建设用地规划许可证是城乡规划主管部门向建设单位核发的，证明建设用地符合国土空间规划和用途的管制要求，确认建设项目位置和范围、允许的用地面积、建设规模等相关规划条件的许可证，是建设单位用地的法律凭证。

（2）土地使用权证（不动产权证）是单位或个人使用土地并进行建设的前提。

（3）建设工程规划许可证是城市规划行政主管部门依法核发的，确认有关建设工程符合城市规划要求的法律凭证。

（4）建筑工程施工许可证是确认建设单位符合施工条件、允许开工的批准文件，是建设单位进行工程施工的法律凭证。

二、建筑施工企业安全生产许可证

（1）此处所称建筑施工企业，依据《建筑施工企业安全生产许可证管理规定》，是指从事土木工程、建筑工程、线路管道和设备安装工程及装修工程的新建、扩建、改建和拆除等有关活动的企业。

（2）根据《建筑施工企业安全生产许可证管理规定》《关于严格实施建筑施工

企业安全生产许可证制度的若干补充规定》，国家对建筑施工企业实行安全生产许可制度。除预拌商品混凝土专业承包企业和混凝土预制构件专业承包企业外，所有施工总承包企业、专业承包企业均应依法申领建筑施工企业安全生产许可证。未取得安全生产许可证的，不得从事建筑施工活动。

（3）施工企业具备安全生产许可证是申领施工许可证的条件之一。

（4）未取得安全生产许可证从事建筑施工活动的会导致行政处罚，如造成严重后果可能构成犯罪。

三、未获得相关许可，则工程无法正常进行，施工合同可能无效

根据《建设工程施工合同司法解释（一）》，未取得建设工程规划许可证会导致建设工程施工合同无效，但允许补正。

对于当事人来说，没有取得相关许可远不止影响合同的效力，这个工程项目将会无法正常施工、竣工验收，也无法投入使用，工程价款结算也会有争议，无法达到当事人的目的。

所以，从合同起草审查的角度，对于没有取得相关许可的建设工程类合同，或者不能签订，或者需要专门约定生效条件（以取得许可为合同生效条件）或解除条件（约定一定期限内未取得许可则有权解除合同），以便在工程不能正常进行时无须履行合同。对承包人来说，如果发包人能够办理审批手续而不办理，可以约定违约责任。[1]

---

[1]《建设工程施工合同司法解释（一）》第3条第2款规定："发包人能够办理审批手续而未办理，并以未办理审批手续为由请求确认建设工程施工合同无效的，人民法院不予支持。"由此推论，相应违约责任的约定也是有效的。

2.15 宏观—交易结构：工程合同的违法无效与应对

合同宏观的四个方面都有可能出现违法、无效问题，《合同起草审查指南：三观四步法》"宏观—交易结构"篇专门归纳一个"违法合同的分析与应对"，提出了一个通用的针对违法合同的分析框架。本小节就是把这个通用分析框架应用于工程合同的违法无效问题。

本小节中所列违法、无效情形不少已经在前面分析过，本小节除了归纳，更重要的是说明违法无效的后果及应对措施。

一、工程合同无效情形梳理

如无特别说明，下列情形之一均会导致合同无效。

1. 承包人不具有相应资质。这包括不具有建筑业企业资质，不具备工程所需特定资质，不具备安全生产许可证（是否会导致无效有争议，但至少是严重影响合同履行）。[1]

2. 承包人挂靠承包（借用资质）。

3. 非法转包。此时，就转包签订的合同（可能名为分包、合作合同等）肯定是无效的，但不影响发包人与承包人签订的承包合同的效力。

非法转包是承包人违约，发包人并未违法，发包人与承包人签订的承包合同并无违法、无效情形，发包人可追究承包人违约责任、可解除合同。只有在发包人也参与非法转包的情况下（例如，发包人指定承包人将工程全部或部分转包给其指定的主体，这种情形较少见），才会导致整个承包、转包都无效，因为此时的承包合同已经是整个非法转包行为的一部分。如果发包人只是明知而不是参与非

---

[1] 这主要是因为，安全生产许可证和建筑业企业资质证书需要一起使用，例如投标时需要一起提交，续期时需要一起审查，不具备安全生产许可证，或者安全生产许可证过期会影响建筑业企业资质的审查，也没有办法开展施工。

法转包，则转包无效，但发包人和承包人的承包合同仍有效。

4. 违法分包。分包的合同无效，发包人与承包人签订的总包合同的效力，发包人可追究承包人违法分包的违约责任。

5. 支解发包。

6. 依法必须招投标的工程合同，未经招投标或者中标无效的，或者非依法必须招投标的工程合同中标无效的。

7. 违反《招标投标法》，低于成本价中标。《招标投标法》第 33 条规定，投标人不得以低于成本的报价竞标。这里的"成本"，法律未明确，在佛山市南海第二建筑工程有限公司与佛山华丰纺织有限公司建设工程施工合同纠纷案中，[1]最高人民法院认为，应指投标人投标报价不得低于其为完成投标项目所需支出的企业个别成本。

因此，实务中存在这种情形：由于双方良好的合作基础、许诺其他工程等原因，以低于成本报价中标，而之后承包人主张合同无效要求调整工程价款（并不一定能得到支持）。

实务中，由于企业投标时的个别成本价不为外人所知、难以证明，因此在司法实践中本条规定难以适用。

8. 未办理建设工程规划许可证。不过，《建设工程施工合同司法解释（一）》第 3 条第 2 款规定，发包人能够办理审批手续而未办理，并以未办理审批手续为由请求确认建设工程施工合同无效的，人民法院不予支持。

二、总承包合同无效对分包合同效力的影响

总承包合同无效是否导致分包合同无效，对此法律无明确规定，司法实践中有争议。一种观点以分包合同为从合同为由，认为主合同无效则从合同亦无效；另一种观点基于合同相对性，认为总承包合同的效力不影响分包合同的效力。[2]

三、工程合同无效下的法律后果

《合同起草审查指南：三观四步法》可以按"外部后果"和"内部后果"两个方面去分析合同违法的后果。外部后果是指可能导致的刑事责任、行政处罚责任

---

[1] 最高人民法院民事判决书，（2015）民提字第 142 号。
[2] 参见常设中国建设工程法律论坛第八工作组：《中国建设工程施工合同法律全书：词条释义与实务指引》（第 2 版），法律出版社 2021 年版，第 190~191 页。

和第三方追究责任的风险；内部后果是指合同在合同主体之间产生的法律效果，或者说约束力。《合同起草审查指南：三观四步法》特别强调，"有用、无用"不等于"有效、无效"，无效的合同仍可能有实际约束力。

下面我们借助"外部后果"与"内部后果"的框架来简单说明一下工程合同违法、无效下的法律后果。因为工程合同违法、无效的事由很多，相关处罚、法律后果也不难从法律法规中得出结论，这里仅简要说明一些要点。

1."外部后果"方面。

（1）没收非法所得。

《民法通则》（已失效）中规定法院收缴非法所得的民事制裁措施，但在《民法典》实施后取消了该规定。因此法院已经没有收取违法所得的依据。但法院仍可以发出司法建议书，建议有关国家机关采取没收非法所得的措施。

《建筑法》第65~67条、《建设工程质量管理条例》第60~62条、《招标投标法》第54条等均规定了没收违法所得的行政处罚措施。

在针对建设工程领域的违法处罚中，以及其他领域的违法处罚中，非法所得的含义一直有争议。例如，在建设工程领域，非法转包、违法分包所取得的管理费、挂靠费和利润属于非法所得，还是只有利润属于非法所得，有些争议。不过实际施工人应当取得的工程价款不属于非法所得，应当予以保护。[1]

（2）其他可能导致的处罚包括罚款、责令停止违法行为、责令停业整顿、降低资质等级、吊销资质证书等，可参见《建筑法》第65~67条、《建设工程质量管理条例》第60~62条规定等。

（3）可能构成的犯罪。

招投标领域：侵犯商业秘密罪（《刑法》第219条）、串通投标罪（《刑法》第223条）、行贿罪（《刑法》第164条、第389条）、非国家工作人员受贿罪（《刑法》第163条）、受贿罪（《刑法》第385条）、贪污罪（《刑法》第382条）、滥用职权罪（《刑法》第397条）、国有公司、企业、事业单位人员滥用职权罪（《刑法》第167条）。

施工领域：重大责任事故罪（《刑法》第134条）、危险作业罪（《刑法》第134条）、重大劳动安全事故罪（《刑法》第135条）、工程重大安全事故罪（《刑

---

[1] 参见常设中国建设工程法律论坛第八工作组：《中国建设工程施工合同法律全书：词条释义与实务指引》（第2版），法律出版社2021年版，第216页。

法》第 137 条）。

总之，对于建设工程领域的违法处罚措施不可谓不多、不重，只是建设工程领域的利益巨大，仍使很多当事人铤而走险。

2."内部后果"方面。

《民法典》第 157 条对法律行为无效的法律效果规定如下：

民事法律行为无效、被撤销或者确定不发生效力后，行为人因该行为取得的财产，应当予以返还；不能返还或者没有必要返还的，应当折价补偿。有过错的一方应当赔偿对方由此所受到的损失；各方都有过错的，应当各自承担相应的责任。法律另有规定的，依照其规定。

工程合同无效同样适用上述规则。对建设工程来说，如果竣工合格了，肯定就属于"不能返还"，因此应当折价补偿。在这一基本法律规定之下，相关法规、司法实务对工程合同无效的具体裁判尺度为：

（1）未履行合同的，当事人有权主张缔约过失责任，有过错方应予赔偿。

（2）已履行的合同自始无效，不得要求继续履行，也不能主张解除权。

（3）合同中的违约金、逾期利息、默示条款等均无效，只有争议解决条款仍有效。

（4）最重要的一点：在工程验收合格的前提下，参照无效合同约定确定工程价款。

这正是《民法典》第 157 条规定"不能返还或者没有必要返还的，应当折价补偿"的具体运用。对此，《民法典》第 793 条规定：

建设工程施工合同无效，但是建设工程经验收合格的，可以参照合同关于工程价款的约定折价补偿承包人。

建设工程施工合同无效，且建设工程经验收不合格的，按照以下情形处理：

（一）修复后的建设工程经验收合格的，发包人可以请求承包人承担修复费用；

（二）修复后的建设工程经验收不合格的，承包人无权请求参照合同关于工程价款的约定折价补偿。

发包人对因建设工程不合格造成的损失有过错的，应当承担相应的责任。

3. 违法无效合同的起草审查措施。

这一点也与《合同起草审查指南：三观四步法》中"违法合同的分析与应对"是相通的。包括：分析后果；看能否调整交易结构，降低风险、使其合法；应当向当事人提示风险，后果较严重的，应当建议当事人停止此交易。

细节方面还包括：约定仲裁，有利于避免对外披露；如能协商一致，尽快签订善后处理协议，即结算类协议。

四、延伸讨论：结算协议

1. 结算协议的独立生效。

结算协议源自施工合同，但不同于后者，应被视为独立协议，而非建设工程施工合同的结算和清理条款及其延伸。

实践中针对施工合同无效的情形，结算协议的独立性和有效性不受影响已经基本达成共识，即结算协议不因施工合同的无效而无效。特别是在建设工程经竣工验收合格后，发包人与承包人已经就涉案工程价款达成一致并签订结算协议的，该结算协议应视为发包人与承包人就工程价款结算问题所达成的新合意，体现了双方当事人的真实意思表示。在此情形下，一方当事人申请对涉案工程进行工程造价鉴定的，人民法院一般不予准许。当事人主张按照结算协议支付工程价款的，人民法院应予支持。[1]

甚至有观点认为，发包人原则上可以建设工程未竣工或质量不合格为由，抗辩承包人的工程价款请求权。但在建设工程未竣工或质量可能不合格的情形下，一旦发包人同意与承包人签订工程价款的结算协议，就可以推定发包人认可建设工程现状并愿意支付相应的工程价款以结束与承包人之间的建设工程施工合同关系，这是发包人对自身权利的处分，应予尊重。[2]

理论上，结算协议可能因为胁迫、欺诈、重大误解等原因被撤销，但实践中难以举证，也就难以推翻。如果有结算协议存在，则在建设工程施工合同纠纷案件处理中，肯定是最为关键、最为重要的证据。从这一点说，结算协议虽然往往内容很少，但"一字千金"。

2. 条款表述上："大结算""小结算"。

小结算指的是，仅针对工程造价、已付款项、欠付工程款等内容结算。

大结算指的是，包含小结算，同时还包含承包人可能主张的所有应付款（索

---

[1] 参见《建设工程施工合同司法解释（一）》第29条；博坤建设集团有限公司与安阳广佳欣置业有限公司、管某生建设工程施工合同纠纷案，最高人民法院（2014）民一终字第61号；广东省高级人民法院发布的《全省民事审判工作会议纪要》（粤高法〔2012〕240号）（已失效）第24条。

[2] 参见最高人民法院民事审判第一庭编著：《最高人民法院新建设工程施工合同司法解释（一）理解与适用》，人民法院出版社2021年版，第299页。

赔、逾期付款利息、奖励）等。如果约定不明，则一般应认定为大结算，如《2012北京高院解答》第 24 条规定。但也有相反意见，如《2006 广州高院意见》（已失效）第 4 条。

　　无论如何，从合同起草审查的角度，律师应该要明确是否属于大结算，或明确是小结算，仍有权主张其他哪些项目，如果这一点都不明确是不应该的。这应该是结算协议最需要注意的法律条款（如果把"结算价款是多少"理解为一个商业条款）。这其实正是《合同起草审查指南：三观四步法》中强调的"履行中文件、和解协议"的一个重要审查点。

> 相关课程：《三观四步法》履行中协议、和解协议

　　3. 工程价款与违约金、逾期付款利息。

　　对于签订结算协议前欠付工程款的违约金、利息，应明确是否包含在结算协议中，这其实就是前面所说的"大结算"还是"小结算"的问题。

　　对于签订结算协议后逾期付款的违约金，则应通过结算协议的逾期付款违约责任约定来体现。由于结算协议一般意味着承包人对工程价款的适当让步，因此，对于承包人来说，有必要特别约定"如发包人未按结算协议支付工程价款，则承包人有权仍按原工程价款主张权利"。

03
第三单元

建设工程施工合同的"中观＋微观"

3.1 中观—合同形式：基于施工合同（2017版）的复杂合同结构

一、施工合同（2017版）的构成

1. 施工合同（2017版）的文本结构。

除发布机关（住建部、原国家工商总局）对文本使用的说明以及目录以外，施工合同（2017版）文本结构如表3.1-1所示。

表 3.1-1　施工合同文本结构

部分	主要内容
正文	
合同协议书	共13个条款，包括工程概况、合同工期、质量标准、签约合同价等主要交易条款
通用条款	共20个条款 1. 一般约定 2. 发包人 3. 承包人 4. 监理人 5. 工程质量 6. 安全文明施工与环境保护 7. 工期和进度 8. 材料与设备 9. 试验与检验 10. 变更 11. 价格调整 12. 合同价格、计量与支付 13. 验收和工程试车 14. 竣工结算 15. 缺陷责任与保修 16. 违约 17. 不可抗力 18. 保险 19. 索赔 20. 争议解决

续表

部分	主要内容
专用条款	对通用条款 20 个条款的对应补充或修改，但没有第 19 条，即制定者认为，对第 19 条（主要是索赔程序方面的约定）不应该有补充、修订的地方
附件	
附件 1：承包人承揽工程项目一览表	细化承揽工程范围、内容； 这是最重要的附件，如果内容不多也可以直接写在协议书中
附件 1 是协议书的附件；以下附件是专用条款的附件	
附件 2：发包人供应材料设备一览表	发包人需要提供的材料设备，包括品种、规格型号、数量、单价、供应时间、送达地点等
附件 3：工程质量保修书	双方以配套协议形式，约定工程质量保修范围、质量保修期时间、缺陷责任期时间等
附件 4：主要建设工程文件目录	履行过程中，移交建设工程文件的交接单
附件 5：承包人用于本工程施工的机械设备表	确认承包人用于本工程施工的设备
附件 6：承包人主要施工管理人员表	确认承包人主要管理人员； 实务中也可能直接写在协议书中
附件 7：分包人主要施工管理人员表	确认分包人主要管理人员； 在签订施工合同已经确定有分包项目时，可根据需要使用
附件 8：履约担保	担保人向发包人出具的担保函，为承包人履约提供担保； 实务中不一定使用这个版本
附件 9：预付款担保	担保人向发包人出具的担保函，就预付款提供担保，也就是为承包人违约时退还预付款提供担保； 实务中不一定使用这个版本
附件 10：支付担保	担保人向承包人出具的担保函，为发包人履行工程款支付义务提供担保； 实务中不一定使用这个版本
附件 11：暂估价表	包括三个文件：材料暂估价表、工程设备暂估价表、专业工程暂估价表； 合同中约定有暂估价时使用

与此同时：

（1）"合同协议书"第 6 条约定：

本协议书与下列文件一起构成合同文件：

（1）中标通知书（如果有）；

（2）投标函及其附录（如果有）；

（3）专用合同条款及其附件；

（4）通用合同条款；

（5）技术标准和要求；

（6）图纸；

（7）已标价工程量清单或预算书；

（8）其他合同文件。

在合同订立及履行过程中形成的与合同有关的文件均构成合同文件组成部分。

上述各项合同文件包括合同当事人就该项合同文件所作出的补充和修改，属于同一类内容的文件，应以最新签署的为准。专用合同条款及其附件须经合同当事人签字或盖章。

（2）通用条款第1.5条约定：

1.5 合同文件的优先顺序

组成合同的各项文件应互相解释，互为说明。除专用合同条款另有约定外，解释合同文件的优先顺序如下：

（1）合同协议书；

（2）中标通知书（如果有）；

（3）投标函及其附录（如果有）；

（4）专用合同条款及其附件；

（5）通用合同条款；

（6）技术标准和要求；

（7）图纸；

（8）已标价工程量清单或预算书；

（9）其他合同文件。

上述各项合同文件包括合同当事人就该项合同文件所作出的补充和修改，属于同一类内容的文件，应以最新签署的为准。

在合同订立及履行过程中形成的与合同有关的文件均构成合同文件组成部分，并根据其性质确定优先解释顺序。

2. 施工合同（2017版）的使用。

正常而言，对示范文本的使用是这样的：

（1）通用条款不应该进行任何改动。

从理论上讲，可以在实际使用、签署合同的"通用条款部分"说明"本部分全文使用建设工程施工合同（GF—2017—0201）通用条款"，而无须将条款内容列出，这也不会影响通用条款的适用。因为示范文本的通用条款是公开的文件。

（2）合同协议书可以使用自己的版本，但一般仍会参照示范文本的结构。

（3）专用条款是针对通用条款的对应补充。

示范文本已经列出可以补充的条款，当事人可以在上面补充。对于没有补充的，可以写"无"或者直接删去该部分内容。

有时候还需要补充，则可以在专用条款后面增加"21 补充条款"（专用条款本来只到第20条）。例如：

21 补充条款

21.1 发包人对工程管理、质量、进度、施工的其他要求，详见附件《现场管理实施细则》，承包人愿意接受其监督管理、配合、执行，由此产生的费用已包含在合同价款中，结算时不再另行计取。

21.2 为保持廉洁自律的工作作风，营造守法诚信、廉洁高效的工作环境，防止发生违法违纪行为，双方自愿订立有关廉洁作风方面的协议，详见附件《廉洁合作协议》。

当事人也可以完全不采用示范文本中的专用条款样式，直接以下列方式对通用条款进行补充：

通用条款第N条改为：

×××××××

通用条款第P条改为：

×××××××

补充约定：

双方补充约定如下（补充约定与通用条款不一致的，以补充约定为准）：

×××××××

（4）附件根据实际需要采用，不一定需要按照示范文本的样式，具体项目中也不一定要用到全部附件。

3.实务中所使用的施工合同文本构成［基于施工合同（2017版）］。

实务中，如果基于施工合同（2017版）签订合同，那么往往会考虑：

（1）双方可能另外签订补充协议。

这可能是有违法性的"阴合同"，也可能是完全合法的补充协议、变更协议。

（2）双方更愿意以真实意思表示也就是专门约定为准。

因此，实务中，可能会在专用合同条款"1.5 合同文件的优先顺序"中增加以下专门约定：

解释合同文件的优先顺序如下：

（1）本合同签署同时或签署后所签补充协议；

（2）专用条款的补充条款（如有）；

（3）专用条款及附件；

（4）中标通知书；

（5）图纸；

（6）技术标准和要求（包括本合同列明的，也包括招标文件中列明的）；

（7）协议书；

（8）投标函；

（9）投标函的附录；

（10）已标价工程量清单；

（11）工程预算书等其他投标文件；

（12）通用条款。

（3）实务中还可能会补充的附件。

①施工界面划分一览表：列明由承包人、甲指分包、甲供材的负责内容。

②总承包服务费及工作内容：就发包人独立分包下，承包人对分包人的配合与总承包服务费的收取进行约定。

③现场管理实施细则：发包人就现场管理方面的细则向承包人提出要求，约定承包人各项违约行为的违约金。

④安全文明施工管理制度或协议：发包人就安全文明施工向承包人提出安全目标，约定承包人各项违约行为的违约金。

⑤廉洁合作协议：就廉洁合作、反商业贿赂进行约定，禁止承包人向发包人进行贿赂。

⑥合同工程量清单。

二、实务中房地产开发单位的施工总包合同模板

实务中，房地产开发企业作为发包单位，从有利于己方和合同实用性的角度，往往都是作为合同条款的提供方，通常会制定一套自己的合同模板。

而对于施工单位来说，需要招投标的项目，合同主要条款和框架都已在招标阶段确定；无须招投标的项目，由于发包方的强势地位，施工单位对于合同的话语权也较小，多数情况是被动接受的一方，因此施工单位更侧重的是合同的审查，以及分包合同模板的制定。

1. 房地产开发企业起草施工合同模板有两种方式。

（1）基于施工合同（2017版）或其他施工合同示范文本起草模板。

以施工合同（2017版）或者其他施工合同示范文本为基础，通用条款不作调整，合同协议书、专用条款、附件根据自己公司的业务和己方立场进行修改。

可以根据不同价格形式（如总价合同、单价合同）、不同工程项目（房建项目与非房建项目还是存在不少差异）、是否有甲供材料等维度，制作多种模板和配套文件。

也就是说，虽然都是以施工合同示范文本为基础，但已经进一步把要补充的协议书、专用条款、附件尽量完善，实际使用时，业务人员只需要根据指引和项目实际情况选择相应模板，简单填写、选择即可，也便于审核。

（2）重新起草自己公司的施工合同模板。

这种情况下，可以继续采取施工合同（2017版）那样的"协议书＋通用条款＋专用条款＋附件"的结构，也可以使用"施工合同（专用条款＋通用条款＋签署）＋附件"的方式，也可以是普通合同的形式。

"施工合同（专用条款＋通用条款＋签署）＋附件"的形式其实就相当于把"合同协议书"和"专用条款"合并为专用条款部分，将工程概况、工期、质量、合同价款、价格变更与调整、联系方式、管辖等需要根据项目情况修改的条款放在专用条款部分，将其他不可修改的条款放在通用条款部分。此时，专用条款和通用条款没有一一对应的关系。

同样地，自己起草合同模板，也需要多种情形下的多种模板。

2. 使用自己公司起草的施工合同模板的好处。

（1）贴合己方立场和实际情况。

例如，在施工合同（2017版）的通用条款中有很多默示条款，对于发包人来说，可以删掉一些对自己不利的默示条款；对承包人来说可以延长一些对自己有利的期限。又如，房地产开发企业为保证质量和控制成本，往往会限定材料品牌或指定分包，销售阶段还有配合销售的权利义务约定，这些内容是示范文本的基本条款中不涉及的，自己起草模板时则可以根据业务情况设置相关条款或配套文件。

（2）结构更加明了，模板适配度更高。

施工合同（2017版）的结构有些复杂，专用条款与通用条款之间需要来回对照。

对于小型施工合同、零星工程框架合同（通过临时订单确定项目与价款）等类似规模不大的工程，使用几万字的示范文本显得有些累赘。

3.使用自己公司起草的施工合同模板的不利之处及注意事项。

首先是各家公司自己起草，肯定是增加了不少施工单位、相关人员审核、沟通合同文本的时间、成本。从这一点讲，如果大家都能基于施工合同（2017版）来起草更好。

其次，自己起草的施工合同模板要注意防范格式条款风险。

自己起草的合同模板，如果能看出是自己公司重复使用的，显然有被认定为格式条款的风险，如果某些约定对承包人不公平而承包人提出异议，有可能不会被法院认可。

因此，作为"格式条款"的提供方，合同条款应尽量显得公平，例如在对对方罚款的同时，可增加奖励的约定；同时要适当强调重要条款（特别是强化对方责任、免除己方责任的）的合理提示，包括加粗、加黑等。如有必要，也可以再以专门的补充协议来强化。

3.2 微观—合同条款：基于施工合同（2017版）

3.2.1 本课程对施工合同"微观—合同条款"的讲解方法

1. 本课程未讲解"通用条款"。

施工合同（2017版）共有约6万字，其中通用条款4.6万多字，上百页，是整个示范文本的主要部分。

考虑到这些原因，通用条款在实务中是不应该作调整的；已经有众多书籍对通用条款进行逐条讲解，本课程不再对施工合同通用条款进行逐条讲解。这方面读者可参考相关书籍，例如，法律出版社出版的《中国合同库：〈建设工程施工合同（示范文本）〉（GF-2017-0201）应用指南》，中国建筑工业出版社出版的《2017版〈建设工程施工合同（示范文本）〉条文注释与应用指南》、《建设工程施工合同（示范文本）（GF-2017-0201）使用指南》等。

如果用户需要重新起草自己公司所用的施工合同模板，那么对施工合同（2017版）乃至其他可参考的施工合同范本、FIDIC合同的具体条款进行学习、了解，参照使用在本公司合同模板上，肯定也是需要的。

本课程更多的是讲解基于施工合同的通用条款不作调整的基础上，需要补充、填写的其他条款的填充、选择等。

2. 本课程主要讲解重点"专用型法律条款"。

在合同文本中，这些条款分布在合同协议书、专用条款、附件或者专门的补充协议中，需要根据具体的交易与双方谈判进行设置。

在合同文本需要填充的内容与文件中，招投标文件、施工图纸、工程量清单或预算、技术标准要求等很多内容都很重要，这些在实务中主要由业务部门进行把关，本课程基本没有涉及。但不可否认的是，这些内容对建设工程来说非常重要，直接影响工程量与工程价款。

可以理解为，"专用型法律条款"就是律师、法务在施工合同模板（基于示范文本或者自己公司重新制作的模板）的基础上，需要审核、填充的条款。

3. 微观部分主要从发包人的立场，同时考虑承包人的应对。

实务中施工合同是由发包人来起草、拟定的，再加上发包人相对强势的地位，因此会更多地考虑保护发包人自身的利益。本课程也是从这一角度出发，同时结合考虑承包人的应对。

4. 建议结合"中国合同库"中的模板进行运用。

"中国合同库"专门开发的用于合同编辑、生成的编辑器，可以通过合同套装、条款组、说明等方式，帮助用户快捷地选择、生成所需要使用的文本，尤其适合复杂文本的处理。

本课程更多地侧重于知识性的讲解，而相关条款原文直接在合同文本中查看，会更合适。

▲ 相关模板：21285 建设工程施工合同（基于 GF-2017-0201 示范文本）

3.2.2 "工程量 + 工程价款"条款

需要说明的是：

1. 这里对工程量和工程价款的分析是比较浅层次的。这体现在：主要是基于施工合同（2017版）的现有条款；仅介绍工程量清单计价方式下的单价合同、总价合同相关条款，对成本加酬金、定额计价等价格形式均未介绍；仅讨论价格相关条款如何约定，未讨论价格如何形成（造价）；影响成本、索赔的很多其他因素未在这里讨论。

也就是说，本节知识讨论的是：各方已经谈好工程量、工程价款的具体条件；施工图纸、工程量清单（如果需要）都已经制作好——在此基础上，把工程量、工程价款落实到施工合同（2017版）的合同模板上，形成一份可供签署的合同。

至于工程造价方面的专业知识（造价工程师本身就是一项需要通过难度较高的考试的专门资质），这里没有涉及。而只有掌握了这些知识，才能较深层次地理解"工程量、工程价款"的条款细节。

2. 实务中合同文本不规范，没有合同，合同约定不明、矛盾等情况比比皆是。

这里没有再更多地介绍这些不规范的做法下的裁判规则。"规范的做法是类似的，不规范的做法，各有各的不规范。"本课程提倡，基于标准的模板，使用标准的条款、表述，来避免各种各样不规范的做法。

一、综合考虑"工程量+工程价款"及其调整

如果把施工合同理解为买卖，那就是一个"花多少工程价款，买多少工程量"的问题。工程价款是发包人的付出，也是承包人的所得；工程量是发包人的所得，也就是承包人的付出。对任何一方来说，单独讨论工程量或单独讨论工程价款都是没有意义的，只有同时权衡"多少工程价款对应多少工程量"才能判断自己划不划算。

与此同时，施工合同与一般买卖合同的重大不同是：工程量难以事先完全锁定，施工周期长，各种人工、材料、设备的市场价格都会发生变动。因此，双方还要同时考虑工程价款的调整以及工程量的调整。

所以，我们要结合"工程量+工程价款"两方面，并同时考虑这两方面的调整来理解施工合同的工程价款条款。

二、基本价格形式：单价合同与总价合同

1. 单价合同的基础知识。

单价合同又称"固定单价"合同，在施工合同（2017版）第12.1条中的定义是：

单价合同是指合同当事人约定以工程量清单及其综合单价进行合同价格计算、调整和确认的建设工程施工合同，在约定的范围内合同单价不作调整。合同当事人应在专用合同条款中约定综合单价包含的风险范围和风险费用的计算方法，并约定风险范围以外的合同价格的调整方法，其中因市场价格波动引起的调整按第11.1款〔市场价格波动引起的调整〕约定执行。

单价合同是适用很广泛的一种价格形式，尤其适用于以下情况：工期长、技术复杂、实施过程中可能发生较多不可预见因素的工程；招标时设计文件不详细，也无法准确计算工程量。因为工程量不好预估，因此按实际工程量结算价款更为合理。

单价合同下，如无特别约定，则发包人承担工程量变化的风险（根据实际工程量结算价款），承包人承担单价变化的风险（除非出现约定的价格调整情形，否则都应该按约定的单价进行结算），如图3.2-1所示。

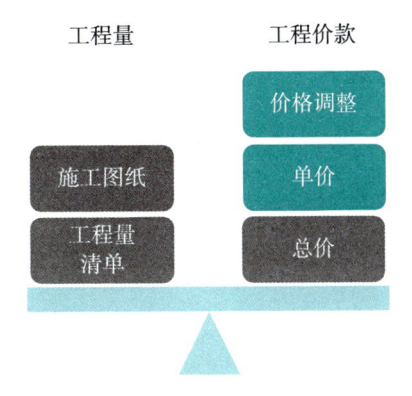

- 根据"实际完成的工程量×单价（考虑价格调整）"结算工程价款
- 约定的总价，仅为暂定总价

图 3.2-1　单价合同

图 3.2-1 中，施工图纸与工程量清单之所以是灰色的，是因为实际上这两者并不能直接锁定最终的工程价款。

2. 总价合同的基础知识。

总价合同，就是一般所说的"固定总价、总价包干、一次包死"，是指当事人约定以施工图、已标价工程量清单或预算及有关条件进行合同价格计算、调整和确认的价格，在约定的范围内总价不作调整。施工合同（2017 版）第 12.1 条中的定义是：

总价合同是指合同当事人约定以施工图、已标价工程量清单或预算书及有关条件进行合同价格计算、调整和确认的建设工程施工合同，在约定的范围内合同总价不作调整。合同当事人应在专用合同条款中约定总价包含的风险范围和风险费用的计算方法，并约定风险范围以外的合同价格的调整方法，其中因市场价格波动引起的调整按第 11.1 款〔市场价格波动引起的调整〕、因法律变化引起的调整按第 11.2 款〔法律变化引起的调整〕约定执行。

总价合同下，最后的工程总价款 = 合同约定的总价 + 合同约定的价格调整（调价、变更）。可见，是由承包人承担单价变化和工程量变化的风险，发包人只承担合同特别约定的风险。

总价合同应用也较为广泛，尤其是建设规模较小、工期较短且施工图设计已审查批准的建设工程（见图 3.2-2）。

工程量　　　　工程价款

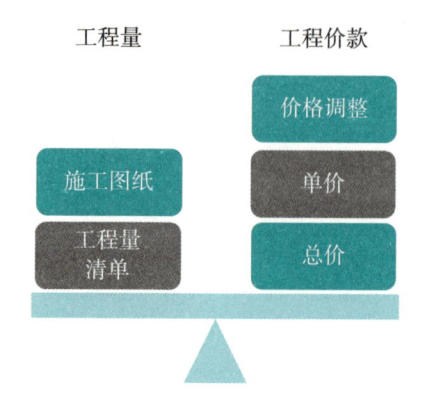

```
          ┌──────────┐
          │ 价格调整 │
┌──────────┐├──────────┤
│ 施工图纸 ││   单价   │
├──────────┤├──────────┤
│  工程量  ││   总价   │
│   清单   ││          │
└──────────┘└──────────┘
          ▲
```

・根据"总价（考虑价格调整）"结算工程价款
・单价（如有）仅为参考单价
・总价与施工图纸对应，即施工图纸范围内，实际完成工作量多少不影响总价

图 3.2-2　总价合同

图 3.2-2 中，"施工图纸—总价"是深色的，两者是对应关系。在施工图纸范围内，实际工程量增减不影响总价；只有当符合约定的价格调整机制时，总价才要调整。

3. 注意"清单总价模型"实为单价合同。

实务中约定总价合同，实际上可能采取下列三种操作：

（1）施工图总价模型：以施工图纸作为总价对应的范围，即发包人提供施工图纸，投标人根据图纸来投标报价，图纸上所有的项目都是投标人报价对应的范围。

（2）混合模型：发包人把图纸以及图纸"翻译"出来的工程量清单都发给承包人，同时在招投标文件、合同等中说明，仍然以图纸为准，要求承包人承担复核工程量清单、保证清单准确完整的责任，也就是说，如果最终实际工程量比清单要多，承包人也不能要求增加总价。

（3）清单总价模型：发包人把图纸以及图纸"翻译"出来的工程量清单都发给承包人，再由承包人根据清单形成总价。这时，总价实际上对应工程量清单，是根据工程量清单汇总形成的"暂定总价"，如果实际工程量发生变化，仍应按实际工程量与单价结算工程价款。

请注意，第 3 种模型"名为总价，实为单价"，应该适当调整表述，改为名正言顺的"单价合同"，或者改为上述第 1 种、第 2 种总价合同（以施工图纸为准计算总价）。

三、"无限风险"条款可能无效

无论是"固定总价、固定单价",其实都需要考虑价格调整机制,并非百分之百固定。这正是施工合同(2017版)中没有使用"固定总价、固定单价"的原因。这个价格调整机制要考虑的是:施工合同签订后,人工、材料、设备等价格发生变化或法律法规发生变化,价格要不要调整、如何调整?这个变化是一种无法事先准确估计的风险,因此这个机制也可以理解为是一种风险承担机制,即谁来承担风险、如何承担风险?如果完全不允许调整,就等于是由承包人承担了涨价的全部风险,发包人承担了跌价的全部风险,但由于市场价格一般来说是涨价,因此等于是承包人承担了较大风险。

由于发包人相对强势的地位,为避免承担风险,常常会在合同中约定"价格不得因任何原因进行调整、不承担任何风险、包死价"之类表述,特别是"固定总价"合同。实务中一般称这类约定为"无限风险"条款。下面对此简要分析:

1. "无限风险"条款违反国家强制性标准,但不必然无效。

最直接的规定,见于国家标准《2013版清单计价规范》。其中,在第3部分"3.4 计价风险"项下第3.4.1条规定:"建设工程发承包,必须在招标文件、合同中明确计价中的风险内容及其范围,不得采用无限风险、所有风险或类似语句规定计价中的风险内容及范围"。

根据住房和城乡建设部关于发布国家标准《建设工程工程量清单计价规范》的公告,第3.4.1条为强制性条文,必须严格执行。此外第3.4.3条也规定了未约定价格风险分摊方式时的默认规定。从这一角度来说,无限风险条款违反了国家强制性标准。

但是,目前法律、行政法规、最高人民法院司法解释层面对此并没有明确的禁止性规定,实务中大多也是以住建部门的行政性指导文件,或者地方司法指导意见的相关规定为主。相关文件可参考:

深圳市住房和建设局关于在施工招标中增加不设置"霸王条款"承诺等内容的通知(深建市场〔2019〕7号):

我市建设工程招标投标实行招标人负责制,大部分招标人遵循公开、公平、公正及合理分担合同风险原则,完成了招标并顺利推进项目实施。但从近期咨询投诉情况来看,个别招标人出于方便管控、减免责任、获取短期利益等原因,在招标文件中设置无限风险等不平等条款,将风险完全转移给承包单位,造成所谓的"霸王条款"。上述行为违背了《合同法》的公平公正原则，扰乱市场经济秩序，在建设工程实践中极易引起合同纠纷，导致合同执行困难，影响工程推进。

为加强源头风险管控，引导建设各方主体公平、合理分担合同风险，根据《广东省建设工程造价管理规定》(广东省人民政府令第205号)"招标文件、施工合同中应当明确发承包双方承担风险的内容、范围和费用。发包人不得以无限风险、所有风险等规避自身风险"和国家规范《建设工程工程量清单计价规范》(GB 50500—2013)"建设工程发承包，必须在招标文件、合同中明确计价中的风险内容及其范围，不得采用无限风险、所有风险或类似语句规定计价中的风险内容及范围"的相关规定，我局在建设工程施工招标中增设了《关于不设置"霸王条款"的承诺书》《关于设置"霸王条款"的风险告知书》及《招标人申明》。

《2012北京高院解答》：

12.固定价合同履行过程中，主要建筑材料价格发生重大变化，当事人要求对工程价款予以调整的，如何处理？

建设工程施工合同约定工程价款实行固定价结算，在实际履行过程中，钢材、木材、水泥、混凝土等对工程造价影响较大的主要建筑材料价格发生重大变化，超出了正常市场风险的范围，合同对建材价格变动风险负担有约定的，原则上依照其约定处理；没有约定或约定不明，该当事人要求调整工程价款的，可在市场风险范围和幅度之外酌情予以支持；具体数额可以委托鉴定机构参照施工地建设行政主管部门关于处理建材差价问题的意见予以确定。

因一方当事人原因导致工期延误或建筑材料供应时间延误的，在此期间的建材差价部分工程款，由过错方予以承担。

司法实务中的处理也并无统一意见，既有尊重当事人合意，按照合同约定执行，风险不予调整的判例；也有依据公平原则、情势变更原则调整合同价款的情形。但一般会兼顾"情势变更、显失公平"与"契约自由"的平衡，在尊重合同约定的基础上，对于确实因价格变化造成一方损害巨大的情况进行适当调整。

所以，虽然无限风险条款违反了国家强制性标准，但并不属于《民法典》第153条违反法律、行政法规的强制性规定情形，该条款并不必然无效。

2. 从发包方角度,"无限风险"条款相关起草审查要点:

(1)小型施工合同:可保留此类条款,明确不调整价格,并加粗、加黑。

但仍可提示当事人此类约定并非百分之百有效。

(2)大型施工合同:考虑改为合理的价格调整机制。

因为无限风险可能无效,与其陷入不可控的价格争议,不如由发包人结合项目实际情况,在合同中约定一个相对较高的风险调差范围,或者是合理的价格调整机制,而避免使用无限风险条款。

(3)注意单次调差时的处理。

例如,施工合同履行过程中,因某项材料价格涨幅巨大,经协商一致后,发包人同意支付一定差价。此时应注意签订签订补充协议,明确调差限限本次特殊情况,避免被认为是对施工合同整体价格形式进行调整。

四、施工合同(2017版)中的工程价款条款

就单价合同与总价合同在施工合同(2017版)中的具体约定,见表3.2–1。

表3.2-1 施工合同(2017版)中工程价款有关条款

版块	约定位置	单价合同	总价合同
基本约定	合同协议书第4条	约定价格形式,暂定含税合同金额; 一般会同时约定税率与不含税金额	注明包干总价金额,一般会同时约定税率与不含税金额
	第专用条第12.1款	一般要约定: (1)单价合同的含义,一般是综合单价; (2)说明哪些单价不作调整	一般要约定: (1)总价合同的含义; (2)总价合同包含的内容; (3)要考虑约定总价模式下合同解除或提前终止情况下计价原则和计价方式
工程量清单	附件:工程量清单	清单中约定单价	总价合同可以不提供工程量清单,但实务中仍常常提供清单,清单可作为变更时的计价参考; 如果提供清单,则必须在专用条款第12.1款中说明清单仍需由承包人复核,应以施工图纸为准

续表

版块	约定位置	单价合同	总价合同
价格调整机制	专用条款第11条	通用条款第11条中已经说明了"采用价格指数进行价格调整"和"采用造价信息进行价格调整"两种价格调整方式,专用条款中需要明确是否进行价格调整、采用哪一种价格调整方式,并补充该调整方式所需的参数; 考虑到通用条款仅描述合同履行期间的调差,但是实务中因为工程进度以及调差所涉材料实际使用期间存在不同,材料使用期间的界定将直接影响材料涨跌幅的计算,仅以合同履行期间作为调差区间会有争议且不便于计算,需要在专用条款中进一步界定各材料(如钢筋、商品砼等)具体的调差区间,以明确调差区间内材料涨跌幅,进而判断是否需要调整以及具体的调整金额	

五、工程款的支付

建设工程施工合同中,发包人一般分预付款、进度款、结算款、质量保证金返还四部分支付。

当事人可在专用合同条款第12条中约定预付款金额、进度款的支付方式,在专用合同条款第15条中约定质量保证金。

《建设工程价款结算暂行办法》第12条第1项规定:"包工包料工程的预付款按合同约定拨付,原则上预付比例不低于合同金额的10%,不高于合同金额的30%,对重大工程项目,按年度工程计划逐年预付……"

为保证承包人合理使用工程预付款,发包人可以要求承包人提供工程预付款担保;为保证发包人如期支付工程款(包括预付款),承包人可要求发包人提供工程款支付担保。

六、其他与工程价款相关问题

1. 不可竞争费用。

《2013版清单计价规范》第3.1.5条规定,措施项目清单中的安全文明施工费应按照国家或省级、行业建设主管部门的规定计价,不得作为竞争性费用;第3.1.6条规定,规费和税金应按国家或省级、行业建设主管部门的规定计算,不得作为竞争性费用。规费主要就是给员工缴纳的五险一金费用。

这三项称为不可竞争费用(或非竞争费用),不是一个根据市场调整的价格,而是几项必然要发生的、有法定标准的支出。如果恶性竞争,会损害市场秩序,也可能影响施工安全、劳动者社会保险待遇等，因此法律上有"不可竞争"的规定，也就是只能按法定的标准来列，上浮、下浮、优惠、免收的做法都是不合法的。

但在实务中，发包人与承包人往往在合同中约定不可竞争性费用上浮、下浮或优惠，该约定效力如何认定，存在争议，认定"约定有效"和"约定无效，当事人有权主张按法定标准计算"的判例均有。[1][2]

2. 暂列金额。

暂列金额是招标人或发包人在工程量清单中暂定并包括在合同价款中的一笔款项，该款项由招标人或发包人控制使用，并依据现场情况使用。可见暂列金额只是签订合同时"暂列"，实际上并不一定会支出，而且是由发包人掌握使用的。

实务中，当采取固定总价模式又有暂列金额时，常常会产生争议。如在成都地铁有限责任公司与四川省日月能源投资管理有限公司建设工程施工合同纠纷案[3]中，合同中约定"本合同价款为总价包干，合同价不作调整"，但涉案工程中又约定了预留金（暂列金额），导致对该固定总价是否包含预留金（暂列金额）产生争议。因此，为避免争议，应该明确表明系"暂列金额"（实务中常显示为"其他费用"），并可以在专用条款第12.1款中说明固定总价中应扣除暂列金额。

3. 暂估价。

根据施工合同（2017版）通用合同条款的约定，暂估价是发包人在工程量清单中提供的用于支付必然发生但暂时不能确定价格的材料、工程设备的单价以及专业工程的金额。

如将暂列金额与暂估价对比，则暂列金额不必然会发生，也不确定金额，暂估价是必然会发生的，但不确定金额。

如果约定了暂估价，那么：

（1）需要在附件中列明暂估价表。

（2）需要在专用条款第10条中约定暂估价项目如何实施。

---

[1] 认定约定有效的案例：林仙龄与耒阳市康鸿盛房地产开发有限公司建设工程施工合同纠纷案，最高人民法院（2015）民申字第2403号；认定约定无效的案例：山东太阳控股集团有限公司、山东圣德国际酒店有限公司建设工程施工合同纠纷案，最高人民法院（2019）最高法民终917号；重庆建工集团股份有限公司、成都高投长岛置业有限公司建设工程施工合同纠纷案，四川省高级人民法院（2019）川民终1040号。

[2] 参见常设中国建设工程法律论坛第八工作组：《中国建设工程施工合同法律全书：词条释义与实务指引》（第2版），法律出版社2021年版，第305~306页。

[3] 四川省高级人民法院民事判决书，（2015）川民终字第249号。

实务中因暂估价引起争议的较少见，因为暂估价会在实际施工过程中转为确定的价格。

3.2.3 延伸讨论：垫资承包与利息的约定

工程垫资承包是指发包人未全额支付工程预付款或未按工程进度按月支付工程款，而是全部或部分由工程承包人垫付，直至约定的时间或者节点完成，甚至到工程竣工，再由发包人支付工程款的承包方式。具体表现包括不支付预付款、不支付或少支付进度款。比如，只支付当月已完工程量约60%的价款等；要求承包人提供现金担保、提供借款等。《建设工程价款结算暂行办法》（财建〔2004〕369号）、《财政部、住房城乡建设部关于完善建设工程价款结算有关办法的通知》（财建〔2022〕183号）有工程预付款、进度款支付的最低要求，低于该要求就可以认为是"垫资"。

对于一般交易来说，双方约定分笔付款、后付款都没问题，但对于建设工程合同来说，发包人后付款对承包人不公平，且可能损害建设工程质量。基于这些考虑，2004年前我国法律对垫资承包持禁止态度。但自《2004建设工程司法解释》（已失效）起，法律认可了垫资及利息的约定。《建设工程施工合同司法解释（一）》第25条仍继续保留了该规定：

当事人对垫资和垫资利息有约定，承包人请求按照约定返还垫资及其利息的，人民法院应予支持，但是约定的利息计算标准高于垫资时的同类贷款利率或者同期贷款市场报价利率的部分除外。

当事人对垫资没有约定的，按照工程欠款处理。

当事人对垫资利息没有约定，承包人请求支付利息的，人民法院不予支持。

也就是说，建设工程垫资不同于民间借贷，法律上并不支持较高的利率约定。

结合合同的起草审查来看垫资，则可以大致分为以下几种情况。

1. BT、"PPP+EPC"、"F+EPC"这些"融资+工程承包"的特殊模式。

这些特殊模式意味着交易结构及合同的整体调整、设计不同于一般的施工合同或工程总承包合同，也不能简单地理解为垫资承包而适用上述利率上限。此处不再具体分析。

2. 政府投资项目中的垫资安排。

《政府投资条例》第22条以及之前的诸多规范都禁止政府投资项目由施工

单位垫资建设。这种情况下的垫资，主要不是一个合同条款的问题，而是这种做法不合规，属于"宏观—交易结构"层面的问题。如果采取招投标方式，"阳合同"无垫资安排，"阴合同"有垫资安排，那么根据"阴阳合同"的相关规定，施工方有权根据"阳合同"要求付款（严格按法律来说是"必须"根据中标合同付款）。

3."工程合同＋第三人提供借款的借款协议"的结合。

在正常的工程合同之外，另外由第三人向发包人提供借款用于支付工程款，第三人与发包人就借款、利息等安排签订借款协议。

这种情况下一般不会被认定为垫资，借款方与发包人关于利息的约定不超过《民间借贷司法解释》规定的利率上限即为有效。

▲相关模板：20277 借款合同（第三方向发包人提供借款）

4.一般工程承包合同中承包人垫资的安排。

（1）体现为借款的形式。

如果直接由承包人提供借款给发包人用于支付工程款，那么需要注意，即使双方约定为借款，司法实务中一般也会认定为垫资，应该受到《建设工程施工合同司法解释（一）》第 25 条规定的利率上限的限制。不过，在实务中，当事人仍可能采取借款的约定，只是律师需要提示当事人超过《建设工程施工合同司法解释（一）》第 25 条规定的利率部分不能获得支持。

▲相关模板：20281 借款合同（承包人向发包人提供借款）

（2）明确约定构成垫资，并约定利息。

此时自然应该受到《建设工程施工合同司法解释（一）》第 25 条约定的利率上限的限制。一般来说，双方会通过补充协议来约定垫资利息。

▲相关模板：20266 垫资补充协议

（3）发包人未按合同约定节点付款（双方可能事先已经私下达成一致），双方未约定这是垫资，则按工程欠款处理。合同对工程欠款约定了违约金的，即应按约定的违约金计算（如果不考虑违约金过高）。

（4）付款安排实际构成垫资，但并没有约定是垫资，也没有约定利息。此时发包人按照合同约定付款，并无违约之处，因此，不能支持承包人主张利息或主张欠款。这种情况下，承包人一般会把资金成本考虑到工程价款之中，或者改为上述第（2）种做法。

3.2.4 违约责任

一、欠付工程款的责任

1.未约定欠付工程款责任的处理。

《建设工程施工合同司法解释（一）》第 26 条规定：当事人对欠付工程价款利息计付标准有约定的，按照约定处理。没有约定的，按照同期同类贷款利率或者同期贷款市场报价利率计息。

如果承包人希望约定更高的违约责任，则应该在专用条款第 16.1.2 项中约定发包人逾期付款的违约责任。例如，"每逾期一日，应按逾期金额的万分之二支付违约金"。如果承包人约定了逾期付款违约金，是否还能同时主张《建设工程施工合同司法解释（一）》第 26 条约定的利息呢？这有一定争议。一种观点认为，该条中的利息是在没有专门约定违约金的情况下才能适用，只有当事人约定"既要按 ×× 标准支付利息，也要按 ×× 标准支付违约金"，才能同时支持这两项；[1]另一种观点则认为，违约金与利息性质不同，可以同时主张。[2]从合同起草审查的角度，承包人最好是明确违约金与利息同时承担。

2.约定欠付工程款违约金的上限。

工程价款的逾期付款违约金与其他合同中的货款、服务费用等逾期付款违约金并没有什么不同，即法律、司法解释并没有明确规定上限，但民间借贷利息上限（一年期贷款市场报价利率也就是 LPR 的 4 倍）可作为参照，约定每日 5‰左右的违约金应该不会视为过高，能够得到法院支持。

▶ **相关课程**：《三观四步法》违约救济条款（上）

3.放弃欠付工程款违约金约定的效力。

实务中由于发包人处于强势地位，不太可能约定较高的违约金。实际上常见到"承包人同意放弃对发包人逾期付款的违约金和利息索赔、发包人逾期付款承担零利息"这样的"放弃违约金"的约定。如果有这样的约定，但当事人仍主张

---

[1] 参见天津市高级人民法院主办：《天津高级人民法院公报》（2018 年第 1 辑，总第 18 辑），法律出版社 2018 年版，中国铁建大桥工程局集团有限公司与天津翰佳投资有限公司建设工程施工合同纠纷案。

[2] 黑龙江省庆达水利水电工程有限公司、大庆油田牡丹江新能源有限责任公司建设工程施工合同纠纷案，最高人民法院（2017）最高法民再 333 号；中铁十五局集团有限公司、内蒙古太西煤集团股份有限公司建设工程施工合同纠纷案，最高人民法院（2019）最高法民终 65 号；宁夏瑞泰房地产开发有限公司、浙江宏成建设集团有限公司建设工程施工合同纠纷案，最高人民法院（2020）最高法民终 1310 号。

索要利息，则法院有可能驳回（认为约定有效），也可能认为该约定无效而按《建设工程施工合同司法解释（一）》第 26 条支持欠付工程款利息，可参考的理由包括：《民法典》第 585 条第 2 款规定，约定的违约金低于造成的损失的，人民法院或者仲裁机构可以根据当事人的请求予以增加；该约定显失公平；该约定是格式条款。

二、其他违约责任

专用条款第 16 条中可约定发包人与承包人的各项违约责任。这些违约责任的约定与一般合同中的违约责任约定并无不同，也是综合考虑各方可接受程度，同时考虑违约金过高的限制。

> 相关课程：《三观四步法》违约救济条款（下）

对施工过程中因为施工管理、安全等方面对承包人约定的违约金（实务中常常以处罚、扣款等为名），可以通过专门的附件（类似于"安全生产管理制度"等）进行约定，没有必要在专门条款中约定。

3.2.5　施工合同中的默示条款

施工合同（2017 版）出于适当平衡发包人与承包人利益的目的，同时也因为建设工程周期长、持续推进的特点，有不少默示条款，也就是默认、沉默认可，以不作为当作一种意思表示。《民法典》第 140 条第 2 款规定："沉默只有在有法律规定、当事人约定或者符合当事人之间的交易习惯时，才可以视为意思表示。"可见如果当事人约定了默示条款，该默示就会发生相应的效果。

施工合同（2017 版）的默示条款共有 29 处，涉及承包人、监理人、发包人等，不少条款是同时适用于各方的。下面列出了比较重要的几处默示条款。

一、涉及承包人的默示条款

1. 竣工结算审核〔施工合同（2017 版）第 14.2 款〕。

承包人对发包人签认的竣工付款证书有异议的，对于有异议部分应在收到发包人签认的竣工付款证书后 7 天内提出异议，并由合同当事人按照专用合同条款约定的方式和程序进行复核，或按照第 20 条〔争议解决〕约定处理。对于无异议部分，发包人应签发临时竣工付款证书，并按本款第（2）项完成付款。承包人逾期未提出异议的，视为认可发包人的审批结果。

2. 承包人的索赔［施工合同（2017版）第19.1款］。

承包人应在知道或应当知道索赔事件发生后28天内，向监理人递交索赔意向通知书，并说明发生索赔事件的事由；承包人未在前述28天内发出索赔意向通知书的，丧失要求追加付款和（或）延长工期的权利。

3. 对发包人索赔的处理［施工合同（2017版）第19.4款］。

对发包人索赔的处理如下：

……

承包人应在收到索赔报告或有关索赔的进一步证明材料后28天内，将索赔处理结果答复发包人。如果承包人未在上述期限内作出答复的，则视为对发包人索赔要求的认可。

4. 提出索赔的期限［施工合同（2017版）第19.5款］。

承包人按第14.2款〔竣工结算审核〕约定接收竣工付款证书后，应被视为已无权再提出在工程接收证书颁发前所发生的任何索赔。

二、涉及发包人的默示条款

1. 竣工结算审核［施工合同（2017版）第14.2款］。

除专用合同条款另有约定外，监理人应在收到竣工结算申请单后14天内完成核查并报送发包人。发包人应在收到监理人提交的经审核的竣工结算申请单后14天内完成审批，并由监理人向承包人签发经发包人签认的竣工付款证书。监理人或发包人对竣工结算申请单有异议的，有权要求承包人进行修正和提供补充资料，承包人应提交修正后的竣工结算申请单。

发包人在收到承包人提交竣工结算申请书后28天内未完成审批且未提出异议的，视为发包人认可承包人提交的竣工结算申请单，并自发包人收到承包人提交的竣工结算申请单后第29天起视为已签发竣工付款证书。

2. 最终结清证书和支付［施工合同（2017版）第14.4.2项］。

除专用合同条款另有约定外，发包人应在收到承包人提交的最终结清申请单后14天内完成审批并向承包人颁发最终结清证书。发包人逾期未完成审批，又未提出修改意见的，视为发包人同意承包人提交的最终结清申请单，且自发包人收到承包人提交的最终结清申请单后15天起视为已颁发最终结清证书。

3. 对承包人索赔的处理［施工合同（2017版）第19.2款］。

对承包人索赔的处理如下：

……

发包人应在监理人收到索赔报告或有关索赔的进一步证明材料后的28天内,由监理人向承包人出具经发包人签认的索赔处理结果。发包人逾期答复的,则视为认可承包人的索赔要求。

4. 发包人的索赔［施工合同（2017版）第19.3款］。

发包人应在知道或应当知道索赔事件发生后28天内通过监理人向承包人提出索赔意向通知书,发包人未在前述28天内发出索赔意向通知书的,丧失要求赔付金额和（或）延长缺陷责任期的权利。

相关知识点：施工合同（2017版）默示条款汇总

另外需注意,施工合同（2017版）"通用合同条款"第12.4.4项中特别规定了排除默示的条款,即"发包人签发进度款支付证书或临时进度款支付证书,不表明发包人已同意、批准或接受了承包人完成的相应部分的工作"。

总体来说,在施工合同履行中,往往是承包人不断地向监理人、发包人发出各类申请、通知、要求,希望监理人、发包人认可。因此,承包人往往希望多一些"一定期限内不回复视为认可"。发包人则需要尽量避免"不小心就形成了不利的默示",因此要适当控制默示条款,这包括:

（1）发包人可以通过专门条款排除默示条款的适用,或对原通用条款进行修改。

（2）实务中发包人有可能专门增加下面这样的补充条款:

5912 非符合条件不视为认可

履行合同过程中,承包人向发包人、总监理工程师、发包人代表、专业工程师、成本工程师提交的任何待核实、审核、批准、回复、确认的申请、通知、报告、要求、资料等,只有当同时满足下列两个条件时,才能视为上述主体认可或接受或确认;否则,不能视为上述主体认可或接受或确认,即使部门规章、地方性法规或地方规章中有视为认可或接受或确认之规定。

（1）在协议书、补充条款、专用条款或通用条款中有关于逾期不核实、不审核、不批准、不回复、不提出异议、不提出意见或不确认视为认可或接受或确认之特别约定;

（2）承包人向上述主体提交的任何待核实、审批、批准、回复、确认的申请、通知、报告、要求、资料等必须完全符合合同约定和总监理工程师、发包人的指令（包括但不限于完全符合提交的期限、提交的程序、提交的内容要求等）。

5913 签收非认可

除非发包人代表在承包人发出的工程施工联系函或其他报告、文件上签署明确表示认可的意见，否则，发包人代表签名或其他人的签名（即使其签署意见）仅表示发包人对该份文件的签收，不能作为发包人的认可意见或结算的依据。

📑 **相关知识点**：施工合同（2017版）默示条款汇总

3.2.6　建设工程合同中的"霸王条款"

"霸王条款"不是一个专门的法律术语。在建设工程合同领域，一般是指发包人基于自己的强势地位，在建设工程合同中使用的对承包人不利、不公平的条款。这些条款包括价款、违约责任等，前面已经有部分涉及，包括：

（1）××费包干，要求承包人承担全部风险，"不因任何因素调整"。

（2）价格调整机制上，人工、材料、设备价格一律不予调差。

（3）发包人原因造成工期延误的，工期不予调整或仅顺延工期，不予任何经济赔偿。

（4）发包人原因造成项目资金不能按时支付、欠付工程款的，承包人应筹措资金继续施工，且不得因此停工。

（5）发包人欠付工程款的，不承担任何经济赔偿责任。

另外，分包合同中的"背靠背"条款性质也类似。

对于"霸王条款"，法律、行政法规、司法解释层面没有明确的规定，但是《2013版清单计价规范》第3.4.1条等禁止无限风险、所有风险之类的表述，各地地方住建部门还对此出台了一些文件对"霸王条款"予以限制。例如，深圳市住房和建设局发布的《关于在施工招标中增加不设置"霸王条款"承诺等内容的通知》（深建市场〔2019〕7号），地方性法规有一些禁止、限制性规定（如《广东省建设工程造价管理规定》第25条规定发包人不得以无限风险、所有风险等规避自身风险）。

基于市场经济、契约自由，在发包人处于强势地位的情况下，发包人使用对自己有利的约定，也无可厚非，只是说这类约定的效力会有一些问题。总体来讲，这些条款在具体争议案件中的效力要看具体情况，特别是考虑承包人的实际损失情况，难以一律说是有效还是无效，或者说基本的原则是"首先尊重约定，然后再看是否有必要酌情调整"。相当一部分案件中，法院可能考虑到损失不大、约定明确而认定有效，驳回承包人请求。如果法院要酌情调整、支持了承包人的请求，则会考虑以下理由：

（1）《民法典》第585条第2款规定，约定的违约金低于造成的损失的，人民法院或者仲裁机构可以根据当事人的请求予以增加。这一点是比较有力的、明确的规定。

（2）《民法典》第151条"显失公平"的规定：一方利用对方处于危困状态、缺乏判断能力等情形，致使民事法律行为成立时显失公平的，受损害方有权请求人民法院或者仲裁机构予以撤销。

（3）《民法典》格式条款相关规定。这需要法院先认定为格式条款，再基于《民法典》第497条等规定认定条款无效。

（4）损害公序良俗、公共利益。

发包人将风险不合理的转嫁到承包人身上，最终可能影响工程质量，进而损害公序良俗、公共利益。——当然，这样论证是有些牵强的。

约定违反各级住建部门限制"霸王条款"的规定时，法院可考虑按照"损害社会公共利益"为由认定无效。[1]

总体来讲，从合同起草审查的角度，因为这样的条款并不会影响整个合同的效力，而且也并非确定无效，因此从发包人的角度，仍可以使用，同时应提示风险。对承包人来说，则需要权衡风险与收益来判断是否可以接受（包括考虑日后有无可能通过仲裁、诉讼来推翻该类条款）。

3.2.7 法律适用条款

1. 根据《涉外民事关系法律适用法司法解释（一）》第1条、第4条，非涉外民事关系不能选择适用法律。

对于境内的建设工程项目，由于必须适用中国关于建设工程的各项强制性法规，更加没有选择法律适用的空间。

---

[1]《最高人民法院公报》2009年第9期所载的北京德法利科技发展有限责任公司与安徽省福利彩票发行中心营销协议纠纷案-最高人民法院（2008）民提字第61号民事判决书中，最高人民法院认为：在法律、行政法规没有规定，而相关行政主管部门制定的行政规章涉及社会公共利益保护的情形下，可以参照适用其规定，若违反其效力性禁止性规定，可以以违反《合同法》第52条第4项的规定，以损害社会公共利益为由确认合同无效。

2. 限缩部门规章的适用。

实务中，建设工程合同可能约定"部门规章、地方规章不适用于本合同"，这是因为建设工程相关的部门规章、地方规章很多，很多出于对处于弱势的施工单位一方的适当保护，对发包人不太有利，于是发包人作此约定。

不好说这一种宽泛约定有多大效力，而且强制性规范也是不能排除适用的。因此，只能说也许有一定作用。

3.2.8 争议解决条款

施工合同（2017版）通用条款第20条列举了和解、调解、争议评审、仲裁、诉讼五种争议解决机制。和解、调解不需要当事人作特别约定，只是当事人在争议发生时是否采取和解、调解方案的问题。当事人仅需要考虑是否要对争议评审、仲裁与诉讼进行选择和约定。下面进行简要说明。

一、争议评审

1. 争议评审机制的基本原理。

简单来说，争议评审是非诉讼纠纷解决机制的一种，其适用与效力本质上来自当事人约定。与仲裁不同，仲裁的介入虽然来自当事人的约定，但仲裁本身是依据《仲裁法》进行的，仲裁裁决具有相当于法院判决的效力。

而争议评审的介入、效力等都来自当事人约定。我们不妨假设这样一种情形：

张三、李四签订买卖合同，其中约定：双方确认由王五作为争议解决专家担任双方买卖合同争议的评审人，争议解决专家作出的决定对双方具有约束力，双方必须执行。同时还有一些细则约定。

在买卖合同履行中，双方发生争议。张三根据约定请争议解决专家作出决定。王五了解有关情况后，听取双方意见后，决定"李四应向张三赔偿10万元"。

试问：王五的这个决定效力如何？

大体上可以认为，上述情形中的机制就是"争议评审"，在施工合同（2017版）中就叫作争议评审，需要设定争议评审小组（可以是1人或3人）。不难判断：

（1）争议评审小组的决定不具有仲裁裁决、法院判决的效力，也不属于《人民调解法》中的调解。

（2）对争议评审小组作出的决定，双方肯定也可以提起仲裁或诉讼。但如果各方已经事先约定争议评审小组的决定具有约束力,各方必须遵守,则仲裁或诉讼机构按理说应该作为一种有效约定予以执行(就像上面虚拟案例中的约定一样)。因此,仲裁机关或法院应当参考王五的决定作出裁决或判决,就像参考双方在合同中类似"每月停机超过3次视为违约"的约定一样。

(3)实务中,人们并不会在一般的合同中采取上面这种约定,而在建设工程合同中则不然。由于建设工程合同的金额大、周期长、专业性强且容易发生纠纷,通过事先引入中立第三方专业人士,对合同履行过程中的争议予以迅速地、专业地解决,就成为一种重要的非诉讼纠纷解决机制。可以说,争议评审机制不是只能用于建设工程合同纠纷,但最适用建设工程合同纠纷。

2.法律上对争议评审没有明确规定。

《建设工程施工合同司法解释(一)》第30条规定:"当事人在诉讼前共同委托有关机构、人员对建设工程造价出具咨询意见,诉讼中一方当事人不认可该咨询意见申请鉴定的,人民法院应予准许,但双方当事人明确表示受该咨询意见约束的除外。"这是针对建设工程造价的,但是对争议评审机制具有一定的参考意义。

3.选择争议评审机制时的处理。

此时,当事人需要在专用条款第20条中约定争议评审小组成员的确定、报酬承担方式等。在国内,北京仲裁委员会等机构也推出了《建设工程争议评审规则》。[1]当事人可选择适用这些规则。

目前,根据通用条款第20.3.3项的约定,"争议评审小组作出的书面决定经合同当事人签字确认后,对双方具有约束力,双方应遵照执行"。北京仲裁委员会《建设工程争议评审规则》第21条规定:

当事人对评审意见有异议的,应当自收到评审意见之日起14日内向评审组或者对方当事人书面提出。当事人在上述期限内提出异议的,评审意见即不具约束力;未提出异议的,则评审意见在上述期限届满之日起对各方当事人有约束力。当事人应当按照评审意见执行。

如当事人约定评审意见自作出或者当事人收到之日起即对当事人有约束力,即使当事人在收到评审意见之日起14日内提出了书面异议,仍应按照评审意见执行。在当事人将该争议提交仲裁庭或者法院对该项争议作出不同的裁决或者判决

---

[1] 参见北京仲裁委员会:《建设工程争议评审规则》,载北京仲裁委员会官网,http://www.bjac.org.cn/page/zyps/controversy.html,2022年11月2日访问。

前，评审意见仍对当事人有约束力。

评审意见对当事人不具约束力，或者评审组未在本规则第十九条规定的期限内作出决定，或者评审组在评审意见作出之前依据本规则被解散，当事人均可就相关争议直接交付仲裁或诉讼。

也就是说，当事人可以专门约定争议评审小组的决定作出即有约束力，如无这样的约定，则只有当事人签字确认，或者当事人根据所选择适用的评审规则程序未提出异议的，评审小组的决定才会有约束力。实务中，当事人约定"争议评审小组决定作出即有约束力，无论当事人是否提出异议"的情形还是很少见的。

二、仲裁或诉讼

施工合同的仲裁与诉讼条款，与一般合同并无太多不同，这里仅提示以下几点。

1. 施工合同纠纷属于不动产纠纷，适用不动产所在地专属管辖。因此，如果选择诉讼，则不能选择地域管辖。

2. 施工合同仍然可以选择仲裁。实务中，部分企业倾向于将企业集团下属的工程合同争议解决方式，统一约定到企业集团总部所在地的仲裁机构解决。这是有效的。

3. 实际施工人是否受发包人和承包人之间仲裁条款的约束存在争议。有案例认为，实际施工人受发包人和承包人之间仲裁条款的约束。但因为实际施工人与发包人之间并无书面的仲裁条款，仲裁机构是否会受理实际施工人的仲裁申请具有不确定性。因此，这种局面下的仲裁条款对发包人较有利，可以避免在承包人非法转包、违法分包情况下出现实际施工人（有时还可能有多个实际施工人）对发包人提起诉讼。

基于这一点，可以延伸想到，就实际施工人而言，当与承包人签订相关合同时，争议解决方式建议与承包人和发包人签订合同中的争议解决方式保持一致，以避免因管辖问题而难以受理。

4. 招投标中存在"阴阳合同"时，适用哪份合同的争议解决条款，存在争议。争议解决条款算不算合同实质性内容，是否要优先适用经过招投标的合法"阳合同"中的争议解决条款，在判例中存在争议，不过主流观点是以"阴合同"即双方的真实意思表示为优先。[1]

3.2.9　延伸讨论：优先受偿权及相关起草审查问题

建设工程价款优先受偿权，是建设工程合同争议处理中的一个重要问题。但基于本课程的目的，我们基本不讨论争议解决中优先受偿权相关问题，主要介绍当事先起草审查建设工程合同时，优先受偿权有哪些注意事项。

一、总包合同：对于没有优先受偿权的工程承包合同，承包人应通过更多措施保障工程价款的取得

优先受偿权是法定的、无须登记的、优先普通债权的特定权利，对承包人是一个很有利的保护，换言之，如果不存在优先受偿权，则承包人的风险就增大，应通过更多措施保障工程价款的取得。是否存在优先受偿权，需要考虑以下几点。

1.优先受偿权的主体：以施工总承包人（包含工程总承包人）为主，单位工程与发包人直接签订施工合同的承包人也享有优先受偿权。

通常认为勘察人、设计人等不享有优先受偿权，[2]分包人不享有优先受偿权，监理人也不享有优先受偿权。

无效承包合同下的总承包人是否享有优先受偿权，存在争议。至于实际施工人是否享有优先受偿权更是受到合同无效与合同相对性的双重限制，主流观点认为不能支持优先受偿权，但仍有一定争议。[3]

2.如果"建设工程的性质不宜折价、拍卖"，则根据《民法典》第807条的规定，事实上无法行使实现优先受偿权。"不宜折价、拍卖"的建设工程包括：

（1）违法建筑：包括实体违法的建筑以及未能补正程序的违法建筑。

（2）质量不合格且无法修复的建筑。

（3）所有权不属于发包人的装饰装修工程。

---

[1] 参见建纬大湾区建设工程业务中心编著，蓝新宏主编：《施工合同纠纷专题解析与法律实务》，法律出版社2022年版，第225~229页。

[2] 参见常设中国建设工程法律论坛第十二工作组：《建设工程勘察设计合同纠纷裁判指引》，法律出版社2021年版，第31~32页。

[3] 参见最高人民法院民事审判第一庭编著：《最高人民法院新建设工程施工合同司法解释（一）理解与适用》，人民法院出版社2021年版，第363页。该书表示实际施工人不应享有优先受偿权。实际施工人是否享有优先受偿权的实务分析文章很多，读者可自行搜索。例如，周苗苗：《实际施工人优先受偿权之争》，载微信公众号"律行天下"，2022年6月9日发布。

虽然《建设工程施工合同司法解释（一）》第 37 条认可装饰装修承包人的优先受偿权，但不动产所有权人不是发包人时，承包人要行使该优先受偿权仍然很困难。

（4）因消费者支付 50% 以上购房款而导致所有权即将转移的商品房。

《最高人民法院关于人民法院办理执行异议和复议案件若干问题的规定》（法释〔2020〕21 号）第 27 条、第 29 条规定，买受人在人民法院查封之前已签订合法有效的书面买卖合同，所购商品房系用于居住且买受人名下无其他用于居住的房屋，并且已支付的价款超过合同约定总价款的 50% 的登记在被执行的房地产开发企业名下的商品房，可以对抗担保物权等优先受偿权。

（5）使用性质上存在公用性、公共性、公益性的建设工程。

例如，《民法典》第 399 条规定的学校、幼儿园、医疗机构等为公益目的成立的非营利法人的教育设施、医疗卫生设施和其他公益设施。但这类机构的非公益设施范围内的建设工程，则不属于不宜折价、拍卖的建设工程，如学校开办的宾馆、医院开办的生产基地等非公益设施的建设工程。[1]

（6）国家机关已投入使用的办公用房或者军事建筑。

对此虽无明确法律依据，但有王某华与中国南海研究院、海南省第二建筑工程公司等建设工程施工合同纠纷案[2]等判例未支持优先受偿权。

（7）分部或附属工程。

对此有争议，一种裁判观点认为，分部或附属工程不宜折价拍卖，因此不享有优先受偿权。

二、限制或放弃优先受偿权的约定"原则有效、例外无效"

由于优先受偿权法定，无须登记，因此，总包合同中并不需要"承包人享有优先受偿权"这样的约定。

实务中涉及优先受偿权的约定往往是限制或放弃优先受偿权。这类约定可能体现为协议，也可能是承包人的单方承诺。其实质内容大致可分为以下三种。

1. 承包人完全放弃优先受偿权。承包人放弃该权利后，其对发包人享有的工程款债权成为普通金钱债权，清偿顺序劣后于有担保的债权，与其他无担保的普

---

[1] 参见最高人民法院民事审判第一庭编著：《最高人民法院新建设工程施工合同司法解释（一）理解与适用》，人民法院出版社 2021 年版，第 398 页。
[2] 海南省高级人民法院民事判决书，（2018）琼民终字 546 号。

通债权处于同一清偿顺位。

2. 承包人向特定第三人承诺放弃优先于该第三人债权优先受偿的权利，该放弃行为对发包人的其他抵押权人和普通债权人的权利没有影响，其他权利人也不能援引该承诺对抗承包人。

实践中最常见的是，发包人的贷款银行为确保自己贷款债权的实现，要求承包人承诺其享有的建设工程价款优先受偿权不能对抗银行的抵押权或贷款债权的实现。

3. 承包人与发包人对优先受偿权的行使条件、债权数额或工程范围进行限定。

对优先受偿权的放弃问题，《建设工程施工合同司法解释（一）》第42条规定："发包人与承包人约定放弃或者限制建设工程价款优先受偿权，损害建筑工人利益，发包人根据该约定主张承包人不享有建设工程价款优先受偿权的，人民法院不予支持。"即"原则有效、例外无效"的标准。一般认为，这与预先放弃或嗣后放弃无关，当产生损害建筑工人利益的效果时，即为无效。[1]根据上述司法解释，结合"举重以明轻"的原理：只要对优先受偿权的放弃或限制，没有损害建筑工人利益，就应该有效。

另外，有法院认为，《建设工程施工合同司法解释（一）》第42条规定仅能限制承包人向发包人作出放弃优先受偿权的承诺，不能对抗发包人的特定债权人，换言之，上面说的第2种情况下，并不能以"损害建筑工人利益"而主张放弃无效。但这是一个有争议的问题。[2][3]

从发包人或特定第三人的角度，如果事先约定了承包人放弃建设工程价款优先受偿权，则有必要适当关注承包人的建筑工人工资发放情况，或可约定逾期发放工资的违约条款，使承包人在外力推动下能够及时支付建筑工人工资，以确保关于放弃建设工程价款优先受偿权承诺条款的有效性。

三、结算协议：双方重新约定付款日期对优先受偿权的影响

《建设工程施工合同司法解释（一）》第41条规定："承包人应当在合理期限内行使建设工程价款优先受偿权，但最长不得超过十八个月，自发包人应当给付

---

[1] 参见常设中国建设工程法律论坛第八工作组：《中国建设工程施工合同法律全书：词条释义与实务指引》（第2版），法律出版社2021年版，第474页。
[2] 参见大连宏兴达建设工程有限公司与吉林银行股份有限公司大连分行建设工程施工合同纠纷案，最高人民法院（2019）最高法民申3850号。
[3] 参见建纬大湾区建设工程业务中心编著，蓝新宏主编：《施工合同纠纷专题解析与法律实务》，法律出版社2022年版，第199页。

建设工程价款之日起算。"那么承包人与发包人通过结算协议对工程价款支付重新作出约定，会有什么效果呢？下面简要说明。

1. 判例中的处理。

参考判例，可以得出以下结论：

（1）优先受偿权期限未届满，双方重新约定发包人应付款日期，优先受偿权的起算日期改变。

其中，如果双方重新约定的应当付款日期不明确时，法院一般会将当事人起诉之日作为承包人优先受偿权的起算点。

（2）优先受偿权期限已届满，双方重新约定发包人应付款日期，并不能改变优先受偿权已消灭的状态及其后果。

这主要是因为优先受偿权对其他债权人、相关方有重大影响。也正因如此，在这种情况下，即使双方确认仍享有优先受偿权也是无效的，就像双方不能约定延长优先受偿权期限超过 18 个月一样。[1]

2. 相应起草审查措施。

从上述结论可以得出，结算协议或类似付款约定的一些注意事项：承包人应当在优先受偿权灭失之前与发包人重新约定，以保证能够享有优先受偿权，换言之，此类协议的签订日期必须体现在优先受偿权期限内。同时，承包人也可以在协议中明确承包人仍然享有优先受偿权。

如果是在优先受偿权灭失之后约定的，则发包人、承包人应该知道优先受偿权灭失的后果、风险（对承包人来说是个风险），对承包人来说要考虑相应保障措施。

四、"协议折价"与"以房抵债协议"中的优先受偿权问题

协议折价是指发包人与承包人达成协议，将建设工程折价抵偿承包人的工程价款，这是《民法典》第 807 条规定的"折价"，当事人可以意思自治。而在实务中"以房抵债"的情形很常见，无论是否存在或是否行使优先受偿权，开发商与承包人、债权人都可能约定"以房抵债"；一般以房抵债协议都会采取"抵债协议＋正常商品买卖合同"的文本形式。

此时需注意，从承包人的角度，签订"以房抵债协议"时，如果符合优先受

---

[1] 相关判例参见建纬大湾区建设工程业务中心编著，蓝新宏主编：《施工合同纠纷专题解析与法律实务》，法律出版社 2022 年版，第 192~194 页。另外，优先受偿权期限是否为除斥期间，存在争议，这里不再讨论。

偿权的行使条件，则应在协议中明确说明"该以房抵债系双方经协商一致，以折价方式实现工程价款优先受偿权，本协议的签订生效即代表优先受偿权的实现"，同时应注意该协议的签订时间应该在工程价款优先受偿权的行使期限内（根据《建设工程施工合同司法解释（一）》应为自发包人应当给付建设工程价款之日起18个月，这是一个除斥期间）。同时可再签订正常的商品房买卖合同（一般以房抵债协议都会采取"抵债协议＋正常商品房买卖合同"的文本形式）。

这种情况下，只要以房抵债协议生效，就可以认为承包人已经取得了对抗其他债权人、法院强制执行的申请人的权利。如果没有明确"实现优先受偿权"，则承包人（也就是债权人一方）风险更大，因为从签订以房抵债协议到房产过户登记到承包人名下还需要很长时间，这段时间内该房产仍属于发包人所有，完全有可能被第三方申请强制执行。

不过，即使约定"行使优先受偿权"，以房抵债协议还是有一定风险的，包括：

（1）房产过户难。

（2）可能丧失承包人优先受偿权。

双方签订协议后，如发包人不履行，协议又被法院认定为实践性合同，导致"以房抵债"协议未被支持，此时承包人再索赔很可能会超过优先受偿权的行使期限。

（3）可能丧失停工解约权。因为在双方达成以房抵债协议的情况下，发包人形式上就不再欠付工程进度款了。

（4）可能因损害第三人合法权益导致第三人提出债权人撤销权之诉的风险。

发包人与承包人的以房抵债协议可能因违反《民法典》第146条、第153条、第154条、第538条、第539条的规定而被确认无效或被撤销，如发包人与承包人以明显低于市场价的价格将建设工程协议折价，或为了规避其他债务在超过行使期限丧失优先权的情况下，仍与承包人签订折价协议等情形。[1]

五、工程价款债权转让合同：工程价款债权受让人是否享有优先受偿权，存在争议

工程价款债权转让时，优先受偿权是否随同移转给债权受让人？有争议。肯定方的理由是，《民法典》第547条"债权人转让债权的，受让人取得与债权有关

---

[1] 参见常设中国建设工程法律论坛第八工作组：《中国建设工程施工合同法律全书：词条释义与实务指引》（第2版），法律出版社2021年版，第504~505页。

的从权利"；反对方则认为，优先受偿权的设立初衷是为保障建筑工人的工资权益得以实现，专属于承包人，与工程价款债权具有人身依附性，是《民法典》第547条规定的不得由受让人取得的"专属于债权人自身"的从权利。[1]

当起草审查工程价款债权转让类合同时，要注意这一点，为了避免丧失优先受偿权，可以适当调整交易结构，债权转让人与债权受让人协议约定采取"仍由债权转让人名义索赔，约定所得赔偿均以适当方式转移归债权受让人"的模式。

六、在建工程转让合同：原承包人的优先受偿权能否行使存在争议

在建工程转让时，如新的项目所有权人继续履行原建设工程施工合同，则优先受偿权自然不变。但如果原建设工程施工合同解除，则原合同对新业主没有法律约束力，原承包人的优先受偿权是否能行使，存在一定争议。《建设工程施工合同司法解释（一）》没有明确，实务中支持原承包人继续对转让后的工程行使优先受偿权或不支持的判例与观点均存在。当然可以肯定，在支持原承包人行使优先受偿权的情况下，新业主（受让人）可以向债务人（转让人）追偿。

这是在起草与审查涉及欠付工程价款的在建工程转让合同时（主要是受让人）需要考虑的问题。

---

[1] 可参考常设中国建设工程法律论坛第八工作组：《中国建设工程施工合同法律全书：词条释义与实务指引》，法律出版社2021第2版，第469~472页。

04 第四单元

其他建设工程合同

4.1 建设工程总承包合同简析

4.1.1 工程总承包背景知识

一、工程总承包、EPC、DB 等合同的含义

EPC（Engineering Procurement Construction）如其名称所示，由承包商负责设计、采购和施工，FIDIC 发布的《设计采购施工（EPC）/ 交钥匙工程合同条件》（银皮书），被认为反映和规范了典型的 EPC 模式。

DB 的概念则没有统一的规范，一般是指承包商在负责施工的同时也负责设计，还可能负责采购以及其他工作。所以，可以认为 EPC 是 DB 模式的一种特殊形式。

中国法律下的工程总承包可以认为包含"设计、采购、施工"和"设计、施工"这两种模式在内，[1] 换言之，承包人至少是同时负责设计和施工的。由于法律环境的不同，加之 EPC、DB 概念的不统一，本课程认为没有必要过多讨论与境外概念的对接，基于中国法律环境讨论工程总承包合同即可。

二、工程总承包的法律适用

工程总承包模式在国内面临的一个问题是法律规范的缺失。《建设工程施工合同司法解释（一）》以及诸多法规主要针对施工合同纠纷，并不能直接适用于工程总承包合同。但是建设工程施工合同多年来的多个司法解释经由十几年间无数纠纷案件的司法适用，很多基本规则、价值取向已经深入人心，实际施工人、无效合同结算、"黑白合同"等概念均已成为我们考虑工程总承包法律问题时无法绕开的背景。毋庸置疑，针对施工合同的诸多规范，对工程总承包合同也是基本适用的。例如，无资质、借用资质、违反招投标法强制性规定等，工程总承包合同无效；"阴阳合同"的相关规则；非法转包、违法分包的主要规则。

---

[1] 参见《房屋建筑和市政基础设施项目工程总承包管理办法》第3条。

三、工程总承包模式下的建设工程合同类型

前面的"建设工程合同概述"中已经介绍过，这里再说明一下。

与施工总承包模式相比，工程总承包模式下的建设工程合同多了工程总承包合同，少了施工总承包合同、建设工程设计合同，其他合同类型一样。理论上工程总承包模式下可能存在建设工程设计分包合同、建设工程施工分包合同，但使用会很少（见第二单元"违法分包"的分析）。

不难看出，从整体合同关系来看，工程总承包模式下的合同与施工总承包下的合同大体上还是相似的，无非就是设计、施工（可能还有采购）交由一个主体（或联合体）来承包，仍然有总包、分包两大环节的合同。从合同的中观、微观来看，也基本相通。例如，工程总承包模式下的某个专业分包合同，与施工总承包模式下的某个专业分包合同，其合同类型、内容等都是相通的，区别只是在于根据项目的不同情形而在微观条款上不同。

因此，接下来，我们主要介绍工程总承包模式下的合同相对于施工总承包模式下的合同不同之处。如果没有特别指出其不同，就说明与施工总承包模式下的合同是一致的。

4.1.2 建设工程总承包合同的起草审查

这里仅重点说明相对于施工总承包合同的不同之处，除此之外的起草审查要点，仍需要参考前面施工总承包合同的相关要点。

一、宏观—合同类型：容易发生与买卖、承揽合同等非建设工程类合同混淆

工程总承包合同与买卖合同之间的界限并非泾渭分明，因为工程总承包中包含的"采购"部分占比通常较大，在能源、化工、环保、安防等总承包项目中占比均超过半数，而在一些特殊的机电设备 EPC 项目中甚至占合同总价 90% 以上。实务中有名为买卖实为工程总承包的例子。

工程总承包合同与承揽合同的区分也是个难点，司法实务中将工程总承包合同纠纷确定为承揽合同纠纷的约占半数。[1] 对于设备采购、定作、安装为主的

---

[1] 参见常设中国建设工程法律论坛第十工作组：《建设工程总承包合同纠纷裁判指引》，法律出版社 2020 年版，第 19 页。

EPC合同，并不好准确界定是否属于建设工程，或者说建设工程占比有多大。

从合同角度，对所有涉及不动产工程建设的较大型设备定作、采购、安装，都需要判断是否属于建设工程合同，进而判定是否受到建设工程相关法律的约束，包括资质、报批手续、转包分包等问题。如有必要，需要征求项目所在地建设行政主管部门的意见；总承包人也最好征得发包人对转包分包的同意。

如果双方无意按建设工程处理，或者本就不属于建设工程，自然不宜使用典型工程总承包的文本，也不要使用工程总承包、施工承包、EPC承包这样的标题。不过，即使使用"承揽合同"的标题、样式，也仍然要考虑前述合同类型定性的问题，合同名称不会改变合同性质，并非名为"承揽合同"就一定不是建设工程合同。

二、宏观—合同主体：工程总承包人的资质

目前，尚无较高层级法律规定工程总承包资质要求，所以，可以认为只需要具有与工程规模相适应的工程设计资质或施工资质即为合法。

但是，《房屋建筑和市政基础设施项目工程总承包管理办法》第10条、《公路工程设计施工总承包管理办法》第6条等主管部门发布的规范中，要求"工程总承包单位应当同时具有与工程规模相适应的工程设计资质和施工资质，或者由具有相应资质的设计单位和施工单位组成联合体"。与此同时，主管部门也在鼓励设计、施工两大资质互认，同时拥有设计和施工资质的企业会越来越多。所以，从趋势上看"双资质要求"会是主流。

当然，具体项目的招标中，招标单位也会有对投标单位的资质要求；设计、施工的具体承揽单位，都必须具备相应的资质，否则就是违法的。

上述"双资质要求"都不是法律、行政法规的要求，如果不满足双资质要求，但满足工程设计或施工的"单资质要求"的，也不会导致合同无效。[1]

三、宏观—合同程序

工程总承包合同签订时尚未取得规范审批手续的，是否像建设工程施工合同一样会导致合同无效呢？多数观点认为不会导致合同无效，如因当事人签约后未取得规范审批手续导致总承包合同无法继续履行，一方当事人请求解除工

---

[1] 参见常设中国建设工程法律论坛第十工作组：《建设工程总承包合同纠纷裁判指引》，法律出版社2020年版，第119~126页。

程总承包合同的，应予支持；但确实也有参照建设工程施工合同认定合同无效的做法。[1]

鉴于这种风险，从承包人的角度，可以在合同中进一步强调：不得以未取得规范审批手续主张合同无效；发包人办理审批手续的义务；因未能正常取得规范审批导致合同解除下的善后救济等。

四、中观—合同形式：合同文本的选择

前面也说过，实务中的工程总承包合同与设备定作、安装的合同难以区分，再加上工程标的有大有小，实务中工程总承包的合同文本其实会体现为以下三种形态：

1. 大型 EPC 合同。以工程总承包合同（2020 版）与设计施工合同（2012 版）为典型。相较于工程总承包合同（2020 版），设计施工合同（2012 版）有一些特点：

（1）虽然名为"设计施工总承包"，其实也适用于设计采购施工的工程总承包。

（2）通用条款中有 A 条款、B 条款，即同一事项的两类条款供选择。当事人需根据自己工程项目的特点，选择相应的 A 条款或 B 条款。

（3）专用条款部分仅有"专用合同条款"标题，具体内容完全由当事人自行补充。

（4）工程总承包合同（2020 版）有 7 万多字，设计施工合同（2012 版）有 3 万多字，简略一些。

同时，地方上也有依据工程总承包合同（2020 版）或设计施工合同（2012 版）再适当修订制作的文本。

2. 小型 EPC 合同。类似于小型施工合同。这种情况下使用过于复杂的工程总承包合同是没有必要的，可以使用内容较为精简的合同文本。

3. 设备定作安装承揽合同。小型的、以设备定作安装为主的 EPC 合同，可能使用"设备定作安装承揽合同"文本。此时需要注意，因为其标的实质上仍然是建设工程（或建设工程的一部分），因此还是属于建设工程合同，需要符合建设工程相关法律、法规。

---

[1] 参见常设中国建设工程法律论坛第十工作组：《建设工程总承包合同纠纷裁判指引》，法律出版社 2020 年版，第 127~131 页。

五、中观—合同形式：发包人要求

工程合同可以理解为一个复杂的"一手交钱、一手交货"的合同。按什么"交货"呢？在施工总承包模式下，承包人就是按发包人提供的施工图纸交货，因此施工总承包模式下必须先有施工图纸，施工图纸直接决定了发包人能得到一个怎么样的工程成果。工程总承包模式下，承包人负责设计，合同签订时还没有施工图纸，那么承包人按什么"交货"呢？就是《发包人要求》，承包人要按照《发包人要求》去设计、施工，因此《发包人要求》对发承包双方来说，都是工程总承包合同最重要的一个内容，也是相对于施工总承包合同在文本整体构成上的一个显著不同。

工程总承包合同（2020版）通用条款第1.5款约定的合同文件优先顺序中，《发包人要求》与专用合同条件并列，法律效力很高。

《发包人要求》的编写需要工程专业知识的技能，可参考相关书籍，[1]这里不再说明。

六、微观—合同条款：工程价款

工程总承包合同（2020版）中默认的价格形式是总价形式，这是由工程总承包模式所决定的。在实务中，仍可能有按定额、按审计、按概算价控制等价格形式[2]。

七、微观—合同条款：管辖

多数意见认为，工程总承包合同属于特殊的建设工程合同，适用专属管辖，当事人也可以约定仲裁。

不过相较于无可争议属于专属管辖的建设工程施工合同来说，工程总承包合同是否属于专属管辖存在一定争议。而且还要考虑实务中的工程总承包合同，可能冠以承揽合同、买卖合同之名。总体来讲，如果希望避免管辖上的争议，就要约定工程项目所在地法院管辖，或者约定仲裁。

---

[1] 参见朱树英主编：《工程总承包项目〈发包人要求〉编写指南》，法律出版社2022年版。
[2] 参见张雷、徐娜：《工程总承包项目常见的六种计价模式》，载微信公众号"建纬律师"，2021年4月19日发布。

4.2 分包合同

4.2.1 分包合同类型简介

一、专业分包与劳务分包

1. 专业分包的含义。

专业分包，又称专业工程分包，是指施工总承包人将其所承包工程中的专业工程发包给具有相应资质的其他建筑企业完成的活动。

何谓专业工程，法律上并未明确界定。依照住建部发布的《建筑业企业资质标准》（建市〔2014〕159号）的规定，"专业工程分包"的业务范围为地基基础工程、起重设备安装工程等36种类别。

2. 劳务分包的含义。

劳务分包，又称劳务作业分包，是指施工总承包企业或者专业承包企业将其承包工程中的劳务作业发包给劳务分包企业完成的行为。

3. 专业分包与劳务分包的不同。

本课程前面已经涉及一些劳务分包与专业分包的区别，这里再归纳一下：

（1）专业分包必须经过建设单位同意，劳务分包则不需要。

（2）专业分包人仍可以再进行劳务分包，劳务分包人则不能再分包。

（3）建设工程主体结构的施工不能以专业分包形式进行（钢结构工程除外），劳务分包仅涉及劳务作业，不涉及这一问题。

二、正常分包（内部分包）、指定分包、独立发包

专业分包与劳务分包的区别是从"标的"角度所作的区分，即承包的内容。正常分包、指定分包、独立发包则是从模式角度所作的区分。

1. 正常分包：目前法律所允许的、常规的分包方式，是在总承包模式下，承包人按照不同标的对施工活动进行的分包。我们把这类分包称为"正常分包"或

"常规分包",也有书籍称之为"内部分包"(Domestic Sub-contract)。

对于正常分包方式之外的指定分包、独立发包,则现行法律没有明确规定。

2. 指定分包:俗称"甲定分包"或"甲指分包",是由业主挑选或指定部分项目实施、材料设备供应的分包人的模式。

在实务中,指定分包一般都是针对专业工程。虽然指定分包人是由发包人选择确定的,但不同于独立发包中由发包人直接和各承包人签订合同,指定分包在合同关系上与正常分包是一致的:由发包人与总承包人签订总包合同,总承包人与指定分包人签订分包合同,指定分包人接受总承包人的管理。

3. 独立发包:独立发包,又称发包人平行发包、发包人直接发包、独立承包。

这时候的承包人有时也称为"独立分包人"。这里的"分",是整个工程项目的"分"(将整个工程项目的一部分"分"给了独立分包人),而不是法律上分包合同的"分"。因为在法律关系上,独立分包人直接与发包人签订工程合同,独立分包人与总承包人没有分包合同关系。从广义的角度,发包人与勘察、设计、监理单位签订的勘察、设计、监理合同也可以理解为一种独立发包,但在本课程中作为单独类型的合同讲解,不包含在这里所说的独立发包之中。

指定分包、独立发包都是针对专业工程,不会针对劳务。

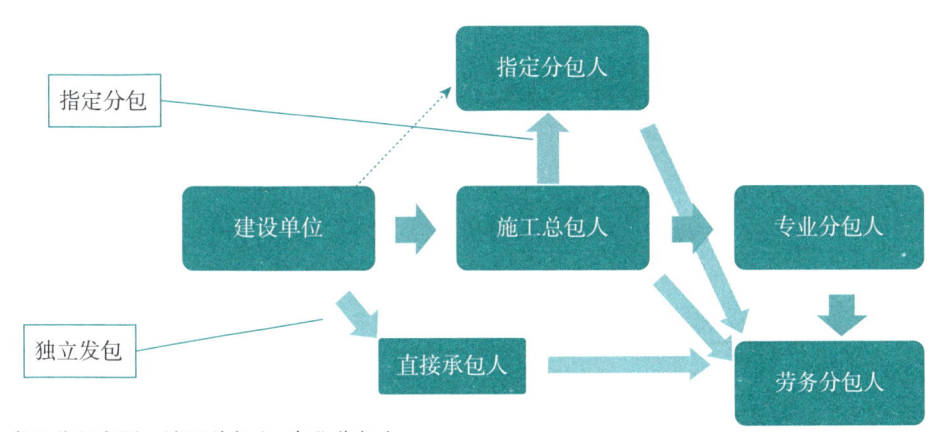

- 专业分包合同:施工总包人+专业分包人
- 劳务分包合同:施工总包人/专业分包人/直接承包人/指定分包人+劳务分包人
- 指定分包三方协议:建设单位+施工总包人+指定分包人
- 施工配合协议:建设单位+施工总包人+直接承包人

图 4.2-1　正常分包、独立发包、指定分包

接下来,我们会先讨论正常分包合同,然后再对照说明指定分包、独立发包下的合同的区别。

4.2.2 专业分包合同的"中观—合同形式"

1. 国内政府示范文本较少，适用也不如施工合同（2017版）或工程总承包合同（2020版）那样广泛。目前相关示范文本有：

19745 建设工程施工专业分包合同（住建部2014征求意见版）

14637 建设工程施工专业分包合同（住建部2003版）

中国对外承包工程商会于2019发布了一系列国际承包工程分包合同条件，仅适用于中国总承包工程企业与中国分包工程施工企业、设计咨询公司、安装工程企业、设备和材料供货商在国际承包工程项目中使用。

📑 **相关模板**：19630 国际工程分包合同示范文本（中国对外承包工程商会2019版）

📑 **相关知识点**：国内建设工程合同示范文本汇总

2. 实务中的专业分包合同场景与对应模板。

（1）较大型、复杂的专业分包合同，可采用专用条款、通用条款、附件、配套协议等结构。

这种情况下，相当于一个适用于分包环节的大型施工合同，条款较多、内容复杂。此时有必要借鉴施工合同（2017版）的结构，采用"专业分包合同＋附件＋配套协议"的结构。专业分包合同可进一步拆分为"专用条款＋通用条款"两部分（也可以像施工合同一样拆成"协议书＋通用条款＋专用条款"三部分）；配套协议包括安全生产管理协议、廉洁合作协议等。如有必要可再签订补充协议。

（2）小型的、简单的专业分包合同。

其实就是第一类模板的简化，一般来说，采取"专业分包合同＋附件"也就差不多了。

（3）大型EPC型分包合同。

此时相当于一个复杂工程总承包合同，只是在分包环节采用，需要有一些分包合同的特殊约定（见后面"微观"部分说明）。

（4）小型"采购＋安装"型合同。

此时合同内容类似于一个承揽合同，不过在法律上因为其标的属于建设工程的一部分，仍应适用建设工程合同的法律、法规。

4.2.3 专业分包合同的"微观—合同条款"

这里的讲解的内容，更多的是以"大型、复杂专业分包合同"为背景，在其他简单的分包合同里，根据交易需要判断是否有必要约定或者可适当简化。

另外，因为分包合同一般由总承包人提供，因此这里更多地考虑了总承包人的利益。

一、"背靠背条款"及"传导条款"

1. "背靠背条款"及"传导条款"的含义。

建设工程领域，总承包人为转移风险负担，当与分包人签订分包合同时，常将主合同中相关合同条件、工作范围、规范、责任与义务等合同义务通过"传导条款"转移给分包人，此种"传导条款"俗称"背靠背条款"，涉及合同变更、终止、工期延误、违约责任、工程款支付等多方面。

其中，最重要、最常见的"背靠背条款"是关于工程款支付方面的"业主不向总承包人付钱、总承包人就不向分包人付钱"之类的约定。可以说，狭义的"背靠背条款""传导条款"常常就是指工程款支付方面的"背靠背付款条款"，英文称"pay if paid"条款。

"背靠背付款条款"的表述大致如下：

总承包人在收到业主支付的工程款项后，扣除相应的管理费用于15日内支付给分包人，业主未付款的，总承包人可拒绝支付分包人工程款。

根据业主付款的进度，总承包人按相同比例向分包人付款，业主未支付的，分包人不得请求支付工程款。

因业主未支付工程款，导致总承包人未向分包人支付相应工程款的，总包商不承担任何违约责任，分包人不得向总承包人主张逾期付款利息等任何违约责任。

"背靠背条款"并不限于建设工程分包合同，其他存在上游、中游、下游这样三方关系的交易都有可能产生这种约定，只是在建设工程分包合同中这类条款最为典型、常见。

2. "背靠背付款条款"的效力。

这是一个有争议的问题，大体上可以认为应属有效，但仍受到一些限制。这些限制包括：约定较为宽泛、模糊时，可能不被采纳；分包合同无效时，可能无效；

分包合同被认定为格式条款时，可能无效；总承包人怠于行使债权或者总承包人过错导致业主未付款时，不应拒绝向分包人付款。

总体来讲，从总承包人的角度仍可以使用"背靠背付款条款"，而分包人要争取删除、适当模糊化、增加除外条件等降低风险。

3．其他"传导条款"。

总包人应注意总包、分包合同的衔接，确保将总包合同中的工程范围、质量要求、工期、造价、安全、违约责任等落实到分包合同中。

与此同时，可采取一定的兜底约定。建设工程施工专业分包合同（示范文本）第一部分"分包合同协议书"第6条"承诺"中就有类似约定：

分包人承诺履行总包合同中与分包工程有关的承包人的所有义务，但分包合同明确约定应由承包人履行的义务除外。分包人承诺就分包工程质量和安全与承包人向发包人承担连带责任。

但是作为实务中使用的更有利于发包人的合同条款，可采取类似下面这种表述：

传导条款

1．分包人确认，已经收到并知悉承包人与发包人签订的总包合同（包括但不限于合同协议书、专用条款、通用条款、附件，以及施工图纸）全部内容，已经了解本工程现场情况。

2．分包人承诺履行总包合同中与分包工程有关的承包人的所有义务，分包合同明确排除的除外。

3．发包人向承包人主张的违约责任等（包括但不限于索赔、工期逾期违约金、其他违约责任等），如系由分包工程造成，则承包人有权向分包人完全追偿。如分包人证明系由承包人与分包人共同造成，则应由双方按过错承担分摊。

承包人与分包人的分包合同中约定的违约责任低于上述约定的，或无相应约定的，应按上述约定执行。

二、分包合同的价款条款

分包合同同样可以采取单价合同、总价合同或者其他方式，同样可以约定价格调整机制。这在原理上与施工合同（总包合同）是一致的，可参考前面施工合同微观部分说明。分包合同在价款条款上的特点主要是：

1．总包合同的价格形式对分包合同的价格形式选择有影响。

总包合同是单价合同，则分包合同可能是单价合同，也可能是总价合同。总包合同如果是总价合同，分包合同也常常是总价合同，这是总包人想使总包合同约定的固定总价落到实处。不过这种影响不是绝对的，也不是法律要求的，只是说总包人出于自身利益往往会这么选择。

2. 分包合同选择总价合同更多，也常常不允许进行价格调整。

这是因为分包工程规模较小、工期较短、风险较小，因此更多采取这种模式。

三、分包合同是否构成专属管辖有一定争议

有一部分"分包"如设备采购安装，本身不属于建设工程，因此就不是建设工程类合同，不适用专属管辖，这其实不是这里讨论的分包合同。

这里讨论的确定属于建设工程类合同的分包合同，是否属于《民事诉讼法司法解释》第 28 条规定的"建设工程施工合同纠纷"，仍存在一定争议。在《民事案件案由规定》"115. 建设工程合同纠纷"项下，建设工程施工合同纠纷、建设工程分包合同纠纷是并列的。实务判例对此也处理不一，不过多数还是认定应按专属管辖处理，特别是专业工程分包合同。[1]

从合同起草审查的角度，为避免争议，还是按专属管辖处理为宜，即要么约定仲裁（要考虑是否与总包合同保持一致），要么约定工程项目所在地法院管辖。

4.2.4　延伸讨论：指定分包下的合同

指定分包的合同关系上与正常分包是一致的：由建设单位与总承包人签订总包合同，由建设单位向总承包人付款，总承包人与分包人签订分包合同，由总承包人向分包人付款。不过，《建设工程施工合同司法解释（一）》第 13 条特别规定，发包人直接指定分包人分包专业工程，造成建设工程质量缺陷的，应当承担过错责任。

从合同角度，可以理解为指定分包是正常的总包、分包合同基础上的一种特殊操作。因此，这里主要说明一下指定分包下合同的特殊、不同之处，其他方面则与没有指定分包的正常总包、分包合同的处理一致即可。

一、宏观—交易结构层面：法律禁止指定分包，但不会导致合同无效

《工程建设项目施工招标投标办法》第 66 条、《房屋建筑和市政基础设施工

---

[1] 参见《工程分包合同的专属管辖》，载微信公众号"法眼观筑"，2022 年 7 月 24 日发布。该文中有一些不同结果的判例。

施工分包管理办法》第 7 条以及一些地方性法规等有禁止指定分包的规定。但这些规定不是效力性强制性规定，且层级不高，不能据此认定分包合同无效。[1]

从实务的角度，当事人对指定分包是有需要的，也未尝不合理。尤其一些特殊的专业工程，例如，供电、通信选装，不仅发包人希望指定分包，分包人希望被指定，承包人也未必不希望由发包人进行指定。在国际上，例如，在 FIDIC 合同中，都是允许指定分包的。但是，如果指定分包实质上构成支解发包，则会导致施工合同违法无效。

二、总包合同：明确指定分包相关安排

如果发包人与承包人在总包合同中就指定分包作出约定，则发包人需要考虑下列内容：

（1）需要将指定分包的工程范围、价款、工期等纳入总包合同范围。

（2）明确承包人与指定分包人的关系，明确承包人对指定分包人的管理及配合义务。例如：

承包人与指定分包人之间的关系系分包合同关系，并不因为发包人参与签订指定分包合同而改变分包性质，即承包人需要就指定分包工程向发包人承担责任，这些责任包括工程质量、进度、安全、协调等责任。指定分包人的任何违约或疏忽均视为承包人的违约或疏忽。

（3）明确指定分包工程内容以及相应总包管理费和配合费标准与支付方式。

相关条款：

1. 下列工程属于发包人指定分包工程：……

2. 指定分包工程的总包管理和配合费分别为：……

（4）明确承包人拒绝参与签订指定分包合同的违约责任。

例如：

承包人有义务与发包人及其指定分包人签订指定分包合同，否则：

（1）承包人需要向发包人支付违约金。违约金金额为……

（2）发包人有权将指定分包工程另行发包，直至解除本合同。

指定分包时，发包人有可能已经拟定了分包合同文本作为总包合同附件，要求总包人按该文本签订指定分包的分包合同。

---

[1] 参见江苏吉瑞建筑安装工程有限公司与江苏中冶钢结构有限公司、新沂市远大建筑安装工程有限公司等建设工程施工合同纠纷案，江苏省高级人民法院（2015）苏民终字第 00544 号。

三、分包合同：可配套《指定分包三方协议》

当实施指定分包、签订分包合同时，发包人、总包人、分包人有必要就施工过程中的细节问题进行专门约定，尤其对总包人来说有必要。因此，在实务中就会签署《指定分包三方协议》(也可能叫作《施工现场统一管理协议》)。其中内容包括：

（1）指定分包的性质。

如果没有书面文件明确指定分包，从总包人的角度，就无法根据《建设工程施工合同司法解释（一）》第13条的规定主张"指定分包造成的质量缺陷由发包人自行承担责任"。

（2）三方权责的约定，特别是付款、工期、质量等条款。

（3）发包人现场统一管理的权利和义务。

（4）总包人承担的管理配合义务。义务对应责任，总包人未履行这些义务就要对发包人、分包人承担违约责任。

（5）总包管理费的标准与收取。

（6）本协议与总包合同、分包合同不一致时，以本协议约定为准。

从总包人的角度，可以在这个协议中进一步明确"背靠背付款"。指定分包下，总包人使用"背靠背条款"是很正常的，效力也一般会得到认可。

> 相关模板：18954 业主指定分包三方合同

4.2.5 延伸讨论：独立发包下的合同

从合同关系的角度，独立发包下发包人与直接承包人建立的合同关系以及发包人与施工总承包人建立的施工合同关系是一样的，区别只是独立发包所针对的工程是整个大的建设工程项目中的一部分。因为这个区别，在合同起草审查上就产生了以下要点。

一、宏观—交易结构：判断该独立发包是否合法

律师需要结合前面第二单元的知识，判断该独立发包是否构成支解发包，承包人是否具备相应资质，是否应经过招投标程序等。

二、"中观—合同形式"：根据标的工程情况选择适当的合同文本

（1）较大型、复杂的独立发包，可参照使用建设工程施工合同模板。

（2）小型的独立发包，使用比较简单的小型施工合同即可。

（3）采取设计施工总承包模式的较大型独立发包，可使用工程总承包合同。

（4）以"采购+安装"的小型独立发包，使用不太复杂的"采购+安装"型合同。

此时合同内容类似于承揽合同，不过在法律上因为其标的属于建设工程的一部分，仍应适用建设工程合同的法律、法规。

三、中观—合同形式 + 微观—合同条款：与施工总承包就配合义务、总包管理费等进行约定

因为独立发包的部分工程是整个大的建设工程项目的一部分，因而需要施工总承包人配合，需要专门就此作出约定。

这个约定可以是由发包人、施工总承包人、直接承包人三方签订专门的《施工配合协议》，也可以是发包人与施工总承包人两方直接在施工总承包合同或专门协议中进行约定。但是三方的《施工配合协议》可以约定得更详细、清楚，对三方都有约束力。

《施工配合协议》的内容包括：

（1）施工总承包人与直接承包人各自的承包范围及工作界面划分。

（2）施工配合费的标准与支付方式。施工配合费一般是由直接承包人承担。付款方式有两种：由发包人直接在应支付给直接承包人的工程价款进度款中扣除，代直接承包人支付给施工总承包人；由直接承包人向施工总承包人支付。前者对施工总承包人更有利一些。

（3）水电费用的分担。

（4）施工场地、交通、施工进度、施工机械等各方面的配合。

相关模板：20220 施工配合协议（独立发包）

4.2.6 劳务分包合同

一、宏观—合同类型层面：劳务分包合同是否属于建设工程施工合同

在本课程前面的所有论述中，都是将劳务分包合同作为建设工程合同中的施

工类合同的一种，这算是主流观点。但实际上，还有一种观点认为劳务分包合同是普通承揽合同，不属于建设工程施工合同。理由是：劳务作业技术含量较低；部分地方住建部门取消了对施工劳务企业的资质要求（见第二单元"宏观—合同主体：建设工程相关资质"）。[1]

不过从合同起草审查的角度，还是按照建设工程合同处理，考虑相关法律要求为宜（包括资质、不得再分包等）。

二、宏观—交易结构层面：判断是否确实属于劳务分包，判断劳务分包的合法性

实务中名为"劳务分包"有时是专业分包，需要判断该专业分包是否构成违法分包、是否合法，并重新选择适当的合同文本。简单地说，劳务分包所指向的是工程施工"人、材、机"中人工费的部分，承包人仅提供劳务及小型机具和辅料，如果承包人提供大型机械、主材，就已经不是劳务分包了。

实务中的劳务分包有可能是违法的，原因包括：缺乏劳务分包资质；名为劳务分包，实为转包、违法分包、挂靠承包等。

三、微观—合同条款层面

（1）劳务分包合同一般不用太复杂。可以将劳务分包合同理解为一个相对复杂的服务类合同，但在建设工程类合同中又是相对简单的。

（2）劳务分包的价格形式与一般施工合同略有不同。总体来说，有单价合同、总价合同两种主要形式，也可以约定价格调整机制。只是在单价形式中，可以根据需要采取下列具体形式：

①工作量劳务费综合单价，即约定各种工作量对应的单价。例如，每立方米300元。

②工种工日单价，即约定不同工种对应的每日每人单价。

③综合工日单价合同，即约定一个综合的每日每人单价，适用于分包范围内的各种劳务工作。

④建筑面积综合单价。例如，每平方米300元。

（3）劳务分包合同的管辖：如前所述，对劳务分包合同是否属于建设工程施

---

[1] 参见曹文衔、宿辉、曲笑飞：《民法典建设工程合同章条文释解与司法适用》，法律出版社2021年版，第19~20页。

工合同有争议，而且就算是专业分包合同是否适用不动产专属管辖也有争议。

4.2.7 延伸讨论：包工头劳务承包的风险

一、包工头劳务承包的风险

与包工头签订劳务承包、分包合同，发包人的风险主要是：

（1）雇主责任方面的风险。对于正常的包工头劳务承包模式，因为发包人并不直接管辖劳务工人，因此一般不会认定发包人与劳务工人有劳动关系，但是根据《工伤保险行政案件司法解释》第3条第4项的规定，发包人仍要承担用工主体责任，如果劳务工人在施工中受伤，仍然可以认定为工伤，发包人要支付工伤待遇。发包人承担工伤待遇之后，可以向包工头追偿。

> 相关课程：《劳动用工卷》非劳动关系（五）：个人劳务承包合同

（2）包工头未足额支付劳务工人报酬的风险，例如，包工头卷款而逃。与上述风险相比，劳务承包合同因资质或违法分包而无效的风险反而是次要的；即便无效，在包工头提供了劳务的情况下，发包人仍然要向包工头支付价款。

二、从发包人角度，合同起草审查角度的应对

（这里仅针对上述风险，其他方面与正常劳务分包合同的起草审查是相通的）

（1）"宏观—交易结构"层面：要理解包工头劳务承包模式的风险，考虑使用正规的劳务企业承包。

（2）"微观—合同条款"层面：可考虑由劳务工人签署声明，明确受包工头管理，不得向发包人主张权利；劳务承包合同中明确包工头承担全部责任，如发包人承担了责任，可向包工头追偿。

另外，需要考虑由发包人直接向劳务工人代发薪酬，以降低风险。

4.3 内部承包合同

第二单元讲过挂靠承包，也提到挂靠承包与内部承包有"形似"之处。这一节介绍内部承包类合同的起草审查，顺便对比一下挂靠承包下的协议。

一、内部承包的含义

建筑企业作为发包人与其内部职工个人之间为完成建设工程、获得经济利益，就建设工程施工和管理所达成的权利和义务的约定。这是"真正的内部承包"的含义。

需要说明的是，作为承包的对象，有可能是"某个分支机构、某项目部"，但承包主体（内部承包人），其实只可能是个人，不是其他公司，也不会是发包人的分支机构。如果是公司承包，那就是挂靠承包（可能同时构成违法转包、分包）；如果是发包人的分支机构作为主体承包，最终一定会将经济上的利益关系落实到个人（有可能是这个分支机构下的多个人或全部团队成员），不可能由分支机构来承担经济上的利益。原因不难理解：总公司与分公司签订合同约定利益的分配是没有意义的，有没有协议，总公司都有权调配各个分支机构的收益与利润；之所以总公司与分公司要约定利益分配，肯定是因为分公司的某些利益已经归属于个人，总公司、分公司的约定实质上是总公司与该个人的约定，否则就像一个人的左手和右手签订合同一样不成立。

二、实务中的三种"内部承包"

内部承包对应"外部承包"，是指承包人公司内部进行承包。但实务中仍有下列三种具体形式：

（1）内部职工承包：或者可以称为"真正的内部承包""狭义的内部承包""合法的内部承包"。承包人是受发包人管理的内部职工。

（2）名义上的内部承包：可称为"名为内部承包，实为挂靠"，或者说是"违法的内部承包"。承包人并非发包人的内部职工，双方之间无劳动合同、社会保险等,实际上就是承包人以发包人名义挂靠承包。

(3)形式上的内部承包:介于上述两者之间,承包人表面上是发包人的职工,但实质上并不受发包人管理。例如,双方会签订劳动合同(但其实是虚假意思表示),会缴纳社会保险(但一般是项目要开始了才会为承包人缴纳社会保险),但这些手续其实都只是为了内部承包才办理的。

实务中的内部承包究竟属于上面三种中的哪一种(进而是否违法),肯定存在争议,需要结合方方面面的证据来判定,但理论上区分这三种,会有利于我们理解和认识。

接下来,在本课程,如果没有特别说明,我们说的内部承包,就是指上述第1种"内部职工承包""真正的内部承包"。

三、内部承包既可能发生在总包环节,也可能发生在分包环节

内部承包可以理解为"一般总包、分包"之外附加的一个特殊合同关系。如图 4.3-1 所示。

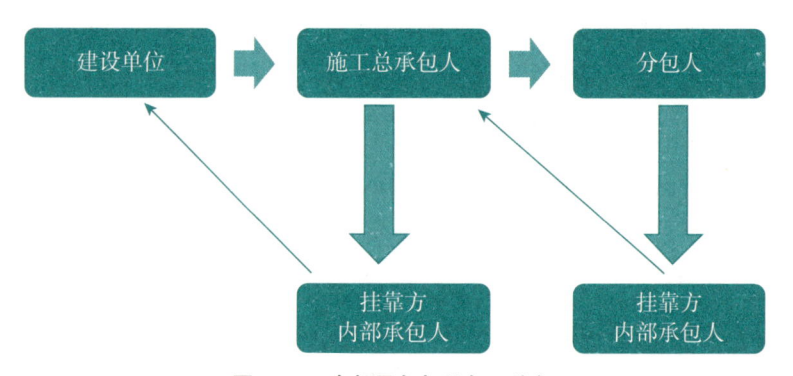

图 4.3-1　内部承包与总包、分包

实务中,当采取内部承包时,仍然会签订正常的承包合同、分包合同,然后再签订内部承包类合同。因此,本课程在讲完正常的总包合同、分包合同之后,再讲解内部承包合同。

4.3.1　宏观—合同类型:内部承包模式的法律效果

一、真正的内部承包是合法有效的

所有的领域都有"内部承包",公司承接的业务总要安排公司具体人员去办,

公司与这个具体办事人员就承包范围、收益分配作出约定,这既合法也合理。

建设工程领域的"内部承包"更为常见,司法实践中也普遍认可其效力。[1]

二、内部承包的对内关系

施工企业与内部承包人之间发生争议时,其争议的性质存在争议。一种观点认为,属于劳动法律关系,因为施工企业与内部承包人之间并非平等民事主体,而是具有人身隶属关系,双方地位不平等,应受《劳动法》等法律调整。另一种观点则认为,内部承包合同属于民事合同的范畴,合同双方主体地位平等,自愿、协商一致,并且合同内容具有对价性,合同的双方均应按照合同的约定严格地履行各自的权利和义务。[2] 这也影响了争议解决条款的起草,见后文"微观—合同条款"的部分。

三、内部承包的对外关系

这一方面没有什么争议。施工企业对外承担施工合同的权利和义务,内部承包人以施工企业名义对外签署的协议,通常被认为履行职务行为,或内部承包人是企业的代理人(包括表见代理),因此内部承包人对外签订合同的责任往往直接由施工企业承担。

相关课程:《三观四步法》合同类型(二):常见合同类型说明(下)

4.3.2　宏观—合同类型:内部承包模式的整体风险与防控

真正的内部承包虽然合法,仍然会存在一定的风险。其特点如下。

1. 对于内部承包的发包人来说:给内部承包人多一份自由,自身就多一份风险。

这种风险跟任何一个单位要承担员工的职务行为带来的责任是一样的。只不过在建设工程项目中,这种风险被放大了:

(1)建设工程项目本身金额巨大。

---

[1] 参见常设中国建设工程法律论坛第八工作组:《中国建设工程施工合同法律全书:词条释义与实务指引》(第2版),法律出版社2021年版,第183页。

[2] 参见常设中国建设工程法律论坛第八工作组:《中国建设工程施工合同法律全书:词条释义与实务指引》(第2版),法律出版社2021年版,第185页。

（2）建设工程项目要与发包人、分包人、建设工人、各类供应商等方方面面发生关系，签订合同、款项往来等。

（3）内部承包模式下，不可避免要给内部承包人一定自主权、自由度。

所以，在实务中，工程质量问题、拖欠供应商款项、拖欠农民工工资、款项挪用等各种风险都层出不穷。因为工程是以内部承包的发包人名义承包的，因此内部承包的发包人肯定要承担直接责任。虽然可以向内部承包人追偿，但因为个人承担责任的能力有限，往往难以挽回损失。

2. 对于内部承包的发包人来说，合同起草审查措施作用有限，主要风控措施在于施工、履约过程中的管控。

这种管控包括从最早的内部承包人的选择，到施工过程中的财物、印章、现场的方方面面的把控等。只有通过风控措施防范不规范和意外事件的发生，才能有效降低内部承包发包人的风险，依靠合同及事后的追责，效果是有限的。

4.3.3 宏观—合同类型：内部承包与挂靠承包、非法转包、违法分包

本课程前面已经对挂靠承包、非法转包、违法分包进行了说明，它们与内部承包的关系可见图4.3-2。

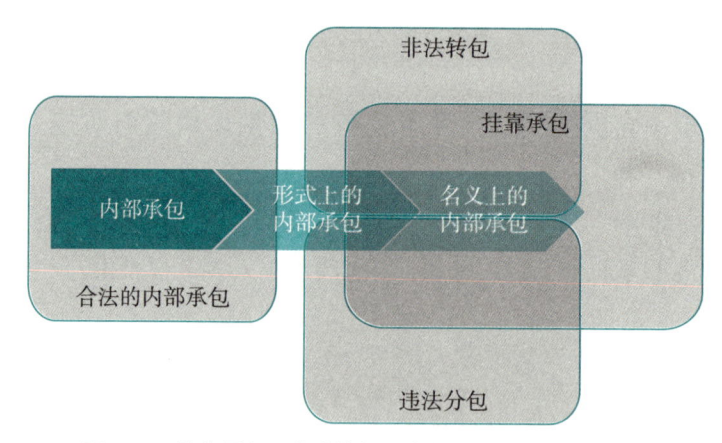

图 4.3-2 挂靠承包、非法转包、违法分包与内部承包关系

挂靠承包与违法分包、非法转包有一定交叉（见课程前面的说明）；形式上的内部承包、名义上的内部承包可能构成挂靠承包、非法转包或违法分包。

违法的内部承包实际上就是由个人挂靠、借用公司资质进行承包，也相当于公司将工程项目非法转包或违法分包给了个人。而形式上的内部承包有可能被认

定为合法的内部承包。

4.3.4　微观—合同条款：内部承包合同的几种场景

即使仅针对"真正的内部承包"，针对几种不同场景仍然有几类模板可供选择。这就好像都是买卖合同，一次性的买卖和长期采购框架合同还是不同的，有必要分别说明。这种不同不是合同类型（或者说法律关系性质）的不同，其实只是具体约定内容的不同，因此属于"微观—合同条款"层面上的问题。

内部承包的几种场景有以下几种。

1. 就单个工程项目签订的内部承包合同。

（1）上缴包干、自负盈亏型。

这种情况下，内部承包人向公司上缴固定的利润，剩余收益归内部承包人，如有亏损也由内部承包人自行承担。

📎 相关模板：19635 项目经理内部承包合同

（2）达成目标，奖金分配型。

双方约定要达成的目标（工程利润目标、工程质量目标、安全目标等），约定奖罚措施（达到目标如何奖励、未达到目标如何扣款等）。

📎 相关模板：19776 项目管理目标责任书

2. 就有营业执照的分支机构签订的内部承包合同。

承包的对象不是一个具体项目，而是这个分支机构承包期限内的所有承包项目，承包人可以用分支机构开展经营活动。

双方同样可以选择"上缴包干、自负盈亏"或"达成目标、奖金分配"模式。

📎 相关模板：19755 建筑施工企业分支机构内部承包合同

3. 就没有营业执照的部门、办事处签订的内部承包合同。

与第 2 种相比，区别在于没有分支机构营业执照，承包的对象常常叫作"华北办事处"，有时也叫作"第 × 分公司"（在没有分公司营业执照的前提下，使用某分公司名义其实是违法的），因此合同条款表述上会有所不同。但整体上第 2 类合同与第 3 类合同很相似。

4.3.5 微观—合同条款：争议解决条款

内部承包，尤其是"上缴包干、自负盈亏"式的承包，常常发生争议。因为内部承包双方关系的性质存在争议（见前文分析），一旦发生争议，是经过劳动仲裁（按劳动争议），还是直接上法院（按普通民商事争议），甚至法院根本不受理（法院认为属于内部关系），这几种结果都有可能发生。[1] 从实务的角度：

（1）如果是"达成目标、奖金分配"模式，可以不用约定争议解决条款。一是因为这种争议的可能性小一些；二是这种模式更像劳动争议，约定法院管辖也未必有效。

（2）对于"上缴包干、自负盈亏"模式，可以考虑明确说明"双方确认，因本合同引起的，不作为双方的劳动争议内容，应直接作为普通民事纠纷处理，由工程项目所在地法院管辖"。

这是为了便于双方发生争议时有明确的法院受理。同时，有判例认为，内部承包合同也是建设工程施工相关合同，应按不动产纠纷由不动产所在地法院管辖。[2]

4.3.6 延伸讨论：挂靠承包合同与内部承包合同的相似之处

如果是个人挂靠公司名义承包工程，则在实务中往往会采取与内部承包相似的合同文本，具体而言是"上缴包干、自负盈亏"式的"单个项目内部承包合同"或者"分支机构、办事处内部承包合同"。

虽然挂靠承包时，被挂靠方实际上并不对工程项目进行管理，但在合同中，双方仍然会像真正的内部承包一样，约定挂靠方要接受被挂靠方的管理，被挂靠方有权派驻人员、检查等，只不过实际上双方并不会真的那样去做。双方真正履行的只有"上缴包干、自负盈亏"这一部分。

这种情况下，挂靠承包与内部承包的区别不在于"合同文本"，因为这只是一个并不被完全履行、包含部分虚假意思表示的"阳合同"。双方实际履行、但不一

---

[1] 参见赵原超：《建设工程挂靠与内部承包风险防范与实务图解》，法律出版社2021年版，第119页。
[2] 参见合肥市同创建设工程有限公司与马某和纠纷案，安徽省池州市中级人民法院（2016）皖17民辖终14号；杭州市第四建筑工程公司临安分公司与李某新建设工程施工合同纠纷案，安徽省高级人民法院（2015）皖民四终字第00103号。但并非观点一致，也有认为内部承包合同纠纷不适用专属管辖的。

定写在纸面上的"阴合同",实际上是挂靠承包。

如果是公司挂靠其他公司承包,则可能更多地运用合作协议、分包合同这类文本,也同样存在"表里不一、部分虚假意思表示"的情况,文本约定与双方实际履行并不一致。

实务中,因为担心这种虚假意思表示的风险,可能还要求挂靠方进一步出具单方文件,明确责任承担。

相关模板:19826 承诺函(挂靠责任承担)

需要说明的是,挂靠承包肯定是违法的、具有很大风险的。上面仅介绍实务中存在的现象,不建议使用挂靠承包的违法做法。

4.4 建设工程勘察、设计合同

勘察、设计合同与施工合同一样，也是建设工程合同。因此也适用《民法典》合同编第 18 章 "建设工程合同" 的规定。但勘察、设计合同的相关法律、法规以及司法解释和裁判案例相比施工合同都要少很多，这也导致实务中出现争议问题却无法可依的困境，实务中有时会类推适用施工合同法律、法规及司法解释。

前面所提到的"建设工程合同"起草审查要点，理论上也可以适用于勘察、设计合同（除因为勘察、设计本身的特殊性不可能发生的情形外）。这包括：

（1）合同主体：需要资质。

（2）合同类型：非法转包、违法分包、挂靠承包等。

（3）合同程序：招投标程序等。

下面再说明勘察、设计合同在起草审查方面的几个特殊要点。

一、宏观—合同标的 + 合同类型：合同标的决定合同类型

实务中有时出现"名为勘察、设计，实为一般服务类合同"，这往往是当事人的误解。有时则出现"名为咨询服务，实为勘察、设计合同"，这可能是误解，也可能是当事人故意为之，试图规避勘察设计合同的法律适用。

这其实是由合同标的决定的，如果是建设工程的勘察、设计，那么就是勘察、设计合同，当事人即使约定不是勘察、设计合同、明确约定不适用建设工程合同相关法律，也是没有用的。

实务中可注意：

（1）对于实质内容仅涉及前期咨询、优化设计、美术设计、概念性设计等辅助性或边缘性勘察、设计服务活动的业务，可以根据实际法律关系将合同修改为承揽合同或服务合同，以避免后期因资质问题产生纠纷。

（2）不涉及主体或承重结构变动、拆改公共设施，不会危及社会公共安全的

家庭居室装饰装修设计，可按承揽合同或服务合同处理。[1]

二、宏观—合同类型：全过程工程咨询合同

住建部建筑市场监管司发布的《关于推进全过程工程咨询服务发展的指导意见（征求意见稿）》（建市监函〔2018〕9号）提出，全过程工程咨询服务是"对工程建设项目前期研究和决策以及工程项目实施和运行（或称运营）的全生命周期提供包含设计和规划在内的涉及组织、管理、经济和技术等各有关方面的工程咨询服务"。实务中也可能称为"建设工程全生命期咨询服务"。

可见全过程工程咨询服务是较全面、综合的服务，其中与勘察、设计有关的服务，从性质上可能是勘察、设计管理，也可能就是勘察、设计本身。勘察、设计管理是一种咨询服务，而如果是勘察、设计本身，则自然需要相应资质，并遵守相应招投标程序要求，否则全过程工程咨询服务合同中，勘察、设计部分的内容可能因违法而无效。

📄 **相关模板**：20074 房屋建筑和市政基础设施全过程工程咨询服务合同（征求意见稿）（住建部2020版）

📄 **相关模板**：15838 四川省全过程工程咨询服务合同（试行）（四川省2019版）

三、宏观—合同主体：一方主体为外国企业的设计合同

《关于外国企业在中华人民共和国境内从事建设工程设计活动的管理暂行规定》规定：

第3条 外国企业以跨境交付的方式在中华人民共和国境内提供编制建设工程初步设计（基础设计）、施工图设计（详细设计）文件等建设工程设计服务的，应遵守本规定。

提供建设工程初步设计（基础设计）之前的方案设计不适用本规定。

第4条 外国企业承担中华人民共和国境内建设工程设计，必须选择至少一家持有建设行政主管部门颁发的建设工程设计资质的中方设计企业（以下简称中方设计企业）进行中外合作设计（以下简称合作设计），且在所选择的中方设计企业资质许可的范围内承接设计业务。

---

[1] 参见常设中国建设工程法律论坛第十二工作组：《建设工程勘察设计合同纠纷裁判指引》，法律出版社2021年版，第58页。

这其实仍然是建设工程设计的资质要求。外国企业并没有中国法律下的建设工程设计资质，因此必须与中方设计企业合作，使用中方设计企业的资质，但建设工程初步设计（基础设计）之前的方案设计不属于建设工程设计，因此不受资质限制。[1]

四、宏观—合同程序

未取得项目规划审批手续、未办理临时规划审批手续等，不影响勘察、设计合同效力。

这不同于施工合同。因为在签订勘察、设计合同时，客观上还没有到必须取得规划审批手续的阶段。

五、中观—合同形式

（1）住建部示范文本采取了类似施工合同的文本形式。

住建部发布有《建设工程勘察合同（示范文本）》（GF-2016-0203）、《建设工程设计合同示范文本（房屋建筑工程）》（GF-2015-0209）、《建设工程设计合同示范文本（专业建设工程）》（GF-2015-0210）三个示范文本，均采用了"合同协议书＋通用合同条款＋专用合同条款"的结构，与建设工程施工合同示范文本（如建设工程施工合同2017版）一脉相承，只是没有后者那些附件。

> 相关模板：4427 建设工程勘察合同（住建部2016版）
> 相关模板：4413 建设工程设计合同（房屋建筑工程）（住建部2015版）
> 相关模板：4417 建设工程设计合同（专业建设工程）（住建部2015版）

（2）从实务的角度，因为勘察、设计合同远没有施工合同那样复杂，因此更多的企业使用普通的合同形式，或者采取"合同＋附件"的形式，附件可以用于确定具体的勘察、设计内容与要求。

六、微观—合同条款：专属管辖

建设工程勘察、设计合同纠纷是否适用专属管辖，在实务中尚存争议。

《2022民诉法司法解释》第28条明确建设工程施工合同纠纷适用专属管辖。

---

[1] 参见常设中国建设工程法律论坛第十二工作组：《建设工程勘察设计合同纠纷裁判指引》，法律出版社2021年版，第88页。

但根据《2020民事案件案由规定》第115条规定，建设工程勘察合同纠纷、建设工程设计合同纠纷与建设工程施工合同纠纷并列属于建设工程合同纠纷项下不同的案由，所以勘察、设计合同纠纷是否适用专属管辖并未明确。司法实务的裁判尺度也不统一。[1]

---

[1] 认为不适用专属管辖：《北京市高级人民法院关于民事诉讼管辖若干问题的规定（试行）》（2015版）第9条适用专属管辖的纠纷案由未包括建设工程勘察、设计合同；中外建华诚工程技术集团有限公司与北京贞玉民生药业有限公司建设工程设计合同纠纷案，最高人民法院（2021）最高法民辖16号；宁夏公路勘察设计院有限责任公司与长春市宏程工程设计有限公司建设工程勘察设计合同纠纷案，吉林省高级人民法院（2020）吉民辖终39号。
认为适用专属管辖：《2018江苏高院解答》第1条将建设工程勘察、设计合同纠纷归入建设工程施工合同纠纷中，按照不动产专属管辖确定受诉法院。
还有观点认为勘察合同属于专属管辖，而设计合同不宜适用专属管辖，参见最高人民法院民事审判第一庭编：《民事审判指导与参考》（总第84辑），人民法院出版社2021年版，第149页。

4.5 延伸讨论：建设工程监理合同

监理合同不属于《民法典》第788条定义的建设工程合同，但因为与建设工程密切相关，因此在这里简要介绍。

一、宏观—合同类型

监理合同属于委托合同、服务合同。

按照《合同起草审查指南：常用合同卷》的观点，服务合同、承揽合同、委托合同几类合同之间并无明确界限。监理合同像其他服务类合同一样，也是委托一方提供服务，可认为是委托合同，也可认为是承揽合同。注意根据法律规定，委托合同、承揽合同都有任意解除权。

> 相关课程：《常用合同卷》服务类合同的整体认识

二、宏观—合同类型

建设工程监理、设备监理、环境监理。

监理是一个比较宽泛的词，除了前述的工程监理外，建设工程领域还存在设备监理、环境监理。从广义上来说都可以归入"服务类合同"，工程监理和设备监理在设备安装环节可能还存在一定业务交叉，但是三者有着极大的区别，这种区别主要是服务内容的不同，简要介绍下：

（1）工程监理：工程监理单位根据法律法规、工程建设标准、勘察设计文件及合同，在施工阶段对建设工程质量、造价、进度进行控制，对合同、信息进行管理，对工程建设相关方的关系进行协调，并履行建设工程安全生产管理法定职责。可参考《工程咨询基本术语》（GB/Z 40846—2021）。

（2）设备监理：为保证符合法规、标准、合同等规定或要求，对设备工程项目的设计、采购、制造、安装、调试、检修、再制造等过程及其结果进行见证、检验、审核、控制等的监督管理活动。设备监理是工程咨询的重要组成部分。在某些领域也称为设备监造。设备监理重点关注设备工程的质量、进度、费用和资源等项目制约因素。可参考《设备工程监理规范》(GB/T 26429—2022)。

目前设备监理没有特别资质要求。

（3）环境监理：建设项目环境监理单位受建设单位委托，依据有关环保法律法规、建设项目环评及其批复文件、环境监理合同等，对建设项目实施专业化的环境保护咨询和技术服务，协助和指导建设单位全面落实建设项目各项环保措施。

目前环境监理没有特别资质要求。

（设备监理、环境监理也可能出现在非建设工程领域，但不在这里的讨论范围之内）

三、宏观—合同类型

工程监理的转包应属违法、无效。

虽然工程监理合同不是建设工程合同，但《建设工程合同质量管理条例》第 34 条第 3 款同样禁止工程监理单位转让工程监理业务。

四、宏观—合同主体

建设工程监理需要专门资质。

如果没有资质，会导致建设工程监理合同无效；挂靠行为实际上就是没有资质而进行监理，因此通过挂靠行为从事工程监理活动也是违法、无效的。

五、宏观—合同程序

依法应该招投标而未招投标或招投标无效的，监理合同无效。

六、中观—合同形式

国家发展和改革委员会等九部委在 2017 年发布的《标准监理招标文件》中有合同条款示范文本，在这些部委（及其下级）管理下的需要经过招投标的监理合同，必须采用示范文本。

住建部、市场监督总局（原国家工商总局）及其地方机构也有监理合同示范文本，可供参考使用，但不具有强制力。

七、微观—合同条款

这里仅提示较为重要的几点。

（1）在合同中明确具体的监理授权范围。鉴于监理合同为委托合同，监理人和发包人之间是委托代理关系，监理人的权限源于发包人的授权和法律、法规规定，监理人不能超越授权范围和法律、法规相关规定行使职权。因此，监理合同中监理的授权范围既决定监理单位在工程建设过程中的具体权利和对工程的监管力度，也有利于明确各方责任。

（2）明确约定工期延长时监理是否延期服务，以及服务费用的计取标准。因工程监理是伴随整个施工阶段的，目前实务中施工阶段延期现象十分普遍，在合同中明确监理延期服务期以及费用计取相关问题能够防止因该等问题约定不明产生纠纷而影响工程进展。

（3）工程监理合同是否按照建设工程施工合同适用专属管辖，司法实务中存在争议。其原因与建设工程勘察、设计合同是否属于专属管辖类似。

附·录

配套资料、工具使用说明

一、中国合同库

中国合同库网址：www.fatianshi.cn，同时以网页端、WORD/WPS 插件应用、"法天使"手机 App、微信公众号等多个端口供用户使用，具体可登录网址查询。

二、本书中配套相关模板、相关条款

相关模板：请在中国合同库各个端口的合同库中通过搜索编号或标题，查找、使用模板。（需要开通会员或购买方可使用）

相关条款：请在中国合同库各个端口的条款库中通过搜索编号或标题，查找、使用条款。（需要开通会员方可使用）

三、本书中相关课程、知识点

本书配套有课程，可在网页端和"法天使"手机 App 查看、学习，通过音频视频课程、习题、陪跑等方式帮助读者更好掌握本书内容，并随时更新、补充内容。（需要付费开通）

本书中的相关知识点，作为本书补充资料，在本书配套课程中可以查阅。

《合同起草审查指南》规范术语表

《合同起草审查指南》中定义了一系列与合同起草审查有关的术语,掌握和使用这些术语,有助于规范地表述合同起草审查的知识。这些术语更详细的解释可以在《合同起草审查指南:三观四步法》中找到。

《合同起草审查指南》规范术语表

术语	含义说明
整体相关术语	
三观四步法、三观分析法、四步工作流程	"三观四步法"是"三观分析法"与"四步工作流程"的总称;"三观分析法"是利用"三观"知识体系来分析任何一类合同的方法;"四步工作流程"是实际起草审查任何一份合同的工作流程,包括沟通需求、三观分析、复核、提交四个步骤,其中又以"第二步:三观分析"为最关键、最主要步骤
"三观"	即"宏观—交易结构、中观—合同形式、微观—合同条款/合同语言"的总称
宏观—交易结构	可简称"宏观"或"交易结构",重点解决交易是否能做以及采取什么交易结构的问题
中观—合同形式	可简称"中观"或"合同形式",是指从律师起草与审查合同的角度,对实务中存在一些特殊性的合同类文本的归纳整理,并非《民法典》合同编第469条规定的书面形式、口头形式和其他形式;《合同起草审查指南》中归纳的合同形式包括意向书、预约合同、"阴阳合同"、"合同+订单"、集团合同等
微观—合同条款	可简称"微观",是指对具体合同条款进行修改、调整,也包括对合同语言的修改和调整
中国合同分类法	"法天使—中国合同库"推出的合同分类方法,是对合同及法律文书、条款、合同相关知识进行分类、整理、查找的一套体系,以对合同类文本的整理分类为主
"宏观—交易结构"相关术语	
合同类型	是指广义的"合同类型",类似于对"交易模式"的归纳,包括承揽合同、租赁合同等有名合同类型,也包括服务合同、承包经营合同等无名合同类型
合同主体	合同关系的主体,合同当事人;但是基于合同起草审查的需要,考虑"合同主体"时,也需要考虑"合同相关主体",即不作为合同当事人,但对合同成立、履行有重要影响的主体,例如,优先权人
合同标的	并非严格的"合同标的"或"标的物"概念,实质上更类似于"交易对象"
合同程序	这不是指交易流程、交易环节,而是指合同主体签署之外的,对合同成立、生效或履行有重要影响的程序

续表

术语	含义说明
交易结构设计	是指从宏观层面考虑合同，通过设计不同的交易结构思路及模式，以最大化地维护客户利益； 交易结构设计是合同宏观层面方面的可选、进阶动作
批准、登记、备案	批准包括具体交易类批准、资质类批准和其他批准，是指国家机关对交易、行为的批准程序； 登记包括物权类权利登记、知识产权类权利登记、工商登记及其他主体登记； 备案是指合同或行为需向国家机关履行的备案程序
主体内部程序	包括公司内部程序、合伙企业内部程序、集体经济组织内部程序等，是指合同主体内部与合同签订相关的决议、同意程序
一般合同公证	是指公证机关依照法定程序确认既存合同在形式与内容上的真实、合法
公证债权文书	是指对经公证的以给付为内容并载明债务人愿意接受强制执行的债权文书，债务人不履行或者履行不适当的，债权人可以依法向有管辖权的人民法院申请执行
参照型、选择型、配套型	几类合同类型之间的关系； 参照型是指 A 类合同可能参照 B 类合同的法律规定； 选择型是指可以考虑选择 A 类合同，也可以选择 B 类合同； 配套型是指两类以上合同关系配套组合
"中观—合同形式"相关术语	
意向书或意向书类文件	是指当事人无意使其像合同一样具备法律效力，是没有正式法律效力或主要内容不具有法律效力的磋商性文件
预约合同	又称预约，是指当事人之间约定将来订立一定合同的合同
格式条款、格式合同	格式条款是当事人为了重复使用而预先拟定，并在订立合同时未与对方协商的条款；格式合同一般是主要内容都是格式条款的合同文本
"阴阳合同"	是指各方对同一事项存在内容不一致的多份合同或文件，且部分意思表示不真实，并非一般的协议变更或补充
履行中文件、和解类文件	履行中文件是指合同当事人在合同实际履行一段时间之后，或者在合同解除终止时签署的合同文件；和解类文件是各方达成和解而签署的文件。和解类文件是履行中文件的一种典型
单方文件、单方持有的合同、空白合同	单方文件是指仅由合同关系中的某一方（或部分当事人）签署的文件；单方持有的合同是指合同虽然是双方或多方签署，但只由一方持有；空白合同是指合同中某些内容是空白的，可以在上面适当填空的合同
合同模板	是指当事人需要经常使用、多次重复使用的文本

续表

术语	含义说明
复杂成套合同、主交易合同、配套协议、合同附件	复杂成套合同是由多个合同、文件组成，一般可分主交易合同、配套协议、合同附件等部分； 主交易合同是成套合同中最主要的合同，对应最主要的权利义务； 配套协议是就整个交易中某一方面的权利义务进行约定； 合同附件是合同的配套文件，主交易合同与配套协议都可能有附件
集团合同	某些大型企业集团，因主体众多，需要以其中一个主体出面签订合同，但权利和义务及于其他关联主体
电子合同	采用《电子签名法》规定的电子签名而成立的合同； 注意电子合同不一定采用了"可靠的电子签名"，"可靠的电子签名"依法与手写签名或者盖章具有同等的法律效力
"微观——合同条款/合同语言"相关术语	
"三点一线法"	是指《标准合同课》原创的、用于理解合同条款整体结构与类型的方法
一次合同、持续合同、框架合同	一次合同，又称"一次交易合同"，对应一次履行完毕的交易； 持续合同，是指长期的、持续性的交易，多为服务类合同； 框架合同，又称"合同+订单"模式合同，通过不时成立的订单来确定具体交易数量、价款
"金字塔式写作"	是一项具有层次性、结构化的思考、沟通技术，既指表达或写作的方法，也是思考与解决问题的逻辑方法
"正说/反说+概括/列举"	是指一种逻辑思考或合同语言表达的方法。其中： 正说是指正面界定含义，正面措施（是什么，包括什么）；反说是指反面排除（不是什么，不包括什么）。 概括是指概括本质、内涵、主旨等；列举是指列举范围内可能的情形，尤其是重点情形

法律法规缩略语表

本书中使用的一些法规、司法解释的缩略语；另外本书中所涉我国的法律、法规及相关文件名称中带有"中华人民共和国"字样的，均统一省去，简写为《××法》《××条例》。

第一部分：一般法律法规

《民法典》	《中华人民共和国民法典》
《合同编》	《中华人民共和国民法典》"第三编　合同"
《物权编》	《中华人民共和国民法典》"第二编　物权"
《婚姻家庭编》	《中华人民共和国民法典》"第五编　婚姻家庭"

续表

《公司法》	《中华人民共和国公司法》
公司法司法解释（一）（二）（三）（四）（五）	最高人民法院关于适用《中华人民共和国公司法》若干问题的规定系列司法解释，共五个。《公司法司法解释（一）》，指《最高人民法院关于适用〈中华人民共和国公司法〉若干问题的规定（一）》，《公司法司法解释（二）》，指《最高人民法院关于适用〈中华人民共和国公司法〉若干问题的规定（二）》，以此类推
《外商投资法司法解释》	《最高人民法院关于适用〈中华人民共和国外商投资法〉若干问题的解释》（法释〔2019〕20号）
《外商投资纠纷规定（一）》	《最高人民法院关于审理外商投资企业纠纷案件若干问题的规定（一）》（2020年修正）
《行政协议案件规定》	《最高人民法院关于审理行政协议案件若干问题的规定》（法释〔2019〕17号）
《2020民事案件案由规定》	《最高人民法院关于印发修改后的〈民事案件案由规定〉的通知》（法〔2020〕347号）
《合同法司法解释（一）》	《最高人民法院关于适用〈中华人民共和国合同法〉若干问题的解释（一）》（法释〔1999〕19号）（已失效）
《合同法司法解释（二）》	《最高人民法院关于适用〈中华人民共和国合同法〉若干问题的解释（二）》（法释〔2009〕5号）（已失效）
《仲裁法司法解释》	《最高人民法院关于适用〈中华人民共和国仲裁法〉若干问题的解释》（2008年）
《商品房买卖合同司法解释》	《最高人民法院关于审理商品房买卖合同纠纷案件适用法律若干问题的解释》（法释〔2020〕17号修订）
《民诉证据司法解释》	《最高人民法院关于民事诉讼证据的若干规定》（法释〔2019〕19号）
《独立保函司法解释》	《最高人民法院关于审理独立保函纠纷案件若干问题的规定》（法释〔2020〕18号修订）
《担保法司法解释》	《最高人民法院关于适用〈中华人民共和国担保法〉若干问题的解释》（法释〔2000〕44号）（已失效）
《买卖合同司法解释》	《最高人民法院关于审理买卖合同纠纷案件适用法律问题的解释》（法释〔2020〕17号修订）
《民间借贷司法解释》	《最高人民法院关于审理民间借贷案件适用法律若干问题的规定》（法释〔2020〕17号修订）
《城镇房屋租赁合同司法解释》	《最高人民法院关于审理城镇房屋租赁合同纠纷案件具体应用法律若干问题的解释》（法释〔2020〕17号修订）
《工伤保险行政案件司法解释》	《最高人民法院关于审理工伤保险行政案件若干问题的规定》（法释〔2014〕9号）
《2020人身损害赔偿司法解释》	《最高人民法院关于审理人身损害赔偿案件适用法律若干问题的解释》（法释〔2020〕17号修订）

续表

《2022人身损害赔偿司法解释》	《最高人民法院关于审理人身损害赔偿案件适用法律若干问题的解释》（法释〔2022〕14号）
《2022民诉法司法解释》	《最高人民法院关于适用〈中华人民共和国民事诉讼法〉的解释》（法释〔2022〕11号）
《2020商标民事纠纷司法解释》	《最高人民法院关于审理商标民事纠纷案件适用法律若干问题的解释》（法释〔2020〕19号修订）
《2002商标纠纷司法解释》	《最高人民法院关于审理商标民事纠纷案件适用法律若干问题的解释》（法释〔2002〕32号）
《公证债权文书执行规定》	《最高人民法院关于公证债权文书执行若干问题的规定》（法释〔2018〕18号）
《劳动争议案件司法解释（四）》	《最高人民法院关于审理劳动争议案件适用法律若干问题的解释（四）》（法释〔2013〕4号）（已失效）
《劳动争议案件司法解释（三）》	《最高人民法院关于审理劳动争议案件适用法律若干问题的解释（三）》（法释〔2010〕12号）（已失效）
《劳动争议案件司法解释（二）》	《最高人民法院关于审理劳动争议案件适用法律若干问题的解释（二）》（法释〔2006〕6号）（已失效）
《劳动争议司法解释（一）》	《最高人民法院关于审理劳动争议案件适用法律问题的解释（一）》（法释〔2020〕26号）
《涉外民事关系法律适用法司法解释（一）》	《最高人民法院关于适用〈中华人民共和国涉外民事关系法律适用法〉若干问题的解释（一）》（法释〔2020〕18号修订）
《交通事故损害赔偿司法解释》	《最高人民法院关于审理道路交通事故损害赔偿案件适用法律若干问题的解释》（法释〔2020〕17号修订）
《关于确立劳动关系有关事项的通知》	《劳动和社会保障部关于确立劳动关系有关事项的通知》（劳社部发〔2005〕12号）
《2013关于执行〈工伤保险条例〉若干问题的意见》	《人力资源和社会保障部关于执行〈工伤保险条例〉若干问题的意见》（人社部发〔2013〕34号）
《2016关于执行〈工伤保险条例〉若干问题的意见（二）》	《人力资源和社会保障部关于执行〈工伤保险条例〉若干问题的意见（二）》（人社部发〔2016〕29号）
《民商事合同纠纷指导意见》	《最高人民法院印发〈关于当前形势下审理民商事合同纠纷案件若干问题的指导意见〉的通知》（法发〔2009〕40号）
《九民纪要》	《全国法院民商事审判工作会议纪要》（2019年11月8日发布）
《民法典时间效力司法解释》	《最高人民法院关于适用〈中华人民共和国民法典〉时间效力的若干规定》（2021年1月1日起施行）
《民法典物权编司法解释（一）》	《最高人民法院关于适用〈中华人民共和国民法典〉物权编的解释（一）》（2021年1月1日起施行）

续表

《民法典担保制度司法解释》	《最高人民法院关于适用〈中华人民共和国民法典〉有关担保制度的解释》（法释〔2020〕28号）（2021年1月1日起施行）
《民法典婚姻家庭编司法解释（一）》	《最高人民法院关于适用〈中华人民共和国民法典〉婚姻家庭编的解释（一）》（2021年1月1日起施行）
《民法典继承编司法解释（一）》	《最高人民法院关于适用〈中华人民共和国民法典〉继承编的解释（一）》（2021年1月1日起施行）
《技术合同司法解释》	《最高人民法院关于审理技术合同纠纷案件适用法律若干问题的解释》（法释〔2004〕20号）
《民法典会议纪要》	《全国法院贯彻实施民法典工作会议纪要》（2021年4月6日发布）
《市场主体登记管理条例》	《中华人民共和国市场主体登记管理条例》（2022年3月1日起施行）

第二部分：房地产开发、建设工程方面法规

法律、行政法规	
《工资支付条例》	《保障农民工工资支付条例》（中华人民共和国国务院令第724号）
部门规范性文件	
《建筑工程发承包违法认定查处办法》	《住房和城乡建设部关于印发建筑工程施工发包与承包违法行为认定查处管理办法的通知》（建市规〔2019〕1号）
《房建市政工程总承包管理办法》	《房屋建筑和市政基础设施项目工程总承包管理办法》（建市规〔2019〕12号）
《房建市政分包管理办法》	《房屋建筑和市政基础设施工程施工分包管理办法》（2019年修订）
《房建市政竣工验收管理办法》	《房屋建筑和市政基础设施工程竣工验收备案管理办法》（住房和城乡建设部令第2号）（2009年修订）
《房建市政竣工验收规定》	《房屋建筑和市政基础设施工程竣工验收规定》（建质〔2013〕171号）
《资质改革方案》	《建设工程企业资质管理制度改革方案》（建市〔2020〕94号）
《招拍挂规定》	《招标拍卖挂牌出让国有建设用地使用权规定》（国土资源部令第39号）（2007年修订）
司法解释	
《2004建设工程司法解释》	《最高人民法院关于审理建设工程施工合同纠纷案件适用法律问题的解释》（法释〔2004〕14号）（已失效）
《2018建设工程司法解释（二）》	《最高人民法院关于审理建设工程施工合同纠纷案件适用法律问题的解释（二）》（法释〔2018〕20号）（已失效）
《2020建设工程司法解释（一）》	《最高人民法院关于审理建设工程施工合同纠纷案件适用法律问题的解释（一）》（法释〔2020〕25号）

续表

《国有土地使用权合同纠纷解释》	《最高人民法院关于审理涉及国有土地使用权合同纠纷案件适用法律问题的解释》（法释〔2020〕17号修订）
《拒不支付劳动报酬刑事案件解释》	《最高人民法院关于审理拒不支付劳动报酬刑事案件适用法律若干问题的解释》（法释〔2013〕3号）
司法指导性文件	
《最高院关于实际施工人的答复》	《最高人民法院对十二届全国人大四次会议第9594号建议的答复（最高人民法院关于统一建设工程施工合同纠纷中"实际施工人"的司法认定条件的建议的答复）》（2016年8月24日发布）
《最高院关于工程决算价款不一致的答复》	《最高人民法院关于建设工程承包合同案件中双方当事人已确认的工程决算价款与审计部门审计的工程决算价款不一致时如何适用法律问题的电话答复意见》（〔2001〕民一他字第2号）
《最高院关于建设工程价款优先受偿权的批复》	《最高人民法院关于建设工程价款优先受偿权问题的批复》（法释〔2002〕16号）（已失效）
《最高院关于装修装饰工程款优先受偿权的函复》	《最高人民法院关于装修装饰工程款是否享有合同法第二百八十六条规定的优先受偿权的函复》（〔2004〕民一他字第14号）
《最高院关于解释第二十条适用问题的复函》	《最高人民法院民事审判庭关于发包人收到承包人竣工结算文件后，在约定期限内不予答复，是否视为认可竣工结算文件的复函》（〔2005〕民一他字第23号）
《2012北京高院解答》	《北京市高级人民法院关于审理建设工程施工合同纠纷案件若干疑难问题的解答》（京高法发〔2012〕245号）
《2018河北高院指南》	《河北省高级人民法院建设工程施工合同案件审理指南》（冀高法〔2018〕44号）
《2018江苏高院解答》	《江苏省高级人民法院关于审理建设工程施工合同纠纷案件若干问题的解答》（审委会会议纪要〔2018〕3号）
《2008江苏高院意见》	《江苏省高级人民法院关于审理建设工程施工合同纠纷案件若干问题的意见》（苏高法审委〔2008〕26号）（已失效）
《2019江苏高院鉴定指南》	《江苏省高级人民法院建设工程施工合同纠纷案件委托鉴定工作指南》（2019年12月27日发布）
《2013安徽高院指导意见（二）》	《安徽省高级人民法院关于审理建设工程施工合同纠纷案件适用法律问题的指导意见（二）》（2013年12月23日发布）
《2018安徽高院指导意见》	《安徽省高级人民法院关于审理建设工程施工合同纠纷案件适用法律问题的指导意见》（2018年9月16日发布）
《2006广州高院意见》	《广东省高级人民法院关于审理建设工程施工合同纠纷案件若干问题的意见》（粤高法发〔2006〕37号）（已失效）

续表

其他	
《2013版清单计价规范》	《建设工程工程量清单计价规范》（GB 50500—2013）

声　明

免责声明：

本书以及法天使网站（fatianshi.cn）中提供的合同模板、条款模板及相关信息仅供读者参考，读者实际使用时，应根据自身的具体情况修订使用。

本书内容以及列举的各类案例/实例/示例仅供读者参考，不作为正式法律意见，有关案例、做法及相关法律法规有可能过时或有争议。

欢迎指正：

《合同起草审查指南》及"中国合同标准"，是为一般合同起草审查提供一整套标准化的指引和知识体系。本书作者深知这一任务的艰巨，虽然已经竭尽努力，书中仍难免会有错漏之处，有些观点仍有待商榷，部分内容仍需补充。

"中国合同标准"项目全体同人将不断吸收专业人士的反馈意见，跟进法律法规、法律实务的变化，不断提高对合同起草审查的认识，从而持续更新、优化本书及《合同起草审查指南》版本。

真诚邀请法学院校、律师事务所、企业法务团队参与到中国合同标准的制订、优化、推广工作中来；恳请各位法律专业人士对本书及"中国合同标准"提出任何批评意见、建议。

任何批评意见、建议、意向可发送至 he@fatianshi.cn，"中国合同标准"团队将认真查阅所有意见。